은혜, 은혜, 하나님의 은혜

The Case for Grace
copyright © 2015 by Lee Strobel
Originally published in the U.S.A. under the title: *The Case for Grace*
by Zondervan, Grand Rapids, MI, U.S.A.
All rights reserved.

This Korean Edition Copyright © 2015 by Duranno Ministry
38, Seobinggo-ro 65-gil, Yongsan-gu, Seoul, Republic of Korea

Published by permission of The Zondervan Corporation L.L.C., a division of HarperCollins Christian Publishing, Inc. through rMaeng2, Seoul, Republic of Korea

이 한국어판의 저작권은 알맹2 에이전시를 통하여 Zondervan과 독점 계약한 두란노에 있습니다.
신 저작권법에 의하여 한국 내에서 보호받는 저작물이므로 무단 전재와 무단 복제를 금합니다.

은혜, 은혜, 하나님의 은혜

지은이 | 리 스트로벨
옮긴이 | 윤종석
초판 발행 | 2015. 8. 17.
17쇄 발행 | 2025. 2. 21.
등록번호 | 제1988-000080호
등록된 곳 | 서울특별시 용산구 서빙고로65길 38
발행처 | 사단법인 두란노서원
영업부 | 02)2078-3333 FAX | 080-749-3705
출판부 | 02)2078-3330

책값은 뒤표지에 있습니다.
ISBN 978-89-531-2260-4 03230

독자의 의견을 기다립니다.
tpress@duranno.com www.duranno.com

두란노서원은 바울 사도가 3차 전도 여행 때 에베소에서 성령 받은 제자들을 따로 세워 하나님의 말씀으로 양육하던 장소입니다. 사도행전 19장 8-20절의 정신에 따라 첫째 목회자를 돕는 사역과 평신도를 훈련시키는 사역, 둘째 세계선교TM와 문서선교(단행본·잡지) 사역, 셋째 예수문화 및 경배와 찬양 사역, 그리고 가정·상담 사역 등을 감당하고 있습니다. 1980년 12월 22일에 창립된 두란노서원은 주님 오실 때까지 이 사역들을 계속할 것입니다.

은혜,

은혜,

하나님의 은혜

리 스트로벨 지음 | 윤종석 옮김

두란노

추천의 글

누구보다도 절박하게 '하나님 은혜'의 실체를 찾아 나선 한 저널리스트의 인터뷰와 자기 고백이 따뜻하면서도 날카롭다. 과연 은혜란 무엇인가. 사람들이 살아가고 살아나는 이런저런 이야기 속에서 활자로 다 담아낼 수 없는 하나님의 은혜가 살아 숨 쉰다. '한 사람'의 삶의 자리에 찾아오셔서 그 인생을 기어코 살려 내시는 하나님의 은혜가 반짝이는 책이다. '이 이야기들이 우리가 이해하는 하나님의 은혜에 어떤 영향을 주는가?' 이 책을 읽은 우리들에게 남은 숙제다.

이어령 _초대 문화부장관, 〈중앙일보〉 상임고문리 스트로벨은 끝없이 하나님의 사건을 천착한다. 인간을 뿌리째 바꾸는 사건들이다. 믿음 사건, 예수 사건, 창조 사건…. 이번에는 은혜 사건이다. 은혜가 아직 추상적이라면 그가 만난 은혜 사건을 경청할 일이다. 받은 은혜의 기억이 가물거리면 그가 들려주는 은혜 사건에 눈을 크게 뜰 일이다. 그 은혜 사건은 곧 하나님의 사랑과 그리스도의 사랑이다.

조정민 _베이직교회 목사, 前 iMBC 대표이사

차례

추천의 글 • 4
프롤로그 • 10
　은혜, 은혜, 하나님의 은혜를 찾아서

Part 1.

모든 인생이 각자의 속도대로 하나님을 향하고 있다

1. 나는 누구보다 은혜에 고팠다 • 18
　"나는 실수로 태어난 아이였다"

Part 2.

하나님의 파격적인 은혜가
우리를 먼저 찾아 내셨다

2. 은혜, 영원히 하나님의 아들딸이 되는 것 · 28

　"절망에 갇힌 아이를 열망에 찬 아버지가
　아무런 조건 없이 감싸 안았다."

3. 은혜, 모든 매임에서 풀려나는 것 · 60

　"예수님이 내 빚을 다 갚아 주셨는데,
　나는 왠지 그분께 도로 갚아야 할 것 같았다."

4. 은혜, 착한 사람, 잘나가는 사람에게도 필요한 것 · 84

　"죄를 제대로 이해하지 않고는
　은혜도 결코 제대로 알 수 없다."

5. 은혜, 한계선이 없는 것 · 118

　"은혜는 원래 불공평한 것이다.
　우리 모두에게 은혜는 선물이다."

6. 은혜, 누군가의 삶을 실제로 살리는 것 · 142

"그녀는 단순한 포옹으로 하나님 은혜를 표현했다.
그 순간 내 마음속에 영적인 일이 벌어졌다."

7. 은혜, 용서 못할 누군가를 용서하게 하는 것 · 166

"죄의 결과는 결코 덮을 수 없다. 그럼에도 하나님은
가장 뼈아픈 죄까지도 구속하시고, 그 일을 선하게 쓰신다."

8. 은혜, 회개를 통해 영혼에 불이 켜지는 것 · 196

"밑바닥이 드러난 내 인생에
은혜의 수문을 열어 준 것은 회개였다."

9. 은혜, 빈손이라도 주님만으로 족한 것 · 224

"비로소 내 모습 그대로 하나님 임재 안에 들어갈 수 있었다.
은혜처럼 우리를 자유롭게 하는 것은 없다."

에필로그 · 236
　거저 받은 은혜, 거저 주는 인생으로

부록 1. 개인과 소모임 나눔을 위한 질문 · 242
부록 2. 성경, 은혜를 말하다 · 279
감사의 글 · 290
주 · 292

프롤로그

은혜, 은혜,
하나님의 은혜를 찾아서

안타깝게도 우리 가운데 많은 사람이
그분을 아주 오래,
부질없이 너무 오래 기다리시게 한다.
- A. W. 토저[1]

아버지는 서재에 있는 가죽 흔들의자에 앉아 등을 기대고 있었다. 아버지의 시선은 마치 아들과의 대면이 대수롭지 않다는 듯이 텔레비전과 나 사이를 빠르게 오갔다. 스타카토처럼 불쑥불쑥 잔소리를 하고 야단치며 소리를 질렀으나, 눈빛만은 단 한 번도 나와 마주치지 않았다.

그날은 내 고등학교 졸업식 전날 밤이자 내가 아버지에게 거짓

말을 했다가 완전히 들통난 날이었다.

마침내 아버지는 의자를 앞으로 홱 끌어당기더니 안경 너머로 분노에 찬 눈을 가늘게 뜨고 내 얼굴을 뚫어져라 쳐다봤다. 그러고는 왼손을 들어 마치 조롱하듯 새끼손가락을 까딱거리며 한 단어씩 힘주어 내뱉었다. "너한테, 줄, 사랑은, 이 새끼손가락만큼도, 없어!"

그 말이 비수처럼 와 박혔다. 아마 아버지는 내가 대들거나 변명하거나 울먹이거나 사과하거나 항복할 줄로 알았을 것이다. 최소한 어떻게든 반응할 거라고 예상했을 것이다. 하지만 나는 시뻘겋게 달아오른 얼굴로 아버지를 가만히 노려보기만 했다. 잠시 긴장의 순간이 흐른 후, 아버지는 한숨을 푹 내쉬며 다시 의자에 등을 기대고 텔레비전을 봤다.

그 순간 나는 아버지에게 등을 돌리고 문 쪽으로 성큼성큼 걸어 나왔다. 내게는 아버지가 필요 없었다. 그때 난 건방지고 충동적이었으며, 야심에 차 있었다. 아버지의 도움 없이도 세상을 헤쳐 나갈 수 있다고 믿었다. 안 그래도 나는 한 지역 신문사에서 여름 동안 주급 100달러 정도를 받고 기자로 일하기로 해서 하숙집을 얻어 독립하려던 참이었다.

서둘러 싼 짐 가방을 끌고 뒷문을 쾅 닫고 나와 기차역 쪽으로 걸어가면서 마음속으로 계획을 짰다. '여름이 끝난 후에도 계속 일하게 해 달라고 신문사에 부탁해 보자. 대학을 나오지 않고도 성공한 기자는 얼마든지 있어. 나라고 성공하지 못할 이유가 없잖아? 나도 금방 유명해질 거야. 꼭 시카고 신문사 편집장들의 눈에 띄어 거기로 당당히 입성할 거야. 그러면 여자 친구에게 같이 살자고 얘기해야지.' 나는 다시는 집에 돌아가지 않겠다고 마음먹었다.

'보란듯이 성공해 반드시 아버지에게 복수할 날이 올 거야. 그날 아버지가 〈시카고 트리뷴〉지를 펴는 순간, 1면에 독점 기사를 올린 내 이름이 눈에 들어오겠지.' 생각만 해도 통쾌했다.

나는 그렇게 분노에 불타올라서 인생 목표를 세웠다. 하지만 찌는 듯한 6월의 해거름에 고속도로 갓길을 걷던 내가 미처 깨닫지 못한 게 있었다. 실제로 나는 생각한 것과 전혀 다른 길에 발을 들인 것이다. 그때는 나도 전혀 몰랐지만, 훗날 그 여정은 내가 상상조차 못했던 방식으로 내 삶을 바꾸어 놓았다.

그날 나는 은혜를 찾는, 내 평생의 여정에 올랐다.

당신을 위한 이야기,
당신을 위한 은혜 ----------

은혜는 한 문장으로 간단히 정의할 수 있다. "은혜란 하나님이 죄인들에게 베푸시는 호의(favor)다."[2] 어떻게 보면, 은혜에 관한 수많은 신학 논문과 해설들은 이 문장의 개념을 자세하게 풀어 주는 것인데, 그중에서도 은혜의 핵심은 우리의 노력이나 공로나 자격으로 결코 얻을 수 없는, 하나님의 무조건적인 사랑의 선물이라는 점이다.

은혜는 우리를 하나님의 가족으로 품는다. 은혜 덕분에 우리는 하나님께 반응하여 변화될 수 있다. 신학자 토머스 C. 오든은 "은혜가 있어야만 진리를 알고, 죄를 피하고, 바르게 행동하고, 제대로 기도하고, 구원을 갈망하고, 신앙생활을 시작하고, 믿음을 지킬 수 있다"라고 했다.[3] 그의 말에 따르면 은혜는 바로 "그리스도인의 삶의 원동력"이다.[4]

은혜의 정의를 아는 것도 중요하지만, 이 책은 은혜의 교본이 아니라 이야기들을 모은 것이다. 이 이야기들은 인간의 삶에 혁신을 일으키는, 능력의 하나님을 증거한다. 그분의 능력 덕분에 마약에 찌들었던 노숙인이 안수받은 목사로 변하고, 간통한 남자가 위기에 빠진 다른 부부를 돕고, 지독한 반항아가 하나님의 이타적인 종으로 변하고, 무수히 많은 사람을 죽인 살인범이 용서받은 성도로 변한다.

찰스 콜슨의 말대로 "우리는 (그리스도를 통해) 과거의 죄를 용서받았을 뿐 아니라 하나님의 능력과 은혜로 변화되어 새로운 삶을 살아간다."[5] 필립 얀시는 "우리가 아무리 깊이 가라앉아도 하나님의 은혜는 거기까지 찾아온다. 동시에 은혜는 우리를 그 자리에 두지 않고 새로운 고지로 이끈다"라고 했다.[6]

이 책에 매우 사적인 내 여정을 소개했는데, 내 아버지와 위기를 겪으며 시작된 그 여정은 은혜의 수수께끼를 푸는 평생의 추구로 이어졌다. 그리고 그 길에서 부정할 수 없는 은혜의 증거를 만났다. 짚더미에 숨어 있던 한국인 고아의 삶에서, 한 번만 더 주사하면 죽을 수도 있을 만큼 마약에 절어 살던 아마릴로의 10대 아이에게서, 쓰레기통을 뒤져 피자 쪼가리를 먹던 라스베이거스의 흉악범 노숙인에게서, 노골적인 위선이 들통나 모욕당하던 사우스캐롤라이나의 목사에게서, 무기력하게 생을 허비하던 보스턴 유명 설교자의 아들에게서, 크메르 루주(1975-1979년까지 캄보디아를 통치하고 대량 학살을 저지른 급진 공산주의 혁명 단체-편집자)를 피해 달아났다가 오히려 악명 높은 전범과 삶이 얽힌 캄보디아 그리스도인에게서 은혜의 증거를 보았다.

이야기마다 '은혜'라는 퍼즐에 조각을 하나씩 더해 준다. 은혜로 우리는 용서와 용납을 받고 하나님의 자녀가 되는 데까지 나아간다. 은혜는 바닥난 희망을 되살려 주고, 가장 극악한 상황에도 영향을 미친다. 은혜 덕분에 우리는 자기에게 가장 쓰라린 상처를 입힌 사람을 용서할 수 있고, 자기 자신도 용서할 수 있다. 다시 말해서 은혜 이야기는 우리 모두에게 필요한 통찰을 가져다준다.

은혜를 이해하려면 때로는 한낱 은혜의 정의만이 아니라 그 사례를 보아야 한다. 결국 성경은 하나의 거대한 은혜 이야기다. 예수님은 제자들에게 은혜의 정서적 위력을 충분히 느끼게 하시려고 탕자의 비유를 들려주셨다. 얀시는 "예수님은 은혜에 대해 많이 말씀하셨는데, 그 방법은 주로 이야기를 통해서였다"라고 했다.[7]

여기 당신을 위한 이야기가 있다. 이 실화의 주인공들에게 나타난 변화와 소생은 참으로 극적이어서 은혜로우신 하나님의 역사로 설명할 수밖에 없다. 이들의 이야기를 들은 뒤에는 당신도 당신만의 이야기가 펼쳐지는 것을 보게 되리라.

Part 1.

모든 인생이
각자의 속도대로

하나님을 향하고 있다

The Case for
Grace

1.

나는 누구보다 은혜에 고팠다

"나는 실수로 태어난 아이였다"

아버지의 권위가 무너지는 순간
젊은이들은 자신의 종교적 신념을 잃는다.
- 지그문트 프로이트[1]

수년간의 치료를 통해 심증으로만 그런가 보다 했던 것이 어머니의 임종을 앞두고서야 비로소 사실로 확인되었다. 나는 실수로 태어난 아이였다. 적어도 아버지 입장에서는 그랬다.

우리 부모님은 나를 낳기 전에 3남매를 낳으셨다. 먼저 누나가 태어났고 두 형이 뒤를 이었다. 아버지는 처음으로 해 보는 아버지

노릇에 흠뻑 빠졌다. 아들들의 야구부에서 코치를 맡았고, 보이스카우트 팀을 이끌었고, 고등학교 후원회 회장이 되었고, 이곳저곳 다니며 가족끼리 휴가를 보냈고, 각종 체조 경기와 졸업식에 참석했다.

오랜 시간이 흐르고 아버지 노릇에 어떤 기대감도, 열정도 사라졌을 때 뜻밖의 일이 생겼다. 어머니가 나를 임신한 것이다.

"너희 아버지는… 글쎄, 그냥 놀랐다고만 말해 두자."

돌아가시기 몇 주 전 어머니가 내게 한 말이다. 나는 암으로 몸져누운 어머니와 몇 시간이고 이야기를 나누었다. 평생 입에 올린 적이 없던 화제였으나, 그때 어머니와 나는 가족사에 대해 놀라울 만큼 솔직하게 대화를 나누었다. 나는 이 기회를 놓치지 않고 몇 가지 답을 얻고 싶었다.

"놀라다니, 어떻게요?"

어머니는 잠시 뜸을 들이더니 연민의 눈빛으로 나를 바라보며 말했다. "좋은 쪽으로는 아니었어."

"그럼 화를 내셨다는 건가요?"

"화를 냈다고까지는 말하고 싶지 않구나. 난감해한 건 맞다. 상황 때문에 속상했던 거지. 자기 계획에 없던 일이니까. 그래서 내가 아버지를 설득해서 아이를 하나 더 낳자고 했다. 너에게도 같이 어울려 놀 동생이 필요했으니까."

내 여동생은 그런 이유로 세상의 빛을 보게 됐다.

이제야 이해할 수 있었다. 몇 년 전, 내가 상담 치료사에게 아버지와 나의 정서적 거리감, 소통의 결핍, 끝없는 충돌과 분노 폭발 등에 대해 이야기했을 때, 그는 때아닌 내 출생이 아버지의 장래 계획에 차질을 일으켰을 수도 있다는 말을 했었다.

세 자녀를 어느 정도 키우고 난 뒤, 아버지는 드디어 쉴 수 있게 되었다고 생각했을 것이다. 그 당시는 가정 형편도 넉넉해진 터라 분명 여행도 다니며 더 자유를 누리고 싶었을 것이다. 내가 짐작만 하던 것을 결국 어머니를 통해 확인했다.

우리 가족은 시카고 북서쪽 지역의 부유한 마을에서 살았다. 아버지는 열심히 일했고 가족들을 물질적으로 아주 풍족하게 해 주었다. 충실한 남편이었고, 지역사회에서도 존경받는 인물이었으며, 사람들에게 헌신적인 친구기도 했다.

그런데도 아버지와 내 관계는 늘 냉랭했다. 내가 태어난 뒤로 아버지에게는 보이스카우트 활동도 없었고, 내 야구 시합을 응원하거나 내 웅변대회를 지켜보거나 내 졸업식에 참석하는 일도 없었다. 부자간에 깊은 대화를 나눈 적이 단 한 번도 없으며, 아버지는 내게 가장 필요했던 말을 해 준 적도 없었다.

시간이 가면서 아버지의 관심을 끌려면 뭐든 잘하는 수밖에 없음을 깨달았다. 그래서 성적을 잘 받으려 애썼고, 중학교 회장에 당선되었고, 고등학교 때는 교내 신문의 편집자로 일했고, 지역 신문에 칼럼까지 썼다. 하지만 그 모든 성취도 내게 만족을 가져다주지 못했다. 그래 봐야 아버지에게서는 따뜻한 말 한 마디도 들을 수 없었던 것이다.

부모님은 루터교회에 다녔다. 변호사였던 아버지는 교회에서 직분도 받고 교회 사람들을 대상으로 무료 법률 자문을 해 주었으나, 일요일 아침이면 대개 골프장에 나가 있었다.

어렸을 때 온 가족이 함께 교회에 갔던 어느 날이었다. 예배 후에 아버지는 식구들을 다 차에 태우고 집으로 가면서 나만 빠뜨렸다. 겁에 질려 미친 듯이 온 교회로 아버지를 찾아다니던 일이 지금도 기억난다. 심장은 공포로 방망이질하는데, 아무리 찾아도 가족들이 보이지 않았다.

물론 이 일은 아버지의 본의가 아니라 단순한 실수였다. 하지만 내게는 자꾸만 우리 부자 관계를 상징하는 사건처럼 보였다.

나의 아버지, 나의 신앙 ————

열두 살 무렵의 어느 저녁에 어떤 일로 아버지와 부딪쳤다. 나는 부끄럽고 죄스러운 마음으로 잠자리에 들면서 앞으로 아버지 마음에 더 흡족한 아들이 되도록 말도 더 잘 듣고 얌전히 굴어야겠다고 다짐했다. 그날 저녁에 무엇 때문에 싸웠는지는 잊어버렸지만, 그 뒤에 벌어진 일은 50년이 지난 지금까지도 생생하게 기억하고 있다.

그날 밤 꿈을 꿨다. 꿈속에 내가 부엌에서 샌드위치를 만들고 있는데 갑자기 빛나는 천사가 나타나 천국이 아주 멋지고 영광스러운 곳이라고 말했다. 나는 잠시 듣다가 당연한 듯 대답했다.

"저도 거기에 갈 거예요."

물론 그 말은 나중에 죽어서 간다는 뜻이었다.

"그걸 어떻게 알지?"

천사의 질문에 나는 말문이 막혔다.

'어떻게 아느냐고? 무슨 이런 질문이 다 있어?'

당황한 나는 더듬거리며 대답했다.

"음…. 그야, 어… 최대한 착한 아이가 되려고 했으니까요. 부모님 말씀도 잘 듣고 얌전히 굴려고 했거든요. 교회에도 다녔고요."

그러자 천사가 말했다.

"그건 중요하지 않다."

정말 어이가 없었다. 그동안 부모님과 선생님들이 시키는 대로 고분고분 착실하게 살려고 얼마나 노력했는데, 어떻게 그게 중요하지 '않을' 수 있단 말인가. 나는 은근히 두려워져서 그만 할 말을 잃고 말았다.

천사는 잠시 나를 안달하게 두었다가 "언젠가는 이해하게 될 거다"라고 말하고는 순식간에 사라져 버렸다. 나는 식은땀을 흘리며 잠에서 깨어났다. 어린 시절 기억나는 꿈이라고는 그것 하나뿐이다. 그 뒤로 간혹 그 꿈이 떠오르더라도 애써 떨쳐냈다. 그저 꿈이려니 했다.

자라면서는 영적인 문제 때문에 더 혼란스러웠다. 10대 때 부모님은 나를 교회 입교 수업에 꼭 보내려 했다. "하지만 제가 그런 걸 믿는지조차 잘 모르겠어요." 아버지에게 말해 보았지만 돌아오는 답은 단호했다. "일단 가라. 질문은 거기서 해도 된다."

수업은 기계적인 암기 위주의 교리문답 형식이었다. 질문은 마지못해 용납되는 정도였고 대답도 형식적인 수준이었다. 그래서 끝마칠 때는 처음보다 의심이 오히려 더 많아졌다. 내가 그 과정을 견딘 이유는 일단 입교만 하면 교회를 계속 다닐지 여부를 나 스스로 결정할 수 있었기 때문이다. 물론 결정이 어느 쪽으로 날지는 뻔했다.

당시에는 나도 몰랐던 사실이지만, 하나님을 향한 청소년들의 태도는 보통 자기 아버지와의 관계에서 크게 영향을 받을 수 있다. 역사 속의 많은 유명한 무신론자 프리드리히 니체, 데이비드 흄, 버트런드 러셀, 장 폴 사르트르, 알베르 카뮈, 아르투르 쇼펜하우어, 루트비히 포이어바흐, 홀바흐 남작, 볼테르, H. G. 웰스, 매들린 머레이 오헤어 등은 자기 아버지에게 깊이 실망했거나 버림받았다고 느꼈다. 그래서 그들은 하늘 아버지를 알려는 마음까지 시들해졌다.[2]

그 생생한 사례를 나는 훗날 친구가 된 조쉬 맥도웰에게서도 보았다. 그의 아버지는 난폭한 알코올 중독자였다. 조쉬는 이렇게 말했다. "어려서부터 내게 아버지란 아픔을 주는 존재였다. 사람들은 하늘 아버지가 나를 사랑하신다고 말했지만, 내게는 그것이 기쁨이 아니라 오히려 고통으로 다가왔다. 하늘 아버지와 육신의 아버지가 구별되지 않았기 때문이다." 이 때문에 조쉬는 자칭 '완고한 불가지

론자'였다가 나중에 기독교를 탐구하고 나서야 기독교가 진리임을 확신할 수 있었다.[3]

나 또한 커 가면서 점점 더 회의론에 끌렸다. 내면에 많은 의심이 곪아 있는 데다 학교 선생님들까지 과학 덕에 하나님이 필요 없어졌다고 역설했다.

그런데 한편으로, 나는 계속해서 우리 집과 내 영혼에 뭔가가 결핍됐다고 느끼고 있었다. 거기서 생긴 집요한 갈증을 당시에는 뭐라고 표현할 길이 없었다.

은혜의 퍼즐 한 조각을 발견하다 ————

세월이 흘러, 일리노이 주 팰러틴의 노스웨스트 고속도로를 달리고 있을 때였다. 정확한 위치와 시간과 화창했던 날씨까지 여태 기억에 남아 있다. 문득 라디오 다이얼을 홱 돌렸는데, 거기서 흘러나온 이야기를 들으며 내 눈 가득 눈물이 고였다.

다 듣지는 못했지만, 아버지와 신앙과 하나님과 희망에 관한 내용이었다. 목소리의 주인공은 나와 비슷한 시기에 태어났으나 믿기지 않을 정도로 비참하고 기구한 삶을 살았다. 나와는 정반대였다. 그래도 뭔가 통하는 게 있었다. 보이지 않는 끈이 즉각 우리 둘을 이어 주었다.

나는 그녀를 어떻게든 찾아내야 했다. 일대일로 마주앉아 그녀의 이야기를 듣고 싶었다. 묻고 싶은 것도 많았다. 왠지 나는 은혜라는 퍼즐의 한 조각이 그녀에게 있음을 직감했다.

Part 2.

하나님의 파격적인 은혜가

우리를
먼저 찾아 내셨다

The Case for
Grace

2.

은혜,
영원히 하나님의 아들딸이 되는 것

"절망에 갇힌 아이를 열망에 찬 아버지가
아무런 조건 없이 감싸 안았다."

입양을 모르고는 기독교를 제대로 이해할 수 없다.
하나님이 우리에게 주신 가장 큰 선물은
우리를 자녀로 삼아 주신 것이다.
- J. I. 패커[1]

스테파니 패스트는 평생 아버지가 누구인지 모른 채 살았다. 1950년에 발발한 한국전쟁에 참전한 미군이었다고만 짐작할 뿐이다. 장교였을 수도 있고, 아직 어딘가에 생존해 있을 가능성도 있지만, 사실은 알 길이 없다.

나는 라디오에서 잠깐 들은 그 목소리의 주인공인 스테파니를 어렵사리 찾아내 덴버에서 비행기를 타고 먼 거리를 날아가서 그녀를 만났다. 스테파니는 숲이 우거진 마을의 깔끔한 연립주택에 살고 있었다. 160센티미터의 작은 체구에 검은 머리칼이 부드럽게 물결치며 어깨 밑으로 흘러내렸고, 엷은 황갈색 눈에는 생기가 돌았다. 그녀의 남편 대릴은 선교사 출신의 온화한 사람으로, 우리에게 커피를 내 준 뒤 거실에서 둘이 대화하도록 자리를 비켜 주었다.

스테파니는 내 물음에 답하다가 깊이 생각에 잠기기도 했다. 목소리에 아시아계 억양이 살짝 묻어났다. 과거의 경험을 힘들게 풀어 낸 그녀는, 마치 그때를 머릿속에서 떠올리듯 가끔씩 눈길을 옆으로 돌렸다. 그러다 다시 몸을 앞으로 기울이며 이해를 구하는 손짓을 하곤 했다.[2]

맞은편 의자에 편하게 앉은 나는 우선 이렇게 말문을 열었다. "우리는 둘 다 비슷한 시기에 태어났더군요."

"저는 제가 태어난 시기나 장소를 정확히 몰라요." 그녀가 어깨를 으쓱하며 말을 이었다. "아마 부산이었을 겁니다. 제가 그 지방 사투리를 썼다고 들었거든요. 하지만 언제인지는 몰라요. 분명히 당신과 같은 시대이긴 합니다."

"제 기억 중에 가장 이른 건 세 살 때 생일입니다." 내가 말했다. "플로리다의 할머니 할아버지가 목각 돛단배를 선물로 주셨지요. 그런데 시카고로 돌아올 때 깜빡 잊고 그것을 거기에 두고 왔지 뭡니까. 어린 나이였지만 심장이 쿵 하고 내려앉는 걸 느낄 수 있었답니다." 그 생각에 싱긋 웃음이 났다. "1950년대에 미국 신도시에서 자란 중산층 백인 아이에게는 그런 게 큰 아픔이었습니다. 당신의 기억은 분명히 많이 다르겠죠. 제일 먼저 떠오르는 일은 무엇입니까?"

스테파니는 잠시 생각하다가 미소를 지으며 대답했다. "저도 같은 나이였어요. 서너 살쯤 됐을까요. '추석'이라는 한국 명절이라서 가족들이 친척 집에 다 모였어요. 사탕도 먹고, 놀이도 하고, 예쁜 옷도 입고, 아주 즐거웠던 기억이 납니다. 하지만 아주 슬프고 침울했던 엄마 얼굴이 제일 생생히 떠오릅니다."

"그 슬픔의 이유를 아십니까?"

"음, 그날 밤 가족들끼리 말다툼하는 소리를 들었어요. 장래를 위해 엄마가 결정을 내려야 한다면서요."

"어떤 결정이었지요?"

"한국전쟁 이후로 혼혈아들이 많아졌지만, 그들에게는 설 자리가 없었어요. 그날 밤 엄마의 혼삿말이 나왔는데 저는 거기에 포함되지 않았죠. 가족들은 엄마를 데려가겠다는 남자를 찾았지만 저까지 데려갈 수는 없다고 했습니다. 그러니까 엄마가 선택해야 할 건 이거였어요. '내 앞길을 찾아갈 것인가? 그렇다면 이 아이를 데려갈 수 없는데.' 많은 입씨름과 수치심과 죄책감으로 얼룩진 밤이었어요. 엄마가 밤새 나를 안고 울던 일이 기억납니다."

"사생아들에 대한 차별 때문이었나요?"

"그렇죠, 특히 혼혈아들은 더했습니다. 우리는 흉측한 전쟁의 상흔이었어요. 영어로는 정확히 어떻게 표현해야 할지 모르겠는데, 한국인들은 순혈에 대한 소신이 강합니다. 어렸을 때 제 외모는 다른 아이들과 달랐어요. 머리칼과 피부색이 옅은 데다 대다수 한국인에게 없는 쌍꺼풀이 있었으니까요. 멋대로 뻗치는 곱슬머리도 한국인들에게 흔치 않았어요. 그래서 사람들은 제가 혼혈이라는 걸 알았지요."

"어머니는 어떤 선택을 했습니까?"

"결국 어머니는 저를 다른 사람에게 맡기기로 결정했어요. 삼촌 집으로 보낼 거라고 했어요. 며칠 후에 엄마와 함께 흙길을 걸어 도시로 가던 일이 기억납니다. 기차 소리를 그때 처음 들었어요. 엄마에게 무슨 소리냐고 물었더니 '지금 우리가 그걸 타러 가는 거야' 그러시더군요.

기차가 도착하자 엄마는 저를 데리고 탔어요. 당시에 아시아인들은 스카프만한 보자기를 묶어 가방처럼 썼는데, 그 안에 제 점심과 여벌옷이 들어 있었습니다. 엄마는 보자기를 자리 위의 선반에 얹은 다음, 무릎을 꿇고 제게 말씀하셨어요. '무서워할 것 없어. 이따가 다른 사람들을 따라 기차에서 내리면 삼촌이 데리러 나와 있을 거야.' 그러고 나서 엄마는 가 버렸어요."

"결국 나중에 기차에서 내려 어떻게 되었나요?"

스테파니는 잠시 말이 없다가 천천히 고개를 내저었다.

"절 데리러 온 사람은… 아무도 없었어요."

"튀기"로 불리다

아직 서너 살밖에 안 된 아이가 무섭고 위험한 곳에 내던져졌다. 그곳은 그 아이를 거부할 수밖에 없는 세상, 은혜가 없는 세상이었다. "겁에 질렸겠네요." 내가 말했다.

"처음에는 괜찮았어요. '여기 승강장에 서 있으면 삼촌이 데리러 올 거야'라고 생각했던 거죠. 하지만 밤이 되자 기차가 끊겼어요. 역장이 나와서 저더러 여기서 뭐하는 거냐고 묻더군요. 삼촌을 기다리고 있다고 했죠. 누가 저를 '튀기'라고 부르기는 그때가 처음이었어요." 그녀는 거의 욕설을 내뱉듯이 말했다.

"그 말이 무슨 뜻인가요?"

"아주 더러운 말이에요. 흑인을 '깜둥이'라고 부르는 것과 같다고 나 할까요. 본래는 '혼혈아'라는 뜻이지만 사실은 그 이상입니다. 쓰레기, 오물, 사생아, 서양 귀신, 이 모든 의미가 섞여 있으니까요. 엄마가 분명히 제 이름을 지어 주셨을 텐데, 이상하게 기억이 안 나요."

"그래서 그 말이 이름처럼 되어 버렸나요?"

"그래요, 그날 쓰레기와 사생아를 뜻하는 튀기라는 말로 제 정체성을 깨달은 셈이죠. 사람들이 저를 그렇게 불렀어요."

"그다음에는 어떻게 됐습니까?"

"역장이 저를 쫓아냈습니다. 그래서 그곳을 나오니 벽에 기대 놓은 소달구지가 하나 있더군요. 첫날 밤은 그 속에 기어 들어가 짚더미를 덮고 지냈어요. 보자기를 끌러 엄마가 싸 주신 음식도 먹고요. 잠을 청했지만 개 짖는 소리, 이상한 소음, 바스락거리는 소리가 너무 크게 들려서 잠을 잘 수가 없었어요. 무서웠지만 그래도 완전히 겁에 질리지는 않았어요."

"그 어린 나이에도요?"

"엄마를 믿었거든요. 반드시 삼촌이 올 거라고 생각했어요."

나는 잠시 머뭇거리다가 마침내 다음 질문을 꺼냈다. "지금 와서 돌아보면 그때 정말 삼촌이랑 약속이 되어 있었다고 생각하십니까?"

스테파니는 움츠러들지 않았다. "솔직히 모르겠어요. 엄마가 정말 저를 누군가에게 맡기려 했는데 제가 실수로 엉뚱한 역에서 내렸을 수도 있어요. 하지만 그 당시 한국에서는 엄마가 아이를 버리는 일이 왕왕 있었습니다. 특히 혼혈아일 때는 더했죠. 조롱과 사회적 오명과 잔인한 배척을 감당할 수 없었으니까요. 엄마들은 대개 아이를 기차역이나 다른 공공장소에 버렸어요."

"그러니까 어머니의 의도를 지금까지도 정말 모르시는 거네요?"

스테파니는 눈을 내리깔며 "네, 몰라요"라고 말한 뒤 다시 나와 눈을 마주쳤다. "하지만 어머니가 최선을 다했다고 생각할래요. 그래야 하지 않겠어요? 당시 엄마는 정말 큰 중압감에 시달렸어요. 그것만은 분명합니다. 자신의 일생이 걸린 문제였으니까요."

"네, 이해됩니다." 내가 말했다. 사람들은 누구나 자기 부모가 최선을 다했다고 믿고 싶어 한다. "그날 그 기차역에서 당신의 긴 방랑이 시작되었는데요, 그런 삶이 얼마나 지속되었습니까?"

"최소한 2-3년은 혼자 힘으로 살아간 셈입니다. 당시에 여러 기관에서 혼혈아들을 거두기 시작했지만, 저는 도시에 있지 않고 대부분 산촌과 농촌에 있었어요."

어린아이가 몇 년씩이나 정처 없이 헤맸다니, 그녀에게 닥친 현실은 어떤 것이었을까? 언제나 즐겁게 미소 짓는 내 귀여운 손녀 페넬로프가 생각났다. 그 아이는 가족들의 따뜻한 울타리 안에서 자라기 때문에 마냥 순진무구하고 다정다감하며, 항상 가족들을 온전히 의존한다.

"저한테 네 살 된 손녀가 있는데요." 내가 운을 뗐다.

"오, 저도요!" 스테파니도 반갑게 되받았다.

"그렇다면 다음 질문을 짐작하시겠군요. 손녀를 보며 이런 생각을 하신 적 있으시죠? '도대체 나는 네 살 때 어떻게 살아남았을까?' 정말 어떻게 용케 살아남으셨습니까?"

"순전히 주님 덕분입니다. 우리 손자 손녀들은 응석받이로 자라지만 제3세계 아이들은 달라요. 그 아이들은 제대로 보살핌을 받지 못합니다. 오히려 어려서부터 혼자 알아서 크곤 하죠. 저희 엄마도 늘 논일로 바빴기 때문에 저를 보살필 수 없었어요. 결과적으로는 그게 축복이었던 거죠. 덕분에 저도 이미 어느 정도 자립이 가능했으니까요."

메뚜기와 들쥐로
겨우 연명하다 ----------

하루에 세 번씩 페넬로프 앞에 차려지는, 풍성한 음식을 떠올려 보았다. 그 또래 아이들이 흔히 그렇듯이 내 손녀도 아무렇지 않게 음식을 가린다. "먹는 건 어떻게 해결했습니까?" 스테파니에게 물었다.

"사실 시골에는 겨울철만 빼면 먹을 게 풍성했어요." 그녀가 말했다. "무엇이든 훔칠 수 있었죠. 과수원도 있고 채소밭도 있고 논도 있었으니까요. 잡히지만 않으면 먹을 수 있었습니다. 어느 날은 노숙하는 아이들을 따라가 보니 밤중에 밭에 엉금엉금 기어들어가 참외 서리를 하더군요. 그걸 보니 저도 할 수 있겠다 싶었어요. 그래서 계절이 다 가도록 밤마다 원두막지기가 잠들기를 기다렸다가 엉금엉금 기어가 참외를 따 왔죠. 게다가 논에는 메뚜기와 방아깨비가 지천에 널려 있었어요. 계속 잡아다 머리를 지푸라기에 꿰면 나중에는 한 줄 가득해집니다. 그걸 허리춤에 매달고 다니다 저녁에 바짝 말랐을 때 먹는 거죠. 들쥐도 잡았습니다. 들쥐는 날마다 똑같은 시간에 똑같은 구멍에서 나왔어요. 들쥐를 잡으면서 참고 기다리는 법을 배웠지요. 들쥐가 고개를 쏙 내밀면 도로 구멍으로 들어갈 겨를을 주지 않고 홱 잡아챘어요. 껍질과 귀와 꼬리까지, 거의 다 먹었습니다."

"겨울철에는 어땠습니까? 견디기 힘들었을 텐데요."

"맞아요, 겨울은 몹시 추웠어요. 갈 데도 없고 먹을 것도 없었죠. 제가 그 첫해 겨울에 죽었다고 해도 전혀 이상할 게 없을 정도였어요. 어떻게 살아남았는지 모르겠어요. 겨우겨우 숨어 살 만한 곳을 찾아냈던 건 기억납니다. 논에서 지푸라기를 보이는 대로 주워다가 그 안을 작은 굴처럼 만들었죠. 다들 잠든 시간에 마을로 내려가 먹을 것을 훔치곤 했어요.

제3세계 국가의 집 없는 아이들은 정말 조숙합니다. 저도 빨리 적응력을 길렀죠. 떠도는 제게는 모든 게 보물이었어요. 트럭을 타고 가던 군인이 버린 통조림 깡통은 제 물통이자 냄비가 되었지요. 못을 주워서 철로에 놓아두면 기차에 납작하게 눌리는데, 그러면 그대로 칼이 됩니다. 잡은 쥐의 내장을 발라낼 때 그걸 썼지요."

"당신이 거기 있는 걸 마을 사람들이 알았습니까?"

"물론이죠. 가끔은 어떤 인정 많은 아주머니가 부엌문을 열어 줬어요. 그럴 땐 아궁이 옆 흙바닥에 웅크리고 앉아 불을 쬐곤 했죠. 정말 꿈에도 그리던 거였어요. 굴속에서는 밤새도록 떨어야 했으니까요."

"놀림을 당했다고 아까 그러셨지요?"

"늘 있는 일이었어요. 아이들은 제가 혼혈아라고 놀렸고 농부들은 제가 먹을 걸 훔쳐 간다고 소리를 질렀어요. 저는 지저분한 튀기였어요. 어린아이가 날마다 그 소리를 들으면 정말 그렇게 믿게 되죠. 저는 사람들이 제 몸에 아무 짓이나 해도 되는 줄로 알았어요. 사람이 아니었으니까요. 저는 쓸모없고 더럽고 부정했어요. 이름도 없고, 정체성도 없고, 가족도 없고, 미래도 없고, 희망도 없었지요. 시간이 갈수록 저 자신이 싫어졌어요.

노숙하는 아이들을 따라다닌 적이 몇 번 있는데, 그 아이들은 어떤 때는 저를 끼워 주었다가 어떤 때는 저한테 나쁜 짓을 했어요. 종잡을 수가 없었죠. 그래서 저는 경계심이 많아졌어요. 아주 빈틈이 없어진 거죠. 그래도 제 속에 있는 아이는 늘 사람들과 함께 있기를 원했습니다. '나하고 친구하자. 너도 우리랑 한패야.' 그렇게 말해 줄 사람을 늘 찾았던 겁니다."

"정서적으로는 어땠습니까?"

"늘 살아남기에 급급했습니다. 구박받을 때는 울었어요. 살려 달라고 빌기도 하고, 화도 내고, 발길질하며 악도 썼습니다. 욕도 금방 배웠고요. 처음에 몇 주 동안은 엄마를 찾으며 울었어요. 늘 엄마한테 돌아갈 길을 찾으려 했지요. 산 하나만 더 넘으면, 모퉁이 하나만 더 돌면 엄마가 있을 것 같았어요. 멀리서 마을이 보이면 저게 우리 동네다 싶어 달려갔지요. 하지만 언제나 우리 동네가 아니었어요."

너는 꼭 살아야 한다

"구박받았다고 하셨는데, 혹시 사람들에게 해코지를 당하셨나요?" 내가 물었다.

"한번은 먹을거리를 훔치다가 농부들에게 잡혔는데 그들이 저를 버려진 우물 같은 곳에 던졌어요. 제가 거기서 죽기를 바란 거죠. 헤엄칠 줄 몰랐기 때문에 겁이 났어요. 그런데 물속에서 허우적거리다 보니 벽에 튀어나온 돌이 하나 있는 거예요. 거기에 걸터앉아서 그나마 윗몸이라도 물 밖으로 나올 수 있었죠. 소리를 지르니 제 목소리가 메아리로 되돌아오던 게 기억나네요. 하지만 저를 구하러 오는 사람은 아무도 없었어요. 솔직히 '아, 이렇게 죽는구나' 하는 생각이 들더군요. 사실 그것도 괜찮았어요. '그래, 이 돌만 놓으면 나는 죽을 수 있어.' 그렇게 생각했습니다.

그런데 어스름 녘에 어떤 할머니의 목소리가 들렸어요. '애야, 애야, 너 거기 있니?' 저는 '예, 여기 있어요' 하고 소리쳤지요. 할머니가 두레박을 내려 주셨는데 어두워서 잘 안 보이더라고요. 그래도 양철이 돌에 부딪히는 소리가 들려서 가까스로 그 위에 올라앉았죠. 할머니가 저를 끌어 올리는 동안 벽에 탕탕 부딪히던 양철 소리가 아직도 귀에 선합니다. 할머니는 저를 외양간까지 끌어다 주셨어요. 따뜻하게 짚으로 덮어 주고, 먹을 것도 가져다주셨고요.

놀림이야 그전에도 당했지만, 사람들이 정말 저를 죽일 수도 있겠다는 생각이 든 건 그때가 처음이었어요. '나는 왜 사람들이 죽이고 싶을 만큼 못된 아이일까? 왜 다른 아이들과 달리 엄마 아빠가 없을까?' 그런 의문이 들었죠."

"그 할머니가 뭐라고 하시던가요?"

"이렇게 말씀하셨어요. '이 사람들은 너를 해칠 거다. 하지만 단단히 명심하거라. 너는 꼭 살아야 한단다.' 지금은 그 말이 예언이었다고 믿어요. 그렇지만 그 어린 나이에는 '이 할머니가 우리 엄마를 아니까 이런 말을 하시는구나' 그렇게만 생각했어요. 아침에 일어나 마을을 떠나서 산을 하나만 더 넘으면 엄마가 거기 있을 거라는 말처럼 들렸거든요.

 또 한번은 그때도 먹을 걸 훔치다 잡혔는데 한 농부가 제 목덜미를 잡고 튀기라고 부르면서 '이 녀석을 없애야 한다'고 하는 거예요. 그러니까 다른 농부들이 '맞아, 아주 골칫거리거든. 물레방아에 묶어 버리자'고 맞장구치더군요.

 농부들은 제 두 발과 양 어깨를 잡고 얼굴을 바깥쪽으로 나오게 해서 수로 위의 물레방아에 제 몸을 묶었습니다. 지금도 눈을 감으면 그때 봤던 구름의 형상이 떠올라요. 전 너무 고통스러워서 비명을 질렀지요. 발과 다리가 쭉 잡아당겨지던 일, 물 밑을 통과하던 일, 입과 코로 자갈과 모래가 들어가던 일, 다시 물 밖으로 나오면 퉤퉤 내뱉으며 악쓰고 욕하던 일, 모두 기억납니다. 입안으로 피가 고여 들고 눈이 부어올랐어요. 그러다 갑자기 물레방아가 멈췄습니다.

 어떤 손길이 느껴지면서 남자 목소리가 들렸어요. '이제 다 괜찮다. 내가 너를 물레방아에서 내려 줄 테니 가만히 있어라.' 그분이 저를 물레방아에서 풀어 바닥에 내려 주셨습니다. 눈이 하도 부어서 잘 보이지 않았지만 그분이 흰옷을 입으셨던 것만은 기억합니다. 당시에 한국의 할아버지들은 흰옷을 많이 입었거든요. 그분은 손수건을 꺼내 저를 최대한 깨끗이 닦아 주고는 마실 물을 주셨습니다.

 그러더니 저를 우물에서 구해 준 할머니와 똑같은 말을 하는 겁니다. '이 사람들이 너를 해치려 하니 여기서 떠나거라. 하지만 얘야, 너는 꼭 살아야 한다. 내 말 깊이 명심하고 꼭 살아야 한다.'"

쓰레기 더미에
비쳐 든 희망 ----------

스테파니는 갖은 고생을 하면서도 살아남았고, 결국 남한의 대도시 중 하나인 대전으로 흘러들었다.

"어떤 청년이 다가와 저를 튀기라 부르며 이 동네는 처음이냐고 묻더군요. 그렇다고 했더니 지낼 곳이 필요하냐는 거예요. 그때까지 저한테 함께 지내자고 말한 사람은 아무도 없어서 냉큼 그렇다고 대답했더니, 자기를 따라오라고 하더군요.

그 도시를 가로지르는 강이 있는데, 그 강둑이 아이들의 마을이더라고요. 양쪽 강둑에 사는 고아가 수백 명에 달했어요. 그 청년은 그중 작은 무리의 우두머리로 모든 일을 관장하고 있었는데 저를 그 무리에 끼워 주었지요. 처음 며칠은 아주 좋았습니다. 그들은 제게 음식도 나누어 주고 담요도 같이 썼어요. 모닥불을 피우고 옛날이야기도 했죠. 잠도 다른 아이들과 함께 나란히 누워서 잤습니다.

하지만 며칠이 지나자 상황이 아주 나빠졌어요. 겨우 일곱 살짜리였던 제가 그들의 노리개가 된 겁니다. 그게 잘못된 일이라는 건 저도 알았어요. 한 사람만이 아니라 여러 사람이 그랬는데, 그래도 저는 어린 마음에 누구나 다 이런 일을 겪어야 하나 보다 했어요. 사람이 가족을 얻으려면 다 그렇게 해야 되나 보다, 그런 생각까지 했어요. 그게 얼마나 끔찍한 일인지 미처 몰랐습니다.

그들과 얼마나 오랫동안 함께 지냈는지는 기억이 잘 안 나지만,

남한 전역에 콜레라가 돌면서 저도 지독히 앓았어요. 콜레라에 걸리면 체중이 줄고 고열이 나면서 정신착란을 일으킵니다. 그때 이런 생각이 들더군요. '여기를 떠나야겠다. 시골로 돌아가자. 거기는 공기도 맑고 신선한 음식도 있잖아. 다 괜찮아질 거야.'

캄캄한 뒷골목을 걷고 있는데 어떤 아이가 하수구에 빠져 있는 거예요. 아무래도 콜레라에 걸린 것 같았습니다. 데리러 내려갔더니 여자아이가 비명을 지르고 있더군요. 우리가 어느 정도로 아픈 건지는 잘 몰랐지만 이것 하나만은 분명했어요. '얘도 배고프고 나도 배고프다. 가서 음식을 훔쳐와야겠어.'

하지만 우리는 농부들에게 다시 잡혔습니다. 농부들은 전쟁 중에 폭격을 맞은 어느 건물로 우리를 데려가더군요. 그전에 노숙인 식구들한테 그 건물 얘기를 들었어요. 우리가 살던 강둑에 하수구 쥐가 많았거든요. 그 건물은 쥐들의 소굴이라서 절대로 가면 안 되는 곳이었어요. 그런데 농부 네댓 명이 우리를 그곳에 던져 넣은 겁니다. 제가 그 어린 여자아이를 들쳐 안고 비명을 지른 건 기억나는데, 그 뒤는 전혀 기억에 없습니다."

"나중에 어떻게 되었습니까?"

"눈을 떠 보니 파란색 눈이 저를 마주 보고 있더군요."

"파란색 눈이라니, 누구였나요?"

"나중에 이름을 알았는데, 스웨덴 출신의 월드비전 간호사인 아이리스 에릭슨 선생님이었습니다. 거리의 아기들을 구하는 게 선생님의 일이었어요. 당시에는 아이들이 도처에 버려지고 있었거든요.

전후 한국이 먹고살기 힘들었던 게 주된 이유였습니다. 아기가 너무 많아 키우기 힘들면 그냥 버렸어요. 그래서 선생님께 맡겨진 일은 저처럼 큰 아이들이 아니라 아기들을 데려오는 것이었어요. 아기들이 생존율도 높고, 입양되기도 쉽고, 말썽을 피울 일도 적었기 때문이지요."

"당신은 그때 일곱 살쯤이었을 텐데, 어떻게 구조된 거죠?" 내가 물었다.

"나중에 들은 이야기입니다. 선생님이 쓰레기 더미에서 저를 봤을 때 곧 죽으리란 걸 알았답니다. 당연히 불쌍했지만, 진료소로 데려가기에는 제 나이가 너무 많았지요. 그래서 일어나 가려는데 두 가지 일이 벌어져 선생님의 마음을 돌려놓았습니다. 에릭슨 선생님이 아주 얌전한 루터교 여성이며 몹시 내성적인 신앙인임을 감안하셔야 합니다. 그러니까 그날은 전혀 평소답지 않았던 거죠."

"어떻게 되었는데요?"

"일어나 가려는데 정말 발길이 떨어지지 않더래요. 이유를 몰랐답니다. 왜 그런가 생각하고 있는데 그때 또렷한 목소리가 들려왔대요. 이 대목은 정말 선생님께 직접 들어야 되는데 말이죠. 자, 에릭슨 선생님의 말입니다. '내 모국어로 음성이 들려왔는데 딱 한마디였어. 그 아이는 내 것이다.' 정말 깜짝 놀랐다고 하시더라고요."

"주변에는 아무도 없었고요?"

"한 사람도 없었대요. 에릭슨 선생님은 그것이 하나님의 음성이고, 자신이 그분께 응답해야 한다고 생각하셨습니다. 그래서 그대로 저를 들쳐 메고 진료소로 데려간 거예요. 그리고 몇 주 동안 그곳에 머물게 하다가 나중에 건강이 회복되자 저를 그 도시에 있던 월드비전의 고아원으로 보내 줬습니다. 에릭슨 선생님은 어떤 면에서 예수님 이전의 내 구세주였어요."

조건 없이 감싸 안는 아버지의 사랑

고아원에 가니 거처는 해결됐지만, 그곳을 집이라고 하기는 어려웠다. 환경이 열악해서 옥외 변소를 쓰고 거적을 깔고 자야 했으며, 관심이 필요한 아이가 수백 명에 달했다. "저는 제일 나이가 많은 축에 들었어요." 스테파니가 말했다. "아기들을 돌보는 게 제 일이 되었습니다. 기저귀를 빨아서 널고, 개고, 갈아 줬어요. 일할 때도 아기들을 업고 했고요. 아기들이 사랑스러웠어요."

사랑, 스테파니의 인생 이야기에서 처음 등장한 단어였다. "당신에게 그것은 새로운 감정이었나요? 아기들과의 관계가 깊어져 가면서 말입니다."

"정말 그랬어요. 아기들 구역에 들어가니까 전부 다 안아 달라고 팔을 벌리고 있는 거예요. 그때 사랑받는다는 느낌이 들었어요. 간사들은 시간이 모자라 아기들을 다 돌볼 수 없어서 제가 아기들을 안아 주고 노래도 불러 주고 업고 다녔어요. 그러다 가끔 아기가 한 명씩 사라졌어요."

"사라지다니요?"

"저도 처음엔 잘 몰랐는데, 나중에 아기가 어디로 갔느냐고 물으니 미국으로 갔다고 하더군요."

"아, 입양된 거로군요."

"그랬던 거죠. 그런데 전 입양이 무슨 뜻인지 몰랐어요. 아기가 미국으로 간 게 좋은 일이라는 것만 알았지요. 하루는 원장님이 어느 미국인 부부가 남자 아기를 입양하러 온다고 하더군요. 전 부지런히 아기들을 준비시켰어요. 목욕을 시켜 머리도 빗기고, 건강해 보이도록 뺨도 살짝 꼬집어 주고, 누더기나마 최대한 좋은 것을 입혔죠.

이튿날 고아원의 초인종이 울렸습니다. 간사가 문을 열어 주자 골리앗 같은 아저씨가 들어오는데, 키만 큰 게 아니라 몸집도 대단했어요. 당시 한국에는 부자들만 살이 쪘기 때문에 저는 그 사람이 세상에서 제일 부자인 줄 알았답니다. 골리앗 아저씨가 옆으로 비켜나자 부인이 들어왔는데 그분도 그다지 작지 않았어요.

그분들은 영어로 말했고 통역관이 딸려 있었습니다. 복도에 아기들 요람이 쭉 놓여 있었지요. 저는 골리앗 아저씨가 한 아기를 조심히 안아서 자기 목 아래에 가까이 대는 것을 지켜봤어요." 그 장면을 회상하며 스테파니의 얼굴이 환해졌다.

"저는 그분에게 홀딱 빠져들었어요. 아기를 그렇게 안는 남자는 처음 본 것 같았어요. 아기를 뺨에까지 안아 올려 입도 맞추고 말도 걸고 그랬죠. 그런데… 왠지 제 안에 감정이 복받치는 거예요. 그분이 그 아기를 내려놓고 다른 아기를 들어 올리는 사이에 저도 모르게 그분에게 점점 다가갔어요. 정말 신기했던 거죠.

　골리앗 아저씨가 두 번째 아기를 안아 얼굴에 바짝 댔을 때, 그분의 눈을 봤어요. 눈물을 흘리고 있더군요. 그 모습에 제 심장이 두근두근 뛰기 시작했어요. 그게 좋은 일이라는 걸 알았기 때문이에요. 제 안에서 '이 사람은 좋은 사람이다' 하는 말이 들려왔어요. 그분은 그 아기도 내려놓고 세 번째 아기에게도 똑같이 했습니다. 그런데 그때 그분이 곁눈질로 저를 봤어요. 그리고 아기를 조심스레 내려놓더니 제 쪽을 보는 거예요. 저는 슬슬 뒷걸음질해서 물러났죠."

　"그때 당신의 모습은 어땠습니까?"

　"아홉 살 때쯤이었어요. 고아원에 있은 지 2년이나 되었는데도 몸이 여전히 불결했어요. 특히 팔꿈치와 무릎에 있는 때는 아무리 씻어도 벗겨지지 않을 것 같았어요. 머리에는 이가 득실거려 온통 허옇게 변했고, 뱃속에 들끓던 회충들은 배가 고프면 목구멍으로 기어 나왔어요. 눈동자는 초점을 잃어 흐리멍텅했고, 실제로도 앞이 잘 보이지 않았어요. 아마 영양실조 때문이었을 겁니다. 얼굴에는 아무런 표정이 없었고, 삐쩍 말라서 몸무게가 15킬로그램도 되지 않았어요. 온몸에는 종기가 났고, 얼굴도 흉터투성이였지요.

　그런데도 그분은 제게 다가와 최대한 몸을 낮춰서 구부리고 앉더니 제 눈을 똑바로 바라보셨습니다. 그리고 그 큰 손을 내밀어 제 얼굴에 댔어요. 이렇게 말이죠." 스테파니는 눈을 감고 자기 손으로 가만히 동작을 지어 보였다. "그 손이 정말 따뜻하고 푸근하게 느껴졌어요. 그분은 제 얼굴을 가만히 어루만져 주었어요."

나는 황홀했다. 내가 그토록 찾던 은혜의 초상이 바로 눈앞에 있었다. 아무것도 내보일 게 없는 한 아이를 열망에 찬 아버지가 아무런 조건 없이 감싸 안았다. 아이는 무언가를 성취하지도, 칭찬받을 만한 일을 하지도 않았다. 그저 상처투성이에 가녀리고 연약한 존재일 뿐이었다.

내 눈이 젖어 들었다. 아버지의 사랑이 이런 거라면 어쩌면 하늘 아버지의 사랑도 그러할지 모른다.

쾅 닫아 버린 문 ————

그때 차마 믿지 못할 일이 벌어졌다. "얼굴에 닿은 손의 감촉이 정말 좋았어요." 스테파니가 내게 말했다. "속으로 '제발 가만히 있기를! 손을 떼지 말기를!' 하고 중얼거렸지요. 그런데 그전에 제게 그렇게 다가왔던 사람이 전혀 없었기 때문에 전 어떻게 반응해야 할지 몰랐어요."

"그래서 어떻게 했습니까?"

자신의 행동이 아직도 어이없다는 듯 그녀의 눈이 휘둥그레졌다. "손을 확 뿌리쳐 버리고 그분의 눈을 쳐다보며 침을 뱉었어요. 두 번이나요! 그러고는 달아나 옷장에 숨었답니다."

침을 뱉다니! 내 머리가 어찔해졌다. 은혜가 그녀에게 기회의 문을 활짝 열어 주었다. 희망과 안전과 미래의 문이었다. 그런데 스테파니는 일부러 그 문을 쾅 닫아 버린 것이다.

내가 물었다. "어떻게 그럴 수가 있었어요?"

하지만 스테파니가 자세히 설명하려는 사이에 내게 물밀듯이 밀려드는 기억이 있었다. 회의감에 빠져 방황하던 시절에, 나도 하나님이 다가오실 때마다 내 얼굴에 닿은 그분의 손을 확 뿌리치곤 했다.

어렸을 때 한번은 교회학교 선생님이 하나님의 사랑에 대해 열변을 토한 적이 있다. 나는 믿음에 이끌렸지만 어색한 감정 때문에 뒤로 물러났다. 또 한번은 친구의 결혼식에서 목사님이 결혼 생활을 그리스도 중심으로 가꾸어야 한다고 역설했다. 호기심이 일었으나 곧 바쁜 직장 생활이 영적 호기심의 싹을 짓밟아 버렸다.

믿지도 않는 하나님께 간절히 부르짖은 적도 있었다. 갓 태어난 우리 딸이 정체불명의 병으로 목숨이 위태로웠을 때 아기를 치유해 달라고 기도했다. 갑자기, 정말 불가사의하게 아기가 완치됐지만 나는 기도했던 일을 금방 잊은 채 그것을 현대 의학의 기적이라고 여겼다. 의사조차 그 치유를 설명할 길이 없었는데도 말이다. 솔직히 영적 기회의 문이 스르르 닫히도록 내버려 둔 게 한두 번이 아니었다.

스테파니의 이야기는 거기서 끝났을 수도 있었다. 그런데 고아원을 찾아왔던 그 부부는 믿기지 않을 만큼 집요했다. 첫날 그녀가 거부했는데도 그들은 마음을 거두지 않고 이튿날 다시 왔다.

"원장실로 불러 갔는데 그 외국인 부부가 있는 거예요." 스테파니가 내게 말했다. "이런 생각이 들었어요. '이제 나는 죽었구나! 어제 그 일로 벌을 받는 거야. 사정없이 때리겠지.' 그런데 통역관이 그 부부, 그러니까 저한테는 마냥 낯선 외국인이자 마음이 넓어 아이들을 보며 눈물을 흘리던 거구의 남자를 가리키며 '이분들이 너를 집으로 데려가고 싶다고 하시는구나' 그러는 겁니다."

내가 정말 놀랐던 건 그 부부가 얼마든지 더 고분고분한 아이를 선택할 수도 있었다는 점이다. 애초에 꿈꾸던 대로 남자 아기를 입양할 수도 있었다. 집 없는 이 고집쟁이 소녀와 달리 마음의 상처와 몸의 병이 없는 아이, 오랜 결핍과 학대의 여파에 시달리지 않은 아이, 부모의 희생을 크게 요구하지 않을 아이도 있었을 것이다. 그런 아이를 택했어도 아무도 그들을 탓하거나 문제 삼지 않았을 것이다. 그런데도 데이비드와 주디는 그날 뜻밖의 선언을 했다. "우리는 이 아이를 원합니다." 그들은 미국에서 갓 도착한 선교사 부부였다.

"그때는 제가 입양된다는 걸 몰랐어요." 스테파니는 말했다. "그 집의 식모가 되는 줄 알았지요. 그 당시에 한국에서는 그랬어요. 아이가 일정한 나이가 되면 부잣집에 몸종으로 팔려 갔거든요."

식모가 되는 거라면 그녀도 어느 정도 상상할 수 있었다. 빚진 마음으로 열심히 일한다면 그분들의 호의에 보답할 수 있을 테니까 밥값은 할 수 있을 것 같았다. 사실 그녀로서는 식모가 된다는 것 말고는 도저히 그 상황을 납득할 수 없었다. 충분히 이해가 가는 반응이다.

그래,
너는 내 딸이야 ————

머윈 부부는 원래 남자아이를 입양하여 '스티븐'이라고 부르려 했었다. 그래서 새로 생긴 어린 딸에게 '스테파니'라는 이름을 주었다. 그들의 한국 집은 서양의 기준으로 보면 수수했지만, 스테파니가 보기에는 아주 컸다.

"냉장고, 수세식 변기, 침대를 그때 처음 봤어요. '와, 여기서 일하면 재미있겠다!' 하는 생각이 들었죠. 그때 한국에서는 부자들만 먹을 수 있던 달걀도 있었어요. 두 분은 저를 깨끗이 씻기고, 건강해지라고 약도 먹이셨어요. 때마다 먹여 주고, 밤에는 잠자리에 뉘어 주고, 새 옷도 사 주셨지요. 그런데 일은 시키지 않는 거예요."

"그래서 혼란스러웠나요?"

"예, 왜 그런지 몇 달 동안 궁금했지만 두려워서 말을 꺼내지는 못했어요. 마을에 나가면 모두 저를 대단한 존재인 양 대했어요. 이해가 안 됐죠. 튀기라 놀림받던 제가 이제 공주 취급을 받았으니까요. 그러던 어느 날 한 여자아이가 저한테 미국 사람 냄새가 난다는 거예요. 제가 무슨 소리냐고 했더니 저한테서 치즈 냄새가 난다나요. 한국 아이들은 늘 외국인들이 치즈 냄새를 풍긴다고 했거든요. 그래서 제가 그랬죠. '아니야, 난 미국 사람이 아니야. 근데 이 미국 사람들, 정말 웃긴다. 아직도 나한테 일을 안 시켜. 정말 잘해 준다니까.'

그 아이는 놀란 표정으로 저를 보며 말했어요. '스테파니, 네가 그 집의 딸인 걸 모른단 말이야?' 그때까지 저는 한 번도 그렇게 생각한 적이 없었어요. 그래서 그랬죠. '아니야, 난 그 집의 딸이 아니야!' 그랬더니 그 아이가 '넌 그 집의 딸이야. 넌… 그 집의… 딸이라고!' 그러더군요.

정말 충격이었어요! 돌아서서 언덕 위 우리 집으로 달려가면서 이런 생각을 했습니다. '나는 이 집의 딸이다, 딸이다, 딸이다! 아, 그래서 나를 이렇게 대했구나. 그래서 아무도 나를 때리지 않았구나. 그래서 아무도 나를 튀기라 부르지 않았구나. 나는 이 집의 딸이다!'

집 안으로 달려 들어간 저는 의자에 앉아 있던 엄마에게 한국말로 외쳤어요. '나는 엄마의 딸이에요!' 엄마가 아직 한국말을 못해서 일꾼 하나가 제 말을 통역해 줬습니다. 그 말을 듣고 엄마의 눈에서 눈물이 주르르 흘러내렸어요. 엄마는 고개를 끄덕이며 제게 말씀하셨어요. '그래, 스테파니, 너는 내 딸이야!'"

"그때 기분이 어땠습니까?"

여태껏 스테파니는 상상을 초월하는 학대와 고생, 유기와 거부, 치욕과 고통까지 자신의 삶에 대해 허심탄회하게 얘기했다. 그런데 이 대목에서는 머뭇거렸다. 마땅한 말을 찾을 수 없었던 것이다.

"기분이…." 스테파니는 그렇게 말문을 뗐다가 포기해 버렸다. "리, 그건 말로 다 표현할 수가 없어요. 말로는 도저히 안 돼요."

때로 언어는 은혜를 담아낼 수 없다.

마침내
예수를 만나다 ————

"양부모는 당신을 지극히 사랑했군요. 그게 당신이 예수님을 만난 계기가 되었나요? 어떻게 결국 그리스도인이 되었습니까?" 내가 물었다.

"언젠가 한국의 어느 바닷가에 갔을 때 아빠가 세례를 받고 싶으냐고 물으시더군요. 나는 '좋아요, 여기 바다에서 해요'라고 말했죠. 그래서 아빠가 저에게 세례를 베풀었습니다."

"그때 정말 믿음이 있었던 건가요, 아니면 부모님을 기쁘게 하려고 했던 건가요?"

"제 딴에는 주님을 사랑했어요. 하지만 제 안에 상처가 너무 많았죠. 두려워서 사람들에게 고통을 내보이지 못하는 게 제 문제였어요. 엄마 아빠가 제 고통을 보면 절 도로 고아원으로 보낼 것만 같았거든요. 선생님이나 친구들이 제 고통을 보면 부모님에게 이를 것 같았고요. 집 없는 아이로 지낸 삶을 부모님에게 들키고 싶지 않았어요. 버림받을까 봐 두려웠던 거에요. 열일곱 살 무렵까지 계속 그랬습니다."

"열일곱 살 때는 어떤 특별한 일이라도 있었나요?"

"그때 우리는 인디애나 주에 있는 작은 마을로 이사했고, 아버지는 거기서 목회를 하셨어요. 전 어떻게든 한국인의 흔적을 지우려고 안간힘을 썼어요. 고등학교에 아시아인은 저뿐이었는데, 전 완벽한 미국 여자가 되고 싶었던 거에요. 그래서 축제 때 여왕으로 뽑힌 적도 있고 모범 시민상도 탔어요. 하지만 밤마다 잠자리에 들 때면 모든 게 발각돼서 부모님의 사랑을 잃는 건 아닌지 죽도록 두려웠어요.

열일곱 번째 생일을 앞둔 그해 여름에 제가 짜증을 부리며 뾰로통하게 굴자 엄마가 부드럽게 지적하시더군요. 보란 듯이 얼른 제 방으로 가 방문을 쾅 닫고 거울을 봤어요. 여전히 제가 한낱 튀기에 쓰레기처럼 느껴지더라고요. 침대 이불 속으로 기어들어갔습니다.

잠시 후 아빠가 문을 열고 부드럽게 '스테파니?' 하고 부르시더군요. 아빠는 들어와 제 침대 옆에 앉아서 말씀하셨습니다. '네 엄마와 내가 너를 한없이 사랑한다는 걸 네가 알았으면 좋겠다. 하지만 너는 그 사랑이 받아들여지지 않아 힘든 것 같구나. 이제 우리가 너를 하나님께 맡겨 드릴 때가 되었다.'

저도 목사의 딸이니까 성경을 알았겠죠? 하지만 아빠는 그것으로 만족하지 않고 이렇게 말씀하셨어요. '스테파니, 예수님에 대해 말해도 괜찮겠니?' 저는 조금 망설이다 그러시라고 했죠. 아빠는 제게 예수님을 생각해 보라고 하셨어요. 그분이 제 심정을 아시며 그분만이 절 도우실 수 있다고요. 그러고는 저 혼자 두고 나가셨어요.

그 순간까지 저는 예수님을 하나님의 아들로만 생각했어요. 그분이 이 땅에 오신 거야 당연히 알았지만 그분이 저를 이해하신다는 생각이 든 건 그날 밤이 처음이었습니다. 그분도 제 입장이 되어 보셨던 거예요! 사실 그분도 일종의 튀기였잖아요. 아빠, 그러니까 이 땅의 아버지가 친아빠가 아니었으니까요. 그분도 어렸을 때 짚더미를 덮고 잤고 사람들에게 조롱과 학대도 당했습니다. 사람들이 그분을 죽이려고 쫓아다녔으니까요.

그제야 깨달아지더군요. '아, 예수님이 나를 이해하신다는 아빠 말이 이런 뜻이구나.' 그래서 그날 밤 아빠가 나가신 뒤에 혼자 기도했어요. 멋진 기도는 아니었지만요. '하나님, 당신이 우리 엄마 아빠가 말한 그런 분이라면 지금 당장 뭔가를 해 주세요!' 그러자 그분은 정말 해 주셨어요."

"어떻게요?"

"제 눈물이 터진 거예요. 몇 년째 울지 않았거든요. 울 수가 없었어요. 학대와 놀림을 당하면서 울수록 고통이 더 심해진다는 걸 깨달았으니까요. 그런데 그날 밤 제 안에서 뭔가 차갑게 굳어 있던 것이 무너져 내렸어요. 저와 하나님 사이를 가로막던 벽이었죠. 마침내 그분이 제게 눈물을 흘리게 해 주신 거예요. 도저히 멈출 수가 없었어요.

통곡을 하니까 엄마 아빠가 방으로 오셨어요. 두 분은 아무 말이 없으셨고, 제가 밀쳐 내는 바람에 절 껴안지도 못했어요. 그래서 아빠는 제 발을, 엄마는 제 손을 잡고 말없이 주님께 기도했지요. 그때 저는 초자연적인 개입을 경험했습니다.

문득 깨달은 거예요. '예수님이 나를 아신다, 그런데도 나를 사랑하신다!' 그분이 내 모든 수치를 아시고, 내 모든 죄를 아시고, 내 모든 두려움을 아시고, 내 모든 외로움을 아시면서도 날 사랑하신다는 것을요. 저는 그 뒤로 달라졌습니다.

그전까지는 하나님의 사랑에 대해 들으면 늘 다른 모든 사람을 위한 사랑처럼 느껴졌어요. 그분이 저를 사랑하실 수는 없잖아요.

저는 실수로 태어난 아이니까요! 죄의 결과물인 저를 어떻게 사랑하시겠어요? 혼혈아를 어떻게 사랑하시겠어요? 저는 사랑받으려면 무슨 자격이 있어야 되는 줄 알았어요. 그게 하도 뇌리에 박혀 있다 보니 입양되고 나서 부모님에게 하나님의 사랑에 대해 들을 때도 이렇게 생각한 거예요. '나는 강간당했으니 그분이 사랑하실 수 없어! 학대받았으니 사랑하실 수 없어! 마음속에 지독한 분노가 있으니 사랑하실 수 없어! 아빠는 나더러 용서해야 한다는데 나는 용서할 마음이 없으니 이런 나를 하나님이 어떻게 사랑하시겠어?'

그런데 그날 밤 그분이… 그런 나를… 사랑하신다는 깨달음이 온 거예요! 그분이 나를 있는 그대로 사랑하신다는 사실이 저를 속속들이 바꾸어 놓았습니다. 제 삶의 여러 습성을 버리고 치유받는 데는 그 뒤로도 오랜 세월이 걸렸어요. 아주 오랫동안 자신을 미워했거든요. 마침내 제가 거울 속의 제 자신을 사랑할 수 있게 되었다는 사실은 그야말로 기적입니다. 하나님의 은혜죠.

그래서 요즘 제가 자주 하는 말이 있어요. 솔직히 고백하건대 제 삶에 없었더라면 더 좋았을 뻔한 사건은 하나도 없습니다. 왜냐고요? 제 삶의 모든 일이 저를 예수님께 인도했기 때문입니다."

"스테파니, 당신이 겪어 온 모든 일을 감안하면 정말 파격적인 발언이네요."

"그럴지도 모르죠. 하지만 그게 제 소신입니다. 저는 학대당한 경험이 있는 여성들을 상담합니다. 사실 그게 현재 제 사역에서 큰 부분이죠. 그들은 늘 완결된 해답을 원해요. 어떤 사람들에게는 그게 가능할 수도 있겠죠. 그러기를 바랍니다. 하지만 제 경우에는 천국에 갈 때까지 그런 일이 없을 겁니다."

"천국에 가면 예수님께 무엇을 묻고 싶습니까?" 내가 말했다.

스테파니는 자세를 편하게 고쳐 앉으며 잠시 창밖으로 시선을 던졌다. 오리건의 잿빛 하늘은 어느새 오후의 햇살에 밀려나 있었다. 그녀는 다시 나를 보며 온화한 미소를 머금고 말했다.

"어떤 사람들은 천국에 가면 물어볼 게 아주 많다지요. 그것도 좋아요. 하지만 저는 이제 그런 식으로 생각하지 않아요. 천국에 가면 답이 필요 없으리란 걸 깨달았거든요."

나는 고개를 끄덕이며 말했다. "이해할 것 같습니다. 하지만 당신의 이야기는 저와 완전히 달라서 어떻게 그 모든 걸 소화하셨는지 상상이 안 됩니다."

스테파니는 탁자 위의 커피를 한 모금 마신 뒤에 말했다. "어쩌면 우리는 당신이 생각하는 것보다 공통점이 더 많은지도 몰라요."

무슨 뜻인지 얼른 와 닿지 않았다. 앞서 그녀가 내 배경에 대해 물을 때 나를 은혜의 탐색으로 내몰았던 사건들을 언급하긴 했지만, 그녀가 말하려는 연관성이 내게는 아직 묘연했다.

"성경에서 고아를 언급할 때, 때로 '아비 없는 자'라는 단어가 쓰이죠." 그녀가 말했다. "듣고 보니 당신의 아버지는 당신을 보호하고 부양하셨습니다. 정말이지 그건 귀한 선물이니 감사하셔야 해요. 물론 감사하고 계시겠지만요. 하지만 그래도 사람은 마음의 고아가 될 수 있어요."

'마음의 고아'라니, 내 몸이 부르르 떨렸다. 스테파니의 말이 심장으로 파고들었다. 그녀가 말을 이었다.

"바로 그 부분을 하나님이 채워 주실 수 있습니다. 바로 그 부분에 은혜가 들어설 수 있습니다. '하나님이여, 주는 아비 없는 자들을 도우시는 분입니다'[3]라는 시편 말씀처럼 말이죠."

하나님의 영원한 가족이 되다

이튿날 비행기를 타고 덴버로 돌아오는데, 마치 내가 은혜의 눈동자를 들여다보고 오는 느낌이었다. 한때 스테파니의 눈빛은 불신과 의심에 차서 최악의 사태만을 지레 걱정했으나, 이제는 평온한 확신에 차 있고 따뜻하고 온화하다. 이런 놀라운 변화는 우선 한 아버지가 자신이 꿈꾸던 아들을 포기하고 외롭고 비참하게 살아가던 그녀에게 다가갔기 때문이고, 또 하늘 아버지가 자신의 아들을 희생하여 그녀에게 구속(救贖)적 치유의 사랑을 쏟아부으셨기 때문이다.

현재 스테파니는 상처받은 젊은 여성들을 상담하고 자신의 이야기를 나누며 살아가고 있다. 그 이야기의 절정은 다음과 같은 가장 뜻밖의 선언이다. "솔직히 고백하건대 제 삶에 없었더라면 더 좋았을 뻔한 사건은 하나도 없습니다."

스테파니와 나눈 대화를 내 오랜 친구인 마크 미텔버그에게 전화로 자세히 들려주었다. 그로부터 며칠 후, 우리는 콜로라도 주 프런트레인지의 한 카페에서 만나 점심을 함께 먹었다.

"이거 기억나나?" 마크는 귀퉁이가 접힌 책 한 권을 탁자에 툭 던지며 물었다.

책을 집어 드는데 씩 웃음이 났다. 신학자 J. I. 패커의 40년 된 고전 《하나님을 아는 지식》(*Knowing God*, IVP 역간)이었다. 기독교를 처음 연구할 때 내게 많은 통찰을 준 그 책은 지금도 수십 년째 내 서가에 꽂혀 있다.

"기억나다마다." 나는 책장을 쭉 넘기며 말했다. 밑줄 친 문장이 많았고, 여백에는 연필로 별표도 그려져 있었다. "이 책으로 많은 문제가 풀린 건 기억나는데 구체적인 내용은 별로 떠오르지 않네. 그런데 왜 가져온 건가?"

"스테파니에 대해 자네가 한 말 때문이네. 기억나나? 입양을 떠나서는 은혜의 진가를 다 알 수 없다던 패커의 중대한 요점 말이야. 한번 들어 보게나." 그는 도로 책을 받아 이런 대목을 찾아 읽었다. "상대가 기독교를 얼마나 잘 이해하는지 알려면 그가 하나님의 자녀로서 하나님을 아버지로 누린다는 개념을 얼마나 중시하는지 보면 된다. 그 개념이 그의 예배와 기도와 인생관 전체를 유발하고 지배하지 않는다면 그는 기독교를 잘 모르는 것이다."[4]

마크는 책을 내려놓았다. "모르겠나? 평생 은혜를 추적하던 자네가 스테파니에게서 은혜의 고유한 그림을 보았어. 그녀는 두 번 입양되었는데, 두 번 다 은혜로 이루어진 일이었네. 그게 자네 마음에 공명을 일으킨 거지. 완전하신 아버지의 최고의 사랑을 발견한 그녀의 이야기가 말이야."

맞는 말이었다. 그제야 나는 똑똑히 깨달았다. 내가 은혜에 매료된 것은, 하나님이 형벌 받아 마땅한 내 죄를 도말하셨을 뿐만 아니라 사랑과 긍휼이 풍성하신 내 아버지가 되셨기 때문이다. 하늘 아버지의 용납하심이 내 안에 밀려와 육신의 아버지가 남긴 메마른 심령을 촉촉이 적셔 주었다.

사실 하나님은 내 과거를 용서하시고 천국의 확신을 주시면서도 여전히 나를 멀리 대하실 수도 있었다. 그냥 나를 천국 집의 종으로 삼으실 수도 있었다. 그것만으로도 내게는 과분했을 것이다. 그런데 그분의 은혜는 그보다 훨씬 더 파격적이다.

패커는 이렇게 썼다. "심판자 하나님과 바른 관계를 맺는 것도 좋지만, 아버지 하나님의 사랑과 보호를 받는 것은 더 좋다."[5]

물론 나는 입양과 관련된 배경 신학을 오래전부터 알았다. 기독교가 진리임을 깨닫고 2년 가까이 지적(知的)으로 취해 있던 내가 예수님께 내 삶을 바치기 전에 마지막으로 읽은 구절이 요한복음 1장 12절이었다. "영접하는 자 곧 그 이름을 믿는 자들에게는 하나님의 자녀가 되는 권세를 주셨으니."

하나님의 자녀, 그렇다. 하나님의 은혜가 우리를 그분의 영원한 가족으로 부르신다는 것은 나도 진작부터 알고 있었다. 하지만 입양의 은혜가 새롭게 다가와 내 속에 깊이 새겨진 것은 그날 그 카페에서였다. 퍼즐 조각들이 이전 어느 때보다도 서로 착착 맞아 들어갔다.

패커의 말을 더 들어 보자. "옛날이야기와 같다. 권좌에 앉은 군주가 방랑자와 뜨내기를 입양하여 왕자로 삼는다. 하지만 하나님을 찬양하라. 이것은 옛날이야기가 아니라 값없는 주권적 은혜에 단단히 기초한 만고불변의 사실이다. 입양이란 바로 그런 뜻이다. 그러니 요한이 '보라, 아버지께서 어떠한 사랑을 우리에게 베푸사…'라고 외칠 만도 하다(그다음은 '하나님의 자녀라 일컬음을 받게 하셨는가'이다 - 옮긴이). 입양을 이해하면 당신의 마음도 똑같이 그렇게 외칠 것이다."[6]

나는 스테파니의 모습을 떠올리며 기쁨에 젖었다. 스테파니는 주체할 수 없는 기쁨으로 집으로 달려가며 속으로 이렇게 외쳤다. '나는 이 집의 딸이다, 딸이다, 딸이다! 아, 그래서 나를 이렇게 대했구나. 그래서 아무도 나를 때리지 않았구나. 그래서 아무도 나를 튀기라 부르지 않았구나. 나는 이 집의 딸이다!'

나도 이 진리를 절실히 새롭게 흡수해야 했다. 나는 용서받은 정도가 아니다. 종이 아니다. 하늘 아버지가 나를 자녀로 삼아 주셨다. 그분의 사랑은 완전하고, 그분의 수용은 조건이 없으며, 그분의 애정은 영원하고, 그분의 너그러움은 다함이 없다. 바로 그 아버지가 영원히 내 편이시다.

북적대는 카페 한가운데서 아무리 절제하려 해도 내 얼굴에 함박웃음이 가득 번졌다. 속에서부터 터져 나오는 기쁨을 도저히 감출 수가 없었다. 다시금 나는 하늘 아버지의 집으로 달려가고 있었다.

'나는 그분의 아들이다, 아들이다, 아들이다! 아, 그래서 나를 이렇게 대하셨구나. 나는 그분의 아들이다!'

3.

은 혜,
모든 매임에서 풀려나는 것

"예수님이 내 빚을 다 갚아 주셨는데,
나는 왠지 그분께 도로 갚아야 할 것 같았다."

은혜는 거칠다. 은혜는 모든 것을 뒤흔든다.
은혜는 둑 위로 흘러넘친다. 은혜는 당신의 머리칼을 헝클어 놓는다.
은혜는 길들여지지 않는다. …
성도가 두려워하지 않는다면, 우리는 은혜를 제대로 전한 게 아니다.
- 더그 윌슨[1]

심장박동이 빨라지고 온몸은 땀으로 흠뻑 젖은 데다 머릿속은 허공에 붕 뜬 듯 멍했다. 그러다 서서히 의식이 되돌아왔다. 이 10대 아이는 자신이 있는 곳이 어딘지도 몰랐다. 침대에서 기어 나오는 데만도 젖 먹던 힘까지 다 짜내야 했다. 거울 속 자신의 모습을 알아보는 것조차 힘들었다. 삐쩍 야윈 몸에, 눈은 퀭하고 표정은 흐리멍덩

했다. 혼합 마약을 주사하고도 여전히 살아 있는 자신의 모습에 약간 신기해하기까지 했다.

뒤이어 소년이 한 행동은 마약 중독자만이 이해할 수 있는 것이었다. 그는 숨겨 둔 마약을 섞어 주사기에 넣고 숨을 한 번 들이쉰 다음, 다시 팔뚝에 주사기를 꽂았다. '이러다 죽을지도 모른다. 죽어도 좋다.' 소년은 속으로 생각했다.

하나님의 도움이 필요한 사람이 있다면 바로 이 열일곱 살짜리 텍사스 아이였다. 지옥 같은 코카인과 필로폰에 빠진 지 4년 만에 아이는 죽음을 향해 전속력으로 곤두박질치고 있었다. 풋내기 자동차 도둑, 가게 좀도둑, 게으름뱅이, 운전할 나이도 되기 전부터 필로폰을 주사한 이 마약 남용자는 지금 어떻게 되었을까?

세월이 흘러 나는 어느 대형 교회에서 그와 함께 그의 사무실에 앉아 있었다. 게다가 하필 그곳은 악의 온상이라는 라스베이거스였다. 그렇다, 지금 그는 이 교회의 목사다. 자신의 경험 때문에 그는 속칭 죄의 도시라는 이 대도시에 너그러운 마음을 품고 있다. 그의 사무실 벽 한복판에는 자주색과 주황색 노을에 물든 라스베이거스 중심가의 대형 사진이 걸려 있다. 사진 상단에는 굵직하게 "은혜의 도시"라는 글귀가 빛나고 있고, 하단에는 로마서 5장 20절이 적혀 있다. "죄가 더한 곳에 은혜가 더욱 넘쳤나니."

죄와 은혜. 저드 윌하이트의 이야기에서 죄와 은혜가 중심 주제임은 나도 이미 알고 있었다. 하지만 우리가 친구로 지낸 지 오래되었어도 그가 마약 때문에 죽을 뻔했다가 살아났다는 이야기를 자세히 들려준 적은 없었다. 그 일도 궁금하긴 했지만 내가 라스베이거스에 간 목적은 그것만이 아니었다. 저드의 여정에는 특별히 내 관심을 끄는, 뭔가 다른 차원이 있었다.

그것은 저드가 은혜로 하나님의 가정에 입양된 '후에' 벌어진 일과 관계있다. 그 후 저드는 자신의 중독이 또 다른 강박으로 바뀌어 있음을 깨달았다. 이번에는 행위와 율법주의였는데, 내게도 그러했듯이 그것이 그의 신앙을 질식시키려 위협했다.

알고 보니 우리는 둘 다 하나님 은혜의 새 바람이 절실히 필요한 자리에 와 있었다.[2]

중독의
덫에 걸리다 ─────

중학생인 열두 살 때, 저드는 점심시간이면 학교 밖에서 대마초를 돌려 피우던 학생 무리에 가담했다. 그때 마약을 처음 접했다.

"마약에 취하고 싶어서라기보다는 제 자존심의 문제였고 선배들 틈에 끼고 싶었습니다." 그는 그렇게 회상했다.

지금도 저드는 마흔두 살의 나이보다 젊어 보인다. 검은 테 안경과 약간 위로 세운 머리와 짙은 색의 옷 때문에 진보적인 인상을 풍긴다. 어느 객원 기자는 그의 옷차림이 록밴드 매니저 같다고 말하기도 했다. 그는 로리와 결혼한 지 17년이 넘었고, 아들과 딸을 하나씩 두었다. 딸은 얼추 저드가 처음 대마초를 피우던 나이가 되었다.

"중독자들이 하는 이야기는 다 같습니다." 저드가 내게 말했다. "처음에는 파티에 다닙니다. 마약을 하면 기분이 좋아지지요. 더 자유롭고 대화도 잘되는 것 같고요. 하지만 조금만 지나면 아예 파티에 가지도 않습니다. 혼자 골방에서 제일 센 약을 하죠. 그 길의 끝은 교도소나 죽음, 아니면 정신병, 셋 중 하나입니다. 끊지 않는 한 반드시 그렇게 됩니다. 저도 골방까지 가는 데 오래 걸리지 않았지요."

저드가 자란 아마릴로에서는 마약을 구하기가 쉬웠다. 그는 형제 중 넷째였는데, 나처럼 바로 위의 형제와 나이 차이가 컸다. 그의 아버지는 제2차 세계대전 때 벌지 전투에서 싸운 육군 특무상사 출신으로, 나중에 냉동 사업으로 성공했다.

"어릴 때 부모님이 교회에 데리고 다니셨습니까?" 내가 물었다.

"그랬죠. 저는 중고등부에 간다고 말하고는 뒤쪽으로 슬쩍 빠져나가 뒷골목을 배회하며 담배를 피웠어요. 교회가 끝나기를 기다렸다가 나중에 차에서 부모님과 만나곤 했지요."

"부모님이 중고등부에 대해 물어보신 적이 있나요?"

"물론이죠. 부모님이 오늘 뭘 배웠느냐 물으시면 예수님이라고 대답하고, 그분의 어떤 점을 배웠느냐 물으시면 '그분이 절 사랑하신대요' 하면 됐어요. 부모님이 원하시는 대답은 그거였거든요."

대마초와 술이 필로폰과 코카인으로 이어지면서 그의 삶은 통제 불능이 되었다. 백화점에서 물건을 훔치다 들켜 경찰에 체포되는가 하면, 열네 살 때는 밤늦게 친구들과 함께 이웃집 차를 훔쳐 난폭 운전을 하기도 했다. 저드가 운전대를 잡았는데 결국 그의 아버지에게 붙잡혔다.

처음 대마초를 한 모금 피운 뒤로 4년 동안 모든 것이 몽롱했다. "단 일주일도 맨 정신으로 살아 본 적이 없습니다." 그가 말했다.

저드는 벽에 걸려 있는 기타를 몸짓으로 가리켜 보였다. 록밴드 시절의 유물이었다. "가수 조니 캐시가 한 말이 딱 맞습니다. 처음 한 알을 먹은 뒤로 그는 그 최초의 도취감을 다시 얻으려고 끝없이 마약에 매달렸습니다. 하지만 그럴수록 하나님에게서, 그리고 자신이 가장 사랑하는 사람들에게서 더 멀어졌을 뿐이지요. 제가 바로 그랬습니다."

제 힘으로는 안 됩니다 ────────

"차라리 죽고 싶더군요." 과다 복용에서 깨어나 남은 마약을 다시 주사한 이후로 저드는 의식의 경계를 넘나들며 살았다. 가끔씩 차 범퍼를 붙잡고 격하게 토하기도 했다. 결국 그는 거동조차 할 수 없을 만큼 기진맥진해서 캄캄한 방바닥에 널브러졌다.

갈 데까지 간 저드는 몇 년 만에 처음으로 해방되고 싶은 마음이 들었다고 한다. 마약과 절망과 혼란에서 벗어나고 싶었다.

"제가 정말 바보였지요." 그가 내게 말했다. "제겐 얼마든지 기회가 있었거든요. 저를 사랑해 주는 가족들도 있었고요. 그런데도 저는 죄에 완전히 속았습니다. 주변을 둘러보며 제 삶이 엉망진창이 되었음을 깨달았습니다."

이후 몇 주 동안 저드는 계속 자신의 장래를 생각했다. 앞에 갈림길이 놓여 있었다.

"그 와중에도 대마초를 놓을 수가 없더군요. 호흡처럼 제 일부가 되어 있었으니까요. 모든 것이 끝장나기 직전이었습니다" 그가 말했다. "저는 너무 지쳐서 녹초가 돼 버렸어요. 제가 살아온 삶이 다 싫었습니다. 많은 중독자들처럼 마약도 지긋지긋했고요. 제 시간이 끝나 가고 있다는 느낌이 들더군요. 그 길로 계속 가다가는 조만간 막다른 골목에 부딪칠 것 같았어요. 절망과 죄책의 악순환을 끊기에는 제가 너무 무력하다는 사실을 처음으로 깨달았습니다."

"그래서 어떻게 했습니까?"

"제가 할 수 있는 일이라곤 하나님께 부르짖는 것뿐이었어요. 방에 털썩 무릎을 꿇고 빌었습니다. '하나님, 도와주세요! 저는 완전히 엉망이 되어 버렸습니다. 하나님이 필요합니다!' 유창하지 못했지만 달리 무슨 말을 하겠습니까? 그게 사실인걸요."

"그 후에는 어떻게 됐습니까?"

"글쎄요, 무슨 음성이 들리거나 천사가 나타난 건 아닙니다. 하지만 솔직히 누군가 제 영혼에게 '어서 와라. 집에 잘 왔다' 이렇게 말하는 느낌이 들었어요. 제자리로 돌아온 기분이었죠."

"그게 방향 전환의 시발점이 되었군요?"

"물론입니다. 이튿날 아침에 온갖 마약과 마약 도구를 차 안에다 늘어놓고 고속도로를 시속 100킬로미터 이상으로 달렸습니다. 그러면서 생각했죠. '이번엔 진짜다. 어떻게 할까?' 하나님이 용기를 주시는 게 느껴져 마약을 다 그러모아 창밖으로 버렸습니다. 그걸로 끝이었어요. 그 후로 다시는 마약에 손대지 않았습니다."

"금단증상이 있었습니까?"

"예. 며칠 동안 온몸이 끈적끈적할 만큼 식은땀이 흐르고, 신경이 날카로워지고 짜증이 나더군요." 그가 대답했다. "하지만 두 가지 사실만은 분명했습니다. 되돌아갈 수 없다는 것과, 이건 아예 선택 항목에도 없었죠, 그런데도 제 힘으로는 앞으로 나아갈 수 없다는 거였어요. 약한 제 의지보다 더 센 능력이 필요했습니다. 다시 약 기운에 취하고 싶은 욕심과 날마다 싸워야 했죠. 정말 길고 힘든 씨름이었습니다."

"결국 어떻게 헤어났습니까?"

"끊임없이 입에 기도를 달고 살았어요. '하나님, 제 힘으로는 안 되니 도와주세요. 제 삶에 하나님이 나타나 주지 않으시면 저는 끝입니다.'"

"그래서 그분이 나타나 주셨나요?"

저드는 미소를 짓다가 소리 내어 웃었다. "예, 그러셨죠. 하지만 제가 예상했던 방식으로는 아니었습니다."

"그럼 어떻게 하셨습니까?" 내가 물었다.

"교회를 통해서였습니다."

예수처럼 나를 사랑해 준 교회 공동체

부모님이 예배드리는 시간에 몰래 뒷골목을 어슬렁거리다 보면 자연스럽게 힐사이드크리스천교회를 지나가곤 했다. 그런데 열일곱 살 때 처음으로, 저드는 스스로 주차장을 가로질러 예배당 안으로 들어갔다. 기독교의 이야기를 다 믿어서 간 것은 아니었다. 어쨌든 아직은 아니었다. 자신의 삶이 엉망이 되었는데 자기 힘으로는 중독에서 헤어날 수 없음을 알았을 뿐이었다. 저드가 우연히 들어간 뒷방은 몇몇 청소년들이 매주 모여 성경 공부를 하는 곳이었다. 이 작은 공동체를 통해 그는 예수님을 만났다.

"어떤 면에서 그 아이들은 괴짜였습니다. 일반 중고등부에 잘 맞지 않는 아이들이었죠. 솔직히 저도 그렇고요. 그중 두엇은 제가 마약 중독자라는 걸 알았지만, 대부분은 모르더군요. 어쨌거나 상관없었어요. 처음엔 몰랐더라도 척 보면 아니까요. 무슨 말인지 아시죠? 그들이 제 안식처가 되어 주었습니다."

"당신에게 은혜를 베풀었군요."

"맞습니다. 그들은 저를 판단하거나 정죄하지 않았어요. 제 삶이나 과거에 대해 질문을 퍼붓지도 않았고요. 법정에 앉혀 놓고 심문하는 게 아니라, 제 마음 내키는 대로 편하게 말할 자유를 주었지요. 그들은 제 말을 들어 주고, 저를 존중하며 기도해 주었습니다. 정말 그들 덕분에 벼랑 끝에서 헤어났죠. 그들이 제게 시간이라는 선물을 줬어요. 예수님처럼 저를 사랑해 준 사람들입니다."

저드 윌하이트는 교회를 발견했다.

그 뒤로 6개월 동안 하나님을 향한 그의 갈증은 도무지 채워지지 않았다. 학교에서 돌아오면 방 안에 틀어박혀 성경을 통독했고 주중에도 교회 아이들과 어울렸다. 방에서 불쑥 내뱉었던 필사적인 기도가 드디어 고등학교 졸업반 1월쯤에는 확실히 이루어졌다. 안전하고 무사하게 영혼의 집으로 완전히 돌아온 것이다.

시간이 갈수록 그에게 교회는 더 가족 같아졌다. 하루는 복도를 지나가다가 반대쪽에서 오던 담임목사님과 마주쳤다.

"어이, 저드! 목사가 될 생각을 해 본 적이 있나?" 그야말로 난데없는 소리였다.

처음에 저드는 '이 분이 약에 취하셨나?' 하고 생각했다.

어쨌든 씨앗 하나가 심어졌다. 나중에 둘이 다시 만났을 때 목사님은 하나님이 자신에게 언젠가 저드가 교회 지도자가 될 거라는 영감을 주셨다고 말했다.

"거기에 어떻게 반응했습니까?" 내가 물었다.

"두 가지를 위해 기도했습니다. 첫째로, 나를 해방시킨 은혜를 다른 사람들도 누리도록 하나님께서 제 경험을 써 달라고 했고요. 둘째로, 그 일을 지역 교회를 통해 하게 해 달라고 기도했습니다. 그분이 제 삶을 구원하실 때도 교회를 쓰셨으니까요."

그때만 해도 저드는 그 길의 가장 큰 장애물을 예견하지 못했다.

그것은 바로 종교였다.

하나님을 기쁘시게 하려다 탈진하다

저드는 하나님의 은혜에 한없이 감사해서 본격적으로 그리스도인의 삶에 뛰어들었다. 기독교 캠프에 참석해서 찬양 사역자들을 만나고는 기독교 록밴드에서 베이스 기타를 연주했다.

나중에 저드는 기독교 대학에 진학하여 목사가 될 준비를 했다. 졸업반 때 주중에는 수업을 듣고 일요일에는 댈러스 외곽의 작은 교회에서 설교했다. 그러나 시간이 가면서 하나님을 섬기려는 진실한 열망이 강박으로 굳어졌다. 자신이 하나님께 계속 사랑받을 자격이 있음을 끊임없이 입증하려 한 것이다.

"그전에 오랫동안 가족들과 하나님을 실망시켰기 때문에 그리스도인이 된 뒤로 저도 모르게 행위의 쳇바퀴에 올라가 있었던 겁니다." 그가 설명했다. "하나님을 기쁘게 해 드려야 한다고 자신을 들볶았죠. 마치 초인적인 그리스도인이 되어 계속 그분께 점수라도 따야 하는 것처럼 말입니다. 허비한 시간을 보충하고 싶었고, 하나님이 나를 구원하신 게 잘하신 일이라는 걸 증명해 보이고 싶었어요."

"그래서 어떻게 하셨습니까?"

"며칠씩 금식하고, 끊임없이 기도하고, 노숙인들을 섬겼지요. 바지와 셔츠와 신발 하나씩만 남기고 재산도 다 나누어 줬고요. 사람들은 제게 성숙한 그리스도인이라고 말하곤 했어요. 몇 가지 좋은 일을 한 거야 맞죠. 하지만 동기가 잘못됐습니다. 게다가 저는 남들도 저처럼 희생하기를 바랐어요. 희생하지 않으면 비판했고요. 판단을 일삼는 사람이 된 겁니다."

"은혜의 참뜻을 잃었던 것 같군요."

"맞습니다. 오직 하나님의 은혜로 구원받은 줄을 알면서도 그것을 제 공로로 유지하려 한 겁니다. 예수님이 제 빚을 다 갚아 주셨는데, 저는 왠지 그분께 도로 갚아야 할 것 같았어요. 하지만 아무리 섬기고 기도하고 희생해도 늘 부족했지요. 항상 미달이라는 생각이 들었습니다. 서서히 제가 가짜처럼 느껴지더군요. 딱 마지막 행위만큼 제가 착해 보였는데, 그 마지막 행위라는 게 늘 부실했으니까요."

남의 이야기 같지 않아서 나는 고개를 끄덕이며 들었다. 하나님의 은혜로 무신론에서 해방된 뒤, 내 마음에도 예수님을 섬기고 사람들에게 그분을 전하고 싶은 에너지가 차고 넘쳤다. 그래서 언론사 직업도 버리고 수입이 60퍼센트나 적은 교회의 직원이 되었다. 하루 종일 하나님의 사역을 한다는 게 감격스러웠다.

저드처럼 나도 내가 하나님의 값없는 은혜로 그분의 자녀가 되었음을 알았다. 그런데도 머잖아 나는 그분의 선택이 옳았음을 어떻게든 증명하려고 안간힘을 쓰고 있었다. 내가 그분께 쓸 만한 존재임을 사역을 통해 입증해야 했다. 이상하게 들리겠지만, 원래 내 공로로는 얻을 수 없었던 하나님의 구속(救贖)을 정당화하려고 나는 교회에서 시간 외 근무를 했다.

하루는 밤에 교회 담임목사님인 빌 하이벨스 목사님에게서 전화가 왔다. "당신에 대해 안 좋은 소문이 들립니다." 목사님이 말했다.

나는 깜짝 놀랐다. "그게 무슨 말씀이십니까?"

"교회에서 매주 60-70시간씩 일한다면서요. 매일 야근에다 주일에도 온종일 일하시고요."

솔직히 나는 기분이 우쭐해져서 이렇게 말하고 싶었다. '맞습니다. 제가 제일 열심히 일하는 직원입니다. 드디어 인정받고 감사받을 때가 왔군요. 하나님께 직접 인정받으면 좋겠지만, 그게 아니라면 목사님한테서라도 받아야죠.'

그러나 나는 짐짓 겸손하게 말했다. "아, 예. 열심히 하려고 애쓰고 있습니다."

이번에는 목사님의 목소리에 날이 서 있었다. "계속 그렇게 일하면 해고입니다."

"예?"

"뭔가 건강하지 못한 동기가 당신을 몰아가고 있어요. 당신이 무슨 수를 쓰더라도 당신을 향한 하나님의 사랑을 지금보다 더 커지게 할 수는 없습니다. 그 사실을 믿고 안식해야 합니다. 그렇지 않으면 나는 당신의 자멸에 공조하지 않을 겁니다."

저드에게 내 이야기를 했더니 이번에는 그가 고개를 끄덕였다. "그것이 바로 수많은 그리스도인을 가두는 행위의 덫입니다." 그가 말했다. "경직된 종교지요. 하나님을 즐겁게 해 드리려고 모든 규율을 완벽하게 지키고, 나만큼 열심히 노력하지 않는 사람들을 정죄하는 겁니다. 그러다 결국 저는 탈진했고, 좌절감에 비참해졌습니다."

"그래서 어떻게 했습니까?"

저드는 두 손을 번쩍 들며 말했다. "그만두었지요!"

"그만두다니요? 어떻게 말입니까?"

"어느 날 기도했습니다. '하나님, 저는 자격 미달입니다. 어차피 전에도 교회 쪽은 아니었어요. 전직이 중독자였잖아요. 기독교가 이런 거라면 못하겠습니다. 그만두겠습니다!'"

쳇바퀴에서 내려오다

저드가 말한 현상은 기독교의 전염병이다.[3] 저술가 제리 브리지스는 "우리는 기껏 은혜로 구원받아 놓고 자기 행위의 '땀'으로 살아간다"라고 지적했다.[4] 월터 마샬도 많은 그리스도인이 행위 구원에 중독되어 "노력하지 않고도 복을 받는다는 개념을 잘 믿지 못한다"라고 말했다.[5] 켄 블루는 목사로서 하나님께 합격점을 받으려고 오랜 세월 종교적 재주를 부리다가 출혈성 궤양과 부부 간의 불화와 우울증을 자초했다고 고백했다.[6]

어떤 사람들은 탈진하고 화가 나서 저드처럼 그냥 중도에 포기한다. "대학에서 전공을 바꿔서 다른 직업 쪽으로 나가려고 했습니다." 저드가 말했다. "하나님께 말씀드렸지요. '하나님을 여전히 사랑합니다. 하지만 그 이상은 저에게 요구하지 마십시오.'"

나는 저드가 계속 그 길로 갔더라면 어떻게 되었을지 생각해 보았다. 우리가 앉아 있는 이 교회는 어떻게 되었을까? 희망과 은혜의 요새인 이 교회는 주소의 도로명도 교회 이름에 걸맞게 새출발길(New Beginning Drive)이다.

"그런데 어떻게 생각이 다시 바뀌었습니까?" 내가 물었다.

"어느 날 요한일서 4장 10절을 읽었습니다. '사랑은 여기 있으니 우리가 하나님을 사랑한 것이 아니요 하나님이 우리를 사랑하사 우리 죄를 속하기 위하여 화목 제물로 그 아들을 보내셨음이라.' 중요한 건 하나님이심을 그제야 깊이 깨달았습니다. 제가 하나님을 어떻게 생각하느냐보다 그분이 저를 어떻게 보시는지가 더 중요한 거지요. 제가 아무리 선해지려 노력한다 해도 그건 중요하지 않아요. 중요한 건 하나님이 선하시다는 겁니다. 처음부터 그분은 제게 초인적인 그리스도인이 되라고 요구하신 적이 없습니다. 받은 사랑으로 그분을 사랑하라고 하셨을 뿐이지요. 그것이 저를 변화시켰습니다."

"모든 것이 다시 은혜로 귀결되는군요."

"맞습니다. 처음 예수님께 나올 때 필요한 것이 은혜뿐이었듯 그리스도 안에서 성장하는 데 필요한 것도 은혜뿐입니다. 은혜는 우리를 해방시키지만 행위로 치닫는 성향은 우리를 감옥에 가둡니다."

"바로 갈라디아서의 메시지로군요." 내가 슬쩍 운을 뗐다.

"예, 바울은 갈라디아 교인들에게 거짓 교사들을 조심하라고 경고했지요. 거짓 교사들은 그리스도를 믿는 믿음 외에도 종교 규율과 규정대로 살아야 한다고 가르쳤습니다. 하지만 바울은 그런 행위로 하나님을 영화롭게 하려던 노력을 이미 중단한 사람입니다.[7] 율법의 취지는 언제나 우리를 우리 자신의 너머, 즉 은혜로 생명을 주시는 주님께로 인도하는 데 있습니다.

갈라디아 교인들은 규율대로 살려다가 영혼의 진이 다 빠졌습니다. 바울은 '너희의 복이 지금 어디 있느냐'고 반문했지요.[8] 또 '성령으로 시작하였다가 이제는 육체로 마치겠느냐'며 그들을 어리석다고 꾸짖었습니다.[9] 하나님의 은혜는 우리를 자유롭게 합니다. 그래서 바울은 '다시는 종의 멍에를 메지 말라'고 했지요."[10]

저드의 말이 옳았다. 바울이 갈라디아서를 '은혜'라는 단어로 시작하고 끝낸 것은 우연이 아니다.[11]

저드를 해방시킨 통찰은 오래전에 나를 영적 일중독에서 회복시킨 빌 하이벨스 목사님의 지적과 비슷했다. 알고 보니 하나님이 나를 사랑하심은 내가 봉사를 통해 내 가치를 보여서가 아니었다. 반대로 나는 하나님의 사랑을 받았기 때문에 가치 있는 존재였다. 나는 내 자격을 입증하려고 노예처럼 일할 필요가 없었다. 그저 내가 하나님의 자녀로 입양되었다는 사실을 인식하고 즐거워하면 되었다. 그러면 건강한 방식으로 하나님을 사랑하고 섬기려는 열망이 저절로 흘러나오기 마련이다.

"그래서 성경의 가르침이 어떻게 당신을 변화시켰습니까?" 내가 저드에게 물었다.

"은혜의 아름다움을 되찾은 뒤부터 믿음 안에서 안식할 수 있었습니다. 하나님께 뭔가 입증해야 한다는 부담감 대신 다시 그분을 즐거워하게 된 거지요. 예수님이 '수고하고 무거운 짐 진 자들아 다 내게로 오라 내가 너희를 쉬게 하리라'[12]라고 하신 것처럼 말입니다.

여기 '쉬다'라는 말은 헬라어로 '소생하다, 회복하다'라는 뜻입니다. 하나님이 우리를 속속들이 소생시키시겠다는 것이지요. 실제로 저를 그렇게 해 주셨습니다.

그때부터 자유로이 웃고, 나다워지고, 실수도 했습니다. 사람들을 단속하던 걸 그만두고 사랑했습니다. 상처 입은 사람들, 삶이 단정하지 못한 사람들, 생활방식이 나와 다른 사람들을 향해 저절로 긍휼이 흘러나오더군요. 스스로 자신을 심히 닦달하던 것도 그만뒀습니다. 저는 완전하지 못한 사람이라 날마다 죄를 짓거든요. 자신과 타인들에 대한 기대치는 낮추고 하나님과 은혜에 대한 기대치는 높였습니다."

"목사로서 설교하는 방식도 달라졌습니까?"

"목사들은 조심해야 합니다. 우리는 사람들에게 봉사와 헌금과 소그룹 활동과 성경 읽기 등을 권하지요. 하나님께 감사하는 마음으로 한다면 다 좋은 일입니다. 하지만 우리가 은연중에 그렇게 해야 하나님의 복을 잃지 않는다고 전한다면 그건 율법주의의 문을 여는 행위입니다. 제가 그렇게 살았잖아요." 그가 덧붙였다.

"다시는 거기로 돌아가지 않을 겁니다."

최전방에 있는
영적 야전병원

1900년대 초에 라스베이거스 1번가의 블록16은 오그던가에서 스튜어트가 사이의 작은 구획이었는데, 그곳은 술집이 넘쳐 나고 도박이 성행했다. 위층과 뒷방은 여행객들과 철도 노동자들을 상대로 운영되는 사창가였다. '죄의 도시'라는 별명은 바로 거기서 유래했다. 지금은 그곳에 주차장이 들어섰지만, 라스베이거스의 평판은 여전하다.[13]

"이 도시의 별명은 술고래, 중독자, 노름꾼, 낙오자, 창녀, 사기꾼 등 죄인들에게서 왔습니다." 저드가 말했다. "다시 말해서 하나님이 사랑하시는 사람들이지요."

아마릴로의 힐사이드크리스천교회 뒷방에서 은혜 충만한 그리스도인들의 작은 공동체를 우연히 만난 뒤로, 저드는 늘 그곳의 특성을 재현하려 했다. 현재 센트럴크리스천교회 지도자인 그는 영적으로 방황하는 사람들에게 안식처를 제공하고 있다. 거기서 사람들은 중독과 절망에서 저드를 구원한 은혜, 그것과 똑같은 은혜를 향해 각자의 속도대로 나아갈 수 있다.

이 교회에 역사하시는 하나님을 말하는 대목에서 저드의 열정이 뿜어져 나왔다. "우리는 꼭 전쟁터 의무실 같습니다. 최전방에 있는 영적 야전병원이지요." 그렇게 말하면서 그는 의자를 바짝 당겨 앉았다.

"총알이 빗발치거든요! 이 사람들은 아픕니다. 우리가 도와줘야

합니다. 부상 정도에 따라 분류해야 할 때도 있지요. 라스베이거스가 다른 지역과 다른 점은 사람들에게 죄의 존재를 설득할 필요가 거의 없다는 겁니다. 그들은 어둠을 믿어요. 늘 보고 있으니까요. 하나님의 존재를 확신하지 못하는 사람들도 마귀는 믿습니다. 많은 사람이 심한 죄책감과 수치심과 상한 마음으로 고생합니다. 그들이 하나님의 은혜를 마음 깊이 받아들이려면 몇 년이 걸릴 수도 있습니다."

"그들이 하나님을 향해 자라 갈 수 있도록 격려하면서도 판단받는다는 느낌이 들지 않도록 노력하셔야 할 텐데, 이런 건 어떻게 하십니까?" 내가 물었다.

"부족하나마 예수님의 본을 따르려고 노력합니다. 성경에 예수님이 '죄인을 영접하고 음식을 같이 먹는다'[14]고 했잖아요. 생각해 보십시오. 당시의 문화에서 음식을 같이 먹는다는 것은 친구가 되자는 뜻이었지요. 여기 '영접하다'는 헬라어 단어는 그분이 그들을 무척 즐거워하셨다는 뜻입니다. 예수님은 죄를 기뻐하지 않으시지만 그 사람들과 함께 있는 것은 좋아하셨습니다. 어쩌면 그들이 자신의 타락을 잘 알고 있었기 때문인지도 모릅니다. 그들은 위선으로 죄를 가린 많은 종교인과는 달랐지요.

예수님이 우물가에서 만나신 사마리아 여인을 생각해 보십시오.[15] 정치가, 유명 인사, 군의 고위직 등 만날 만한 사람이 얼마든지 많은데도 예수님은 일부러 이 여자를 만나십니다. 완전한 유대인도 아닌 데다 다섯 번이나 이혼하고 지금은 다른 남자와 동거하는 그녀를 말입니다." 저드는 잠깐 웃어 보이고는 말을 이었다.

"예수님이 그녀에게 '물을 좀 달라' 하십니다. 그 당시에 물을 준다는 것은 우정의 행위였어요. 예수님의 그 말씀을 대충 풀어 쓰면 '내 친구가 되겠느냐?'라는 뜻입니다. 여기서 저는 망가진 사람들을 사랑하시고 기꺼이 고쳐 주시는 하나님을 봅니다. 알다시피 이 여인은 변화되었습니다. 그래서 저도 사람들을 대할 때마다 예수님의 태도를 품고 싶어 은혜 쪽으로 치우치려 합니다."

"그 말이 무슨 뜻입니까?"

"타인의 마음속 동기는 누구도 정확히 모릅니다. 그런데 우리는 상대의 모습이나 옷차림만 보고 쉽게 판단하곤 하지요. 그래서 어차피 자기의 첫 평가가 틀릴 거라면 일단 상대를 좋은 쪽으로 보자는 겁니다. 가혹하게 대할 수도 있고 은혜롭게 대할 수도 있다면 저는 후자를 택합니다. 제게 예수님이 늘 그런 분이시니까요."

"죄는 미워하되 죄인은 사랑하라는 말과 비슷하군요. 그런데 그게 정말 가능하다고 보십니까?"

"안타깝게도 많은 그리스도인이 죄도 미워하고 죄인도 미워합니다. 그래서 현대 교회의 평판이 나빠졌지요. 하지만 C. S. 루이스가 지적했듯이 사실 우리는 죄는 미워하되 죄인은 사랑하는 일을 늘 하고 있습니다. 상대는 바로 자기 자신이지요. 다시 말해서 자신을 판단할 때 우리는 늘 자기 죄에도 불구하고 죄인을 사랑합니다. 자신의 행동이 싫을 때도 자신을 받아들이는 거지요."

나는 나중에 루이스의 고전 《순전한 기독교》(Mere Christianity, 홍성사 역간)에 나오는 그 말을 찾아보았다. 그는 이렇게 썼다. "나 자신의 비겁함이나 교만이나 탐욕이 아무리 싫어도 나는 늘 자신을 사랑했다. 그 일이 조금도 어려운 적이 없었다."[16]

진리가 빠진 은혜는 의미 없다

영적 구도자로서 기독교가 이치에 맞는지 탐색하던 시절, 나는 예수님께 가는 데 시간이 필요했다. 시카고 교외의 한 교회에 들어서던 순간부터 예수님이 내 죄를 용서하셨고 내 삶의 주인이심을 받아들일 때까지 거의 2년이 걸렸다. 그 중간에 내게 필요한 것이 또 있었는데 그것은 죄와 고백, 회개, 심판, 나아가 지옥에 대한 성경의 준엄한 가르침을 수시로 대면하는 일이었다.

"예수님은 은혜의 본보기이면서 또한 진리의 화신이셨습니다." 내가 저드에게 말했다. "성경에 보면 율법은 모세를 통해 주어졌으나 은혜와 진리는 그리스도를 통해 왔다고 했습니다.[17] 당신은 혹시 사람들을 계속 교회에 나오게 하려고 조금은 껄끄러울 수도 있는 성경 진리를 회피하지는 않습니까?"

저드는 사람 좋은 미소를 지어 보이며 대답했다. "저는 복음을 들고 사람들에게 다가갈 때는 정당한 방법이라면 무엇이든 쓸 수 있지만, 신학에 있어서 만큼은 보수적입니다. 때로 비판자들은 대형 교회를 보고 비웃으며 말합니다. 진리를 전하면 저렇게 큰 무리가 몰려들지 않을 거라고요. 하지만 그건 틀린 말입니다."

그는 의자에 깊숙이 앉아 다리를 꼬았다. "저는 바울이 고린도 교회에 보낸 서신에서 지침을 얻습니다. 고대의 고린도와 현대의 라스베이거스는 비슷한 점이 많거든요."

"어떻게 말입니까?"

"고린도는 당대에 가장 악한 도시이자 관광의 중심지였습니다. 성적 부도덕이 어찌나 창궐했던지 플라톤은 창녀를 '고린도 여자'로 지칭한 적이 있고,[18] 아리스토파네스는 이 도시 이름을 넣어 '간음하다'라는 뜻의 헬라어 동사까지 만들어 냈고요.[19] 고린도 교회에는 영적 여정에 올랐으나 아직 성숙하지 못한 사람들이 가득했습니다. 불화와 말싸움과 부도덕이 끊이지 않았지요. 아주 엉망이었습니다. 그래서 바울은 어떻게 했던가요? 그들에게 어떻게 다가갔던가요?

첫째로, 은혜를 강조했습니다. 사실 고린도전서 서두에서 은혜를 두 번이나 언급하지요.[20] 이어 바울은 성적인 행동, 법정 소송, 결혼 생활 등 모든 문제를 은혜롭지만 구체적이고 날카로운 방법으로 지적하고 가르칩니다.

둘째로, 바울은 모든 것의 뿌리를 진리에 두었습니다. 구체적으로 예수의 부활이라는 실재에 둡니다. 그는 예수님이 죽은 자 가운데서 살아나신 일이 정말 역사의 실화가 아니라면 우리의 믿음도 헛되고 우리가 절망적인 죄 가운데 파묻혀 있는 것이라고 말합니다.[21]

저는 은혜와 진리를 동전의 양면이라고 봅니다. 기독교가 진리, 정말 실제로 문자적인 진리가 아니라면 은혜는 무의미합니다. 그저 공허한 약속이나 희망 사항에 불과하지요. 남는 거라곤 신학자 리처드 니버의 말대로 '죄 없는 인간들을 십자가 없는 그리스도의 사역을 통해 심판 없는 천국에 들여놓는 진노 없는 하나님'뿐입니다."[22]

"그러니까 당신은 미국 섹스의 수도에서 성도덕에 대한 성경의 가르침을 전한다는 말씀이신가요?"

저드는 싱긋 웃었다. "바로 지난 주말에도 성적 순결에 대한 메시지를 전했습니다. 회중에게 이렇게 말했지요. '여러분의 삶 속에서 성적인 죄로 씨름하고 있다면 그것을 피해 달아나야 합니다. 하지만 하나님을 피해 달아나지는 마십시오.' 저는 성경의 가르침을 희석하지 않으면서도 동시에 사람들에게 그것을 소화할 수 있는 여지를 줍니다. 그래서 이런 말을 했습니다. '이제 막 영적 여정을 시작하신 분들은 하나님이 여러분을 그 죄 속에서도 사랑하심을 알아야 합니다.'

어떤 비판자들은 그것을 못마땅하게 여깁니다. 모든 사람을 꾸짖어서 자신이 진리를 부르짖는 정통 목사임을 만방에 입증해야 한다는 겁니다. 하지만 저는 성경의 진리를 정확하면서도 은혜롭게 전해서 그들에게 용기를 주고 싶습니다.

우리가 원하는 바는 사람들이 믿음의 여정에 오르는 것이지 정처 없고 방향 없이 방황하는 게 아닙니다. 하나님의 말씀으로 그들을 인도하려는 거지요. 우리가 늘 염두에 두는 목적지는 십자가입니다. 우리는 사람들이 결국 거기에 도달해서 예수님의 속죄의 죽음을 통해 용서와 희망을 얻는 모습을 보고 싶은 겁니다."

이제

은혜 중독자로 ----------

저드는 "은혜의 도시"라는 글귀 아래로 라스베이거스 중심가의 야경을 담은 포스터를 힐끗 보았다. 그러더니 생각을 추스르고는 그의 교회에 나온 지 꽤 되는 한 여성의 이야기를 들려주었다.

"그녀의 이름을 '세이디'라고 합시다. 세이디는 성인 쇼의 무용수였습니다. 좋게 말해서 그렇고, 사실은 스트립 댄서였지요. 그런 그녀가 뭔가에 이끌려 우리 교회에 왔습니다. 밤새도록 춤추다가 일요일 새벽에 일이 끝나면 1부 예배에 오곤 했습니다.

처음에는 제일 먼 구석자리에 앉았는데, 시간이 가면서 점점 강단 쪽에 가까워지더니 마침내 맨 앞줄에 앉더군요. 그녀는 모든 것을 빨아들였습니다. 은혜와 진리에 대해 듣고 자신의 삶을 돌아봤고, 성령님이 자기 안에서 일하시는 것을 느꼈고, 대가를 따져 봤습니다. 그러던 어느 날, 세이디가 주일 예배 후에 제게 다가와 그리스도인이 되고 싶다고 하더군요.

그러면서 자신의 이야기를 꾸미지 않고 모두 말했습니다. 다 듣고 나서 제가 그랬죠. '지금 예수님을 따르기로 결단하시면 그것이 당신에게 어떤 의미가 있을까요?' 그녀는 주저 없이 대답했습니다. '제 직업과 수입에 영향이 있을 것이고 제 삶 전체가 바뀔 거예요.' 제가 '그렇다면 무엇을 더 기다리십니까?' 물었더니 그녀는 단호한 목소리로 '저는 각오가 되어 있습니다' 하더군요.

그 후 그녀가 기도를 시작했습니다. 깔끔하고 정형화된 기도가 아니라 날것 그대로의 고백과 진정한 회개였습니다. 이어 세이디는 하나님의 선물인 은혜를 어린아이처럼 즐겁게 받아들였습니다.

세이디의 '아멘' 소리와 함께 둘 다 눈을 뜨니 그녀의 마스카라가 엉망이 되어 있더군요. 얼굴에 눈물이 줄줄 흘렀으니까요. 세이디는 팔을 내밀어 저를 가볍게 포옹하면서 '감사합니다, 감사합니다, 감사합니다!' 그 말뿐이었습니다."

그 만남을 회상하는 저드의 얼굴이 환하게 빛났다. 그는 잠시 할 말을 잊은 듯 잠시 조용했다. 그러더니 마침내 이렇게 말했다. "대학원 시절에 작은 교회에서 전도사로 섬긴 적이 있는데, 침례탕을 쓰지 않은 지 하도 오래돼서 제가 청소를 해야 했습니다.

그런데 여기 라스베이거스의 우리 교회에서는 작년에만 거의 2천 명에게 세례를 베풀었지요. 세이디처럼 그들에게도 저마다 이야기가 있습니다. 무엇보다 그들은 엉망입니다. 때로는 정말 엉망입니다. 그래도 하나님께는 하나하나 다 중요한 이야기예요."

저드는 씩 웃으며 말했다. "어떤 면에서 저는 아직도 중독자인 모양입니다. 도무지 만족을 모르겠으니 말입니다."

4.

은혜, 착한 사람, 잘나가는 사람에게도 필요한 것

"죄를 제대로 이해하지 않고는
은혜도 결코 제대로 알 수 없다."

나는 은혜에 의지한다.
내 죄를 지고 십자가에 매달리신 예수님을 의지한다.
내가 어떤 존재인지 알기 때문이다.
나 자신의 종교성에 의지할 일이 없기를 바란다.
- 보노[1]

크레이그 헤이즌은 언제나 착한 사람이었다. 똑똑하고 예의 바르고 재치 있고 싹싹하고 늘 싱글싱글 웃는 얼굴이었다. 10대 아이로서는 드물게 공부를 정말 좋아했기 때문에 고등학교 시절에도 선생님의 총애를 받았다. 도서관에 들어서면 그는 보물찾기를 하는 것처럼 설레어했다.

헤이즌은 과학밖에 모르는 과학광(geek)이었고, 의료 연구자가 될 계획으로 방과 후에는 의사의 조수로 일했다. 물론 그도 개구쟁이여서 한번은 도넛 때문에 큰 싸움을 일으켜 학교의 전설로 남기도 했다. 그런데도 워낙 똑똑해서 용케 벌을 면했다. 그에게 우등생이 되는 건 식은 죽 먹기였다. 그는 배움의 과정에 매료되었다.

착한 사람들에게는 하나님이 필요 없다. 적어도 헤이즌의 생각에는 그랬다. 10대 때부터 그는 불가지론자가 되어 인생의 중요한 문제들을 이해하는 열쇠가 신학이 아니라 과학에 있다고 생각했다.

그런데 헤이즌의 화학 선생님은 교실 벽에 하나님에 대한 수수께끼 같은 포스터를 여러 개 붙여 두었다. 부정할 수 없는 선생님의 평화로움이 그의 호기심을 자극했다. 그런가 하면 한 귀여운 여학생은 그레그 로리라는 젊은 전도자와 키스 그린이라는 멋진 가수가 온다며 어느 날 저녁에 그를 교회로 초대했다.

그날 저녁 예배당이라는 낯선 곳에 앉은 헤이즌은 분석적으로 사고하면서 그 경험 전체를 큰 실험으로 보았다. 만일 자신이 전도자의 초청에 응하여 앞으로 나간다면 어떻게 될까? 무엇을 잃고 무엇을 얻을까? 그것을 알아낼 수 있는 기회를 이 햇병아리 과학자가 어떻게 물리칠 수 있겠는가? 하나님을 시험관에 넣을 수 없다고 누가 그러던가?

그로부터 35년이 지난 지금, 나는 크레이그 제임스 헤이즌 박사와 함께 책이 빼곡히 들어찬 그의 사무실에 앉아 있다. 사무실은 캘리포니아 주 라미라다에 소재한 복음주의 학문의 보루인 바이올라

대학교 캠퍼스 바로 옆에 있었다.

그는 평생의 꿈이던 과학을 공부하여 캘리포니아주립대학에서 생물학으로 학위를 받았다. 그러나 거기서 그치지 않고 철학으로 방향을 틀어 세계의 다양한 종교에 대한 연구에 심취했다. 그리하여 석사 학위에 이어 캘리포니아대학교 산타바바라에서 종교학으로 박사 학위까지 받았다. 현재 그는 바이올라대학교에서 교수이자 과학과 종교 석사 학위 프로그램의 책임자로 있다.

50대의 나이에도 소년 같은 인상을 풍기는 그는 배움에 대한 열정을 전염시킨다. 지금도 간혹 종잡을 수 없는 면이 툭툭 튀어나온다. 예컨대 그는 어느 유수한 철학 잡지를 편집하다가 잠시 쉬면서 《다섯 개의 성스러운 건널목》(*Five Sacred Crossings*, 어부의그물 역간)이라는 소설을 썼다. 영적 주제들을 창의적으로 탐색한 소설책이다.

마침 샌디에이고에 출장 중이던 나는 오렌지카운티로 차를 몰고 올라가 헤이즌을 만나기로 했다. 그는 내가 탐색하고 싶었던 두 가지 이슈를 논하기에 이상적인 인물로 보였다.

첫째로, 착한 사람들은 어떻게 은혜의 필요성을 자각하는지에 대한 연구였다. 법대로 살고, 규정을 지키고, 길에서 만난 노인들을 도와주고, 세금을 꼬박꼬박 내고, 술 대신 음료수를 마시는 시민은 어떻게 은혜를 경험하는가? 대개 우리가 듣는 이야기들은 도끼 살인자가 선교사로 변하고, 스트립 댄서가 교회학교 교사로 변하고, 낙태 시술자가 '로우 대 웨이드' 판결(미국에서 최초로 낙태를 합법화한 1973년의 판결-옮긴이)에 반대하는 시위를 벌인다는 내용이다. 이렇게 극적이고 놀랍게 변화된 이들의 사연이 기독교 방송의 주를 이룬다. 물론 감동적인 이야기지만, 그냥 점잖게 살려고 애쓰는, 그리고 대체로 평범하게 성공하는 대다수 사람들은 어떻게 은혜의 필요성을 자각하는가?

둘째로, 다른 종교적 전통에서 위안을 구하는 지구 상의 수십억에 달하는 선량한 사람들은 어떤가? 은혜는 신앙의 보편적 요소라서 모양만 다를 뿐 세상의 어느 종교에나 다 있는가? 아니면 영혼을 해방시키는 이 은혜라는 개념은 유독 기독교에만 존재하는가?

평생을 연구자로 살아온 크레이그 헤이즌에게 그 답이 있을 것 같았다.

'죄'의 개념을 상실한 시대

헤이즌과 나는 원탁에 마주 앉았다. 옆 서가에는 학술서가 가득 꽂혀 있었다.

"자비와 긍휼은 사실 모든 종교 전통에 등장합니다."

그의 말에 나는 고개를 끄덕이며 대답했다. "저도 이슬람교를 깊이 살펴봤습니다. 무슬림들이 알라를 엄격하고 멀리 떨어진 존재로 보긴 하지만, 그래도 코란에 자비와 자애에 대한 말이 분명히 나옵니다."

"맞습니다. 하지만 중요하게 알아야 할 것은 성경에 나오는 은혜의 개념이 그보다 훨씬 깊다는 겁니다. 기독교의 하나님은 그냥 '네가 한 일에 대해 너를 벌하지 않겠다'라고 하시는 게 아닙니다. 그건 자비지요. 그분은 극적으로 한걸음 더 나아가 우리에게 영광스러운 것을 주십니다. 완전한 용서와 영원한 삶을 순전히 선물로 주십니다. 이건 마치 나쁜 짓을 하다 걸린 아이를 부모가 그냥 봐주는 정도가 아니라 한없이 사랑하기에 아이스크림까지 주는 것과 같습니다."

헤이즌은 미소 짓는 얼굴로 말을 이었다.

"그게 은혜입니다. 우리로서는 받을 자격도 없고, 노력으로 얻어 낼 수도 없고, 뭔가 기여할 수도 없는 놀라운 선물이지요. 하나님은 자격이 없는 우리에게 아낌없이 넘치도록 은혜를 주십니다. 값없이 베푸시는 이 과분한 은총을, 누구나 원하면 받을 수 있습니다. 우리가 노력으로 얻어 낼 수 없고, 뭔가 기여할 수도 없고, 도로 갚을 수도 없고, 조금도 공로를 취할 수 없는 것이지만, 그래도 하나님은 주십니다. 우리를 그분의 형상대로 지으셨고 우리와 영원히 관계를 누리길 원하시기 때문이지요. 이것이 복음의 기쁜 소식입니다. 하지만 그것을 온전히 이해하려면 나쁜 소식도 이해해야 합니다."

"나쁜 소식이란 죄를 말하는 겁니까?" 내가 물었다.

"맞습니다. 죄를 제대로 이해하지 않고는 은혜의 개념도 결코 제대로 알 수 없습니다."

"그런데 요즘은 그게 문제지요. 많은 사람이 '죄'의 개념을 상실해 버렸으니까요."

"물론입니다. 예컨대 모르몬교도들을 보십시오. 그들은 인간과 하나님 사이에 아주 큰 간극이 있다고 생각하지 않습니다. 오히려 인간과 하나님을 같은 종(種)으로 생각하지요. 비타민을 충분히 먹고 여러 가지 행위를 하면 우리도 신이 될 수 있다는 식입니다." 그는 살짝 웃으며 말했다.

"기독교와는 정반대로군요."

"예, 기독교의 경우 우리 죄가 우리와 하나님 사이에 만들어 낸 간극은 가히 뛰어넘을 수 없는 것이지요. 그것을 건너려는 건 마치 태평양의 한 부두에서 하와이까지 펄쩍 뛰려고 하는 것과 같습니다." 그는 태평양 쪽을 가리키며 말했다.

"처음에는 별로 멀리 나가지 않습니다. 그래서 더 열심히 훈련을 하지요." 그가 말을 이었다. "세계 최고의 멀리뛰기 선수들한테 지도도 받고, 새 운동화도 사고, 역기도 들고, 시금치도 먹습니다. 덕분에 다음번에는 용케 30센티미터쯤 더 멀리 뜁니다. 대단하죠! 하지만 간극은 여전히 어마어마합니다. 그렇게 넓은 괴리를 극복하려면, 전능하고 사랑으로 충만한 존재가 다리를 놓아 줘야만 합니다. 바로 그 일을 하나님이 그리스도의 십자가를 통해서 하신 거죠. 그런데 우리 문화의 사람들은 그것을 이해하지 못합니다."

나는 무신론자인 코미디언 릭키 제바이스를 언급했다. 그는 자신이 "하나님의 계명을 10점 만점에 10점으로 완벽하게 지켰다"라고 단언한 바 있다.[2]

"그 말이 우리 문화를 잘 대변한다는 생각이 들더군요." 내가 말했다. "사람들은 자신을 그다지 나쁜 존재로 보지 않습니다. 그러니 하나님이 선물로 주시는 은혜가 얼마나 큰지도 알 턱이 없다는, 그런 말씀이시죠?"

"예, 그것이 오늘날 가장 큰 병이죠. 안락한 북미에서는 특히 더 그렇습니다. 우리는 하나님의 거룩하심에 대한 인식을 잃었습니다. 베드로가 예수님을 처음 만나던 때를 기억합니까? 베드로는 '절 보지도 마십시오. 전 죄인입니다!'라고 외쳤지요.[3] 사실 베드로는 자기 앞에 서 있는 사람이 하나님의 아들임을 전혀 몰랐습니다. 다만 그는 주님의 거룩하심을 느낌과 동시에 자신이 비참한 존재임을 깨달았던 거지요. 다행히 유대교에는 해마다 속죄하는 의식이 있어서 죄의 개념이 확실했습니다. 그래서 베드로에게는 적어도 죄를 이해할 토대가 있었습니다. 하지만 오늘 우리에게는 그런 토대가 없지요."

헤이즌이 계속 목소리를 높였다. "자존감 운동은 우리에게 모든 사람이 훌륭하다, 모든 사람이 상을 받아야 한다고 가르쳤습니다. 사람들은 이렇게 생각하지요. '나는 대량 살상자가 아니다, 고로 나는 훌륭하다!' 우리는 하나님의 거룩하심과 우리 죄의 깊이를 놓쳤습니다. 우리 문화를 상대로 그 두 가지를 소통하기란 정말 어렵습니다."

"그럼 은혜가 필요 없다고 생각하는 사람들에게 당신은 뭐라고 말해 줍니까? '나는 괜찮은 사람이다. 하나님을 좋아한다. 종교적이지 않을지는 몰라도 아주 영적이다.' 이렇게 말하는 사람에게 어떻게 대답합니까?"

이렇게 묻자, 헤이즌은 잠시 생각에 잠겼다. "전도자 레이 컴포트가 쓰는 방법이 있습니다. 사람들에게 정말 십계명대로 살아왔는지 묻는 거지요. 그가 '당신은 거짓말한 적이 있습니까?'라고 물으면 상대는 '그야 그렇죠'라고 말합니다. 그러면 컴포트는 '그럼 당신은 거짓말쟁이입니다. 물건을 훔친 적이 있습니까?'라고 또 물어요. 사람들이 '음, 그러네요'라고 말하면 컴포트는 '그럼 당신은 도둑입니다'라고 말합니다. 그런 식으로 죄를 쭉 훑으면서 그들이 여러모로 악했으나 다만 인식하지 못했을 뿐임을 인정하게 합니다.

이것도 사람들에게 자신의 죄성을 보여 주는 한 방법입니다. 그래야 용서와 은혜의 필요성도 깨달을 수 있으니까요. 자신이 도덕적으로 실패했으며 장차 거룩하신 하나님 앞에서 자신의 죄를 책임져야 함을 깨닫지 못한다면, 은혜를 진지하게 생각하기 힘듭니다."

헤이즌은 어깨를 으쓱하며 말했다. "물론 컴포트의 방법은 약간 도발적입니다. 하지만 때로 우리는 실제 목덜미를 잡아서라도 사람들을 흔들어 깨울 방법을 모색해야 합니다."

결정적인 은혜의 표상

나는 우리가 앉은 원탁 위에 놓인 성경책을 가리켰다. "예수님의 가르침 가운데 당신에게 은혜를 가장 결정적으로 보여 준 것은 무엇입니까?"

헤이즌은 대뜸 대답했다. "탕자 이야기죠.[4] 단연 압권입니다! 그것을 보면 우리가 말하는 주제가 그저 자비가 아니라 하나님이심을 실감할 수 있습니다. 그분은 우리와 더불어 사랑의 관계를 맺으시기를 간절히 원하시며, 그것을 위해서라면 못할 일이 없으시지요.

비유 속의 아들은 유산을 챙겨 제 갈 길로 가 버립니다. 아버지는 아들의 패역함에 떨리는 가슴을 진정시키며 '네가 언젠가는 집으로 돌아왔으면 좋겠구나!'라고 말하지요. 아들은 비참한 삶을 통해 자신의 막중한 죄를 깨닫고 정말 돌아옵니다. 지평선을 살피던 아버지는 아들의 모습이 보이자 한순간도 주저하지 않고 달려갑니다. 그리고 반지와 신발을 내오고 연회를 벌이지요. 아버지는 마지못해서 아들을 받아 준 다음 천덕꾸러기 취급하며 그동안의 죗값을 치르도록 한 게 아닙니다. 진심으로 기뻐하며 아들을 기념하여 잔치를 명하고 자녀의 신분을 회복시켜 줍니다."

헤이즌은 눈썹을 추켜세우며 외쳤다. "와! 얼마나 과분한 은총입니까! 세상의 다른 종교에는 이런 게 없습니다."

그의 말에 나는 이렇게 물었다. "확실합니까? 불교 문헌에 탕자의 비유와 비슷한 이야기가 있는 것으로 알고 있는데요."

"어느 정도는 비슷하지요. 둘 다 아들이 반항하여 집을 떠났다가 나중에 잘못을 깨닫고 돌아오니까요. 하지만 불교의 이야기는 끝이 아주 다릅니다. 아들이 수행으로 자신의 비행을 갚아야 했습니다."

"어떻게요?"

"결국 그는 25년 동안 고되게 똥을 치웁니다. 이렇게 인간의 행위로 열반에 이르는 종교는 은혜의 하나님과 극명하게 대조를 이룹니다."[5]

살진 송아지를 잡는 잔치와 거름더미를 실어 나르는 일은 정말 크게 다르다는 생각이 들었다. "이슬람교는 어떻습니까?" 내가 물었다. "거기서는 탕자의 이야기가 어떻게 전개될까요?"

"제가 보기에는 이슬람교 진영에서 그런 비유가 나온다는 것은 불가능한 일입니다." 헤이즌이 말했다. "탕자가 끝내 집으로 돌아올지도 잘 모르겠고요. 이슬람교에서 가문의 수치는 아주 중대한 문제입니다. 알라에게 복종하는 집안이라면 당연히 가문의 명예를 지켜야 하지요. 가출하는 자녀 때문에 받는 수치란 가히 용납할 수 없는 수준입니다."

"만약에 정말 돌아온다면요?"

"알라 앞에 납작 엎드려 큰 고행으로 갚아야 할 것입니다. 그나마 돌아온다면 말입니다. 분명히 탕자는 은혜와 용서와 소망의 원천인 기독교 신학의 산물입니다. 탕자 이야기는 예수님의 입으로만 들을 수 있을 뿐 다른 어디에도 없습니다."

나는 헤이즌의 서가에 꽂힌 책을 손으로 쓱 훑었다. "당신은 평생 학문에 몸담고 세계의 종교를 연구했습니다. 그 결과 다른 데는 은혜가 없다는 말입니까?"

"기독교적 관점의 은혜가 다른 모든 주요 종교와 구별된다는 데는 의문의 여지가 없습니다. 다만 그런 전제 하에, 두어 곳의 다른 전통에 적어도 은혜의 의식은 있습니다." 그가 대답했다.

"어떤 단체가 제일 가깝습니까?"

"하나는 박티(bhakti) 힌두교의 고양이 학파입니다."

나는 메모를 보고 있다가 눈을 들었다. "죄송합니다만 고양이 학파라고 하셨습니까?"

"맞습니다. 엄마 고양이가 새끼를 목적지까지 살짝 이빨로 들어 나르는 모습에서 그런 이름이 붙었습니다. 새끼는 스스로 아무것도 할 수 없고 모든 노력이 엄마의 몫이지요. 그래서 힌두교의 이 분파에는 인간이 신의 재량에 온전히 의존한다는 개념이 있습니다. 신이 인간을 해탈로 이끌거나 업보에서 구한다는 것이지요. 이것은 은혜의 그림이지만 기독교와는 크게 다릅니다."

"어떻게 말입니까?"

"우선 첫째로 그것은 실재가 아닙니다. 하지만 기독교는 실재에 뿌리를 둔 역사적 믿음입니다. 둘째로 거기에는 기독교에 나오는 인격적인 하나님이 없습니다. 셋째로 죄에서 구원받는다는 개념 없이는 은혜의 신학이 견고할 수 없는데, 힌두교에는 본질적으로 그 부분이 결여되어 있습니다."

"은혜의 낌새를 보이는 또 다른 전통은 무엇입니까?" 내가 물었다.

"불교의 정토진종(淨土眞宗) 학파입니다. 여기서는 득도에 이르는 유일한 희망이 아미타불의 선물을 통해서만 가능합니다. 이것은 일찍이 12세기에 발생하여 15세기에 되살아났습니다."

"그러니까 시기적으로 기독교보다 늦군요."

"예, 그렇지요. 그 점이라면 고양이 학파도 마찬가지입니다. 다시 말하지만 기독교적 개념의 은혜는 인격적인 하나님의 거룩하심, 죄의 실재, 역사적 근거 등에서 크게 다릅니다. 그러니까 기독교가 독특한 겁니다. 기독교에서 가르치는 은혜는 세계의 어느 종교에도 유례가 없지요. 요컨대 탕자는 여전히 은혜의 표상입니다."

제게도 은혜가 필요했습니다!

어떤 사람들에게는 명백히 하나님의 용서가 필요하다. 예컨대 무자비하게 노예를 사고팔던 존 뉴턴은 결국 은혜에 매료되어 유명한 찬송가를 썼고, 그리스도인들을 박해하던 다소의 사울은 사도 바울이 되어 은혜를 예찬했다. 하지만 세상에는 탕자가 아니었던 크레이그 헤이즌 같은 아들도 많다. 이 착한 사람들의 도덕성은 표준보다 약간 더 반짝이는 것 같다.

"당신은 은혜가 필요하다는 것을 어떻게 깨닫게 되었습니까?" 내가 묻자 그가 미소 짓는 얼굴로 대답했다.

"저는 고등학교 졸업반 때 꽤 똑똑한 학생이었습니다. 그래서 다들 제가 성공할 거라 생각했죠. 가정생활도 괜찮았고요. 부모님이 이혼하셨지만, 저는 품행이 바른 아이였습니다. 우주를 의식하게 될 즈음, 주변을 둘러보며 '이 세상이란 무엇일까?' 생각하던 게 기억납니다. 과학적으로는 알 수 없다는 결론 쪽으로 가고 있었지요. 대부분의 종교 관점은 이치에 맞지 않기 때문에…."

"회의론자가 되셨군요?"

"예, 공공연한 불가지론자였습니다. 제게 믿어야 할 그럴듯한 이유를 제시한 기독교인이 한 명도 없었습니다. 그래서 한마디로 세상의 중심이 나 자신이 아닐까 하는 쪽으로 결론을 내리고 있었지요. 그런데 한 여학생이 전도자의 말을 들어 보자며 저를 교회로 초대한 겁니다. 그때 들은 메시지가 기억납니다. 예수님이 사마리아 여인에게 영생에 이르는 '생수'를 주신다는 요한복음 4장 내용이었지요.[6] 잃을 게 없겠다는 생각이 들어서 강사가 초청할 때 앞으로 나갔습니다. 그런데 사실 그때는 실험에 불과했습니다."

"그래서 어떻게 됐습니까?"

"상담하자며 저를 옆방으로 데려가더군요. '이런, 여기서 세뇌를 시키려나 보다' 싶었어요. 머잖아 상담자들이 다 제 주변에 모여들었습니다. 제가 아무도 답할 수 없는 질문들을 퍼부었거든요."

"그래서 그날 밤에는 설득당하지 않고 떠나셨군요?"

"그런 셈이지요. 하지만 여정이 시작됐습니다. 그때부터 그분들은 제게 책과 테이프도 주고 전화로 경과도 묻곤 했습니다. 이런저런 주제를 몇 달간 공부하다가 아뿔싸, 결국 하나님이 결판을 내시더군요. 기독교가 진리임을 확신하게 된 겁니다.

화학 선생님의 평화로움에 제 마음이 끌렸던 이유를 그제야 알았습니다. 벽에 하나님에 대한 포스터들을 붙여 두던 그 선생님 말입니다. 저는 착한 아이였지만 여전히 죄인이었고, 딱히 뭐라고 꼬집어 말할 수 없는 불안감과 소외감을 겪고 있었지요. 그런데 하나님이 제 삶의 그 문제를 다루기 시작하신 겁니다."

그가 말을 이었다. "사실 은혜란 게 재미있는 측면이 있어요. 두어 해 후에 어떤 전도자들이 제가 다니던 대학에 왔는데, 그때 함께 온 남자들 몇이 캠퍼스의 시멘트 화분 위에 서서 극적인 간증을 했습니다. 자기들이 술에 절어 살면서 온갖 나쁜 짓을 다 했는데 주님이 찾아와 건져 주셨다는 겁니다. 이런 생각이 들더군요. '어, 나는 저기 올라가서 다른 간증을 하고 싶다.' 저는 술에 절어 살지도 않았고, 사회의 쓰레기도 아니었고, 장래가 매우 촉망되었으며, 모두들 제가 성공 가도로 향하고 있다고 생각했습니다. 그런데 어떻습니까? 그런 제게도 하나님이 절실히 필요했습니다!

알고 보니 식탁에서 예절 바르고, 학교에서 A학점을 받고, 공손하게 말하고, 사람들을 친절히 대하는 것 따위는 모두 아주 사소한 문제더군요. 사실 저는 거룩하신 하나님께 반항하고 있었습니다. 능력이 무한하여 말씀 한마디로 수십억 개의 은하계를 만드실 수 있는 그분께 말입니다. 그런 게 중대한 문제지요! 그동안 저는 그분을 무시하며 등을 돌렸고, 제 교만, 잘난 척, 이기심, 온갖 은밀한 기만과 잘못된 욕망 등의 죄가 그분과 저 사이를 엄청나게 벌려 놓았습니다. 그것이 제 안에 소외감과 불안감을 조장하고 있었던 겁니다.

그게 죄가 하는 일이지요. 하나님은 완전하시고 거룩하시고 순결하시지만, 저는 생각으로나 행동으로나 결코 그렇지 못합니다. 성경에 강조되어 있듯이 정말 착한 사람은 아무도 없습니다. 로마서 3장 23절에 '모든 사람이 죄를 범하였으매 하나님의 영광에 이르지 못하더니'라고 했지요. 이 구절의 단순명료한 표현이 말 그대로 그런 뜻임을 시간이 가면서 깨달았습니다. '모든 사람이 죄를 범하였으매', 거기에 저도 포함되는 것이지요. 제게도 용서가 필요했습니다. 그리고 예수님을 통해 은혜를 만났습니다."

하나님 은혜의 이야기는 성경에 깊이 새겨져 있고 음악 속에 고이 담겨 있다. 수많은 사람이 용서와 영생을 얻고 감사에 겨워 은혜를 찬미한다. 은혜는 시와 그림과 문학의 주제가 되었다. 하지만 은혜는 논리적인가? 결국 이치에 맞는가? 헤이즌의 생각은 어떤지 물었더니 논리적인 답변이 돌아왔다.

"어떤 관점에서 보면 아닙니다. 은혜는 너무 상식을 벗어나기 때문에 논리적일 수 없지요. 하지만 다른 각도에서 보면 얼마든지 이치에 맞습니다. 예컨대 필립 얀시가 지적했듯이 아이를 조건적인 사랑으로 기르면 아이가 결국 예민해지고 정서가 불안해집니다.[7] 하나님이 만일 우리가 그분의 규정을 얼마나 잘 지키는지 보시고 그 행위를 조건으로 사랑하신다면, 우리도 정서 불안에 시달릴 것입니다.

인간을 활짝 피어나게 하는 것이 목표라면 심리학자들의 말마따나 반드시 무조건적인 사랑이 필요합니다. 우리 힘으로 하나님께 도달해야 한다면, 얼마나 노력해야 하는지도 알 수 없고 이미 도달했는지 여부도 모르겠지요. 결국 우리는 비참하게 불안한 상태로 살아갈 것입니다."

문득 예전에 들었던 예화가 떠올라 그에게 이야기했다. "상사가 부하 세일즈맨에게 할당량을 채우지 못하면 해고라고 말하면서 할당량을 알려 주지 않는 것과 같군요."

"바로 그겁니다. 예컨대 이슬람교의 기초는 자신의 힘으로 하나님께 도달하는 것이고, 그러려면 악행보다 선행이 더 많아야 합니다. 공식적으로 무슬림들은 자신이 알라를 기쁘게 했는지 알 수 없고, 따라서 늘 무슨 수를 써서라도 선행을 쌓으려 노력해야 합니다."

"그러면 어떻게 됩니까?" 내가 물었다.

"어느 영향력 있는 무슬림 지도자의 예를 들어 보지요. 무슬림들이 한 달 동안 금식해야 하는 라마단에 관한 겁니다. 이 지도자는 금식이 무효화될 수도 있는 다양한 상황을 생각했습니다. 굉장히 고민이 컸습니다. 결국 자신의 선행을 악행보다 많게 해서 낙원에 가려는 시도라도 해야 하니까요.

이 무슬림 지도자의 생각을 보십시오. 어떤 사람이 라마단 기간 중에 의자에 앉아 깜빡 잠든다고 합시다. 고개가 뒤로 젖혀지면서 입이 벌어집니다. 이때 파리 한 마리가 열린 창문으로 들어와 그의 입 속에 쏙 들어갔다가 나옵니다. 이제 금식은 무효가 된 걸까요? 그는 많은 지면을 할애하여 이런 비슷한 상황을 분석합니다. 입에 먼지가 들어가면 어떻게 될까요? 공중에 먼지가 있는 걸 예상하지 못했나요? 흙길을 운전할 것을 몰랐나요? 먼지의 종류는 무엇인가요? 길의 먼지인가요, 방앗간의 먼지인가요? 이런 모든 것이 아주 중요한 요인으로 보입니다.

그런 문제가 끝없이 계속되니, 결국 누구나 탈진해서 쓰러져 버리지요. 그날의 금식을 온전히 인정받아 낙원에 갈 가능성이라도 얻으려면 그 모든 걸 추적해야 합니다. 무슬림이라고 다 그렇게 살까요? 물론 그건 아닙니다. 하지만 코란의 가르침을 정말 진지하게 받아들인다면 누구나 그런 사고방식에 내몰리기 마련이지요."

헤이즌은 두 손을 번쩍 들며 자세를 고쳐 앉았다. "아, 제게는 은혜가 필요합니다!" 그가 단호히 말했다. "제게는 탕자의 아버지가 필요합니다! 그분만이 우리의 유일한 희망이십니다."

이슬람교의 다섯 기둥 ----------

　　기독교 이외의 모든 주요 종교 중에서 내 호기심을 가장 많이 끄는 것은 이슬람교다. "진정한 은혜의 신학이 없는데 이슬람교는 어떻게 무슬림들에게 구원을 줍니까?" 내가 물었다.

　　"무함마드는 무슬림들이 반드시 수행해야 할 의식을 상세히 설명했습니다. 그것을 다섯 기둥이라고 합니다." 헤이즌이 대답했다. "첫째는 '샤하다'라는 고백인데, 알라 외에는 신이 없으며 무함마드가 그의 예언자임을 진심으로 인정해야 합니다. 이것이 무슬림들의 회심 방법이지요. 둘째는 하루에 다섯 번씩 기도 의식에 참여하는 것인데, 이때 메카의 카아바 신전 쪽을 향한 채 관습에 따라 씻는 의식을 행해야 합니다.

　　셋째는 해당 수입의 2.5퍼센트를 모스크나 이슬람교 자선단체에 바치는 헌금입니다. 넷째는 무슬림들이 음력 9월에 30일 동안 동틀 때부터 해가 질 때까지 금식하는 라마단입니다. 끝으로 신체적, 재정적 여건이 허락되는 사람들은 적어도 평생에 한 번 무함마드의 출생지인 메카로 '하지', 즉 순례를 가야 합니다."

　　"다섯 가지를 다 충실하게 행하면 낙원이 보장됩니까?"

　　"그게 꼭 그렇지는 않습니다. 전통적으로 무슬림들은 두 천사가 각 사람을 항상 감시한다고 믿어 왔습니다. 한 천사는 오른쪽 어깨 위에서 그 사람의 선행을 기록하고 다른 천사는 왼쪽에서 악행을 기록하지요. 심판의 날에 양쪽의 행위를 저울에 답니다."

"선행이 악행보다 많으면 천국에 가는 거군요?"

"그건 알라에게 달려 있습니다. 알라가 저울의 수치를 존중하리라는 보장이 없거든요. 그가 자비를 베풀지 여부는 전적으로 그에게 달린 문제입니다. 낙원을 절대적으로 보장받는 방법은 둘뿐인데, 하나는 순례 중에 메카에서 죽는 것이고 또 하나는 알라를 위한 전투 중에 죽는 것입니다."

"지하드 말입니까?"

"'지하드'는 신을 위한 모든 싸움을 의미할 수 있으나 지하드 중에서도 가장 고상한 것은 성전(聖戰)입니다."[8]

"그렇다면 이슬람교에는 기독교에 있는 진정한 속죄는 없는 거로군요?"

"없습니다. 코란에 어떤 영혼도 다른 영혼의 죄를 대신 질 수 없다고 명시되어 있습니다."[9]

"결국 이슬람교는 본질상 신을 기쁘게 하려고 애쓰되 아무도 자신이 낙원을 보장받을 만큼 충분히 했는지 확신할 수 없는 그런 시스템이군요." 내가 말했다.

"맞습니다. 물론 제가 만나 본 무슬림 중에는 종교 의례에 집중하지 않는 사람들도 있습니다. 그들은 인간이라면 누구나 이 세상에서 선을 행해야 한다고 믿지요. 또 자신이 알라를 섬기고 싶다고 말합니다. 반드시 알라를 사랑하는 건 아니지만 그를 섬기고 그 앞에서 의를 행하는 것이지요.

하지만 알라의 속성으로 보건대 그 누구도 자신이 구원받으리라는 희망조차 품을 수 없습니다. 사실 무슬림으로 자처하는 것 자체도 교만한 일입니다. 무슬림이란 알라에게 복종하는 사람이라는 뜻인데, 솔직히 자신이 온전히 알라에게 복종하고 있는지 아무도 알 수 없기 때문입니다. 물론 종말에 알라가 최종 판정을 내릴 때는 자비가 주어질 수도 있습니다. 하지만 이것은 지극히 행위에 기초합니다. 결국 평생 행위의 쳇바퀴에서 달리는 것이지요. 저에게는 그야말로 최악의 세상입니다. 뭔가를 성취하려 기를 쓰지만 내가 그것을 해냈는지, 또는 근처에라도 갔는지 절대 알 수 없으니까요."

내가 물었다. "9.11 테러리스트들이 비행기로 국방부 건물과 세계무역센터를 들이받기 전에 이슬람교 규정에 완전히 어긋나는 일, 이를 테면 스트립쇼 클럽에 가서 술을 마시는 등의 행동을 한 이유는 무엇일까요? 그것이 심판 때 자신에게 불리하게 작용할 텐데 걱정되지 않았을까요?"

"아닙니다. 그들은 오히려 이렇게 생각합니다. '저울을 내 쪽으로 유리하게 돌려놓으려고 더 열심히 더 빠르게 노력하는 것도 이제 지쳤다. 그러니 큰 것 한 방으로 저울을 영원히 돌려놓자. 바로 지하드의 행위다. 그러면 그전까지는 어떻게 지내든 상관없다. 어차피 이번 마지막 행위로 저울이 완전히 기울어질 테니 말이다.' 이슬람교의 온갖 규정과 지시를 어겨도 이런 식으로 정당화하는 게 가능한 겁니다."

이슬람교 체제 내에서는 그것도 웬만큼 일리가 있겠다는 생각이 들었다. 행위 지향의 그 신학에는 은혜도 없고, 구원의 확신도 없고, 하나님 아버지와 그분이 지으신 자녀들 사이의 사랑의 관계도 없으니 말이다. 그런 세상에서라면 탕자의 운명도 완전히 달라졌을 것이다.

불교, 기독교의 정반대

나는 이슬람교에서 동양 종교들로 화제를 바꾸었다. "주류 불교는 어떻습니까? 은혜의 기미가 보입니까?" 내가 물었다.

"불교는 기본적으로 무신론입니다." 헤이즌이 말했다. "그 체제에도 어느 시점에는 신들이 있을 수 있으나 그들을 이용하여 더 높은 차원으로 오를 뿐이며, 오르고 나면 그 신들마저 사라집니다. 결국은 무(無)이고 영혼도 존재하지 않지요. 그러니 진정한 의미의 죄나 은혜의 개념도 없습니다."

"그러니까 만일 이 자리에 불교도가 앉아 있다면 우리의 대화를 어떻게 볼까요?"

"아마 이렇게 말할 겁니다. '죄와 은혜의 개념이라, 그것 참 대단하군요.'"

나는 깜짝 놀랐다. "정말입니까?"

"물론입니다. 그 불교도의 말인즉 그런 개념이 영적 여정에 올라 있는 당신에게 의미가 있으며 사다리를 오르는 데 도움이 된다는 뜻이지요. 하지만 일단 높이 올라가면 그런 개념조차 사라지고 당신은 다른 차원에 전념하게 됩니다. 궁극적으로 자신의 존재도 없고 영혼도 없는 세계지요. 이제 당신은 정말 열반으로 나아가 결국 무(無) 속으로 흡수될 것입니다."

"서구인들은 대부분 불교를 끊임없는 명상으로 보는데, 사실은 굉장히 고된 노력이 필요하군요?"

"그렇습니다. 진지한 불교도라면 누구나 알듯이, 번뇌를 끊으려면 팔정도(八正道)인 정견(正見), 정사유(正思惟), 정어(正語), 정업(正業), 정명(正命), 정정진(正精進), 정념(正念), 정정(正定)을 따라야 합니다. 늘 자신의 행동을 살펴야 합니다. 그게 득도에 이르는 과정이니까요. 윤회의 수레바퀴를 오랫동안 거쳐야 할 수도 있습니다. 해방을 향해 노력하면서 계속 출생과 환생의 주기를 도는 것이지요."

"그런 주기가 얼마나 오래 걸릴까요?"

"불교 사상가들에 따르면 그 업을 다 이루는 데 소요되는 생은 최소한 일곱 번인데, 그렇게 빨리 하는 사람은 거의 없습니다. 오히려 백만 번의 생에 더 가깝지요. 어느 불교 교사에게서는 10^{60}의 생이라는 말도 들었습니다. 우주 내에서 관찰할 수 있는 원자 숫자에 거의 맞먹을 정도입니다! 상상이 됩니까? 그게 열반에 들기 전에 거쳐야 할 주기의 횟수입니다."

"아찔하군요!"

헤이즌은 고개를 끄덕이며 말했다. "어떤 의미에서 불교는 기독교와 정반대입니다. 불교에는 궁극적으로 아무것도 존재하지 않지만 기독교에는 창조주 하나님이 계십니다. 불교에는 영혼이 없지만 기독교에는 하나님의 형상대로 지음 받은 영혼이 있습니다. 불교의 열반에 이르려면 끝도 없어 보이는 고행을 거쳐야 하지만, 기독교의 용서와 천국의 영생은 하나님이 은혜로 값없이 주시는 선물이므로 누구나 회개와 믿음을 통해 언제라도 받을 수 있습니다. 불교에는 죄라는 게 없고 결국 공(空), 즉 산스크리트어의 표현으로 무자성(無自性, nihsvabhava)뿐이지요."

헤이즌은 잠시 생각하다가 결론을 내렸다. "설령 모든 종교가 인간의 상상의 산물이라 해도 저는 기독교를 택하겠습니다. 기독교는 우리가 하나님과의 바른 관계를 확신할 수 있다고 말하니까요. 행위에 대한 불안이나 여러 생에 걸친 수행은 필요 없습니다. 요한일서 5장 13절의 말씀과 같습니다. '내가 하나님의 아들의 이름을 믿는 너희에게 이것을 쓰는 것은 너희로 하여금 너희에게 영생이 있음을 알게 하려 함이라.'"[10]

여호와의 증인과 모르몬교, 열심히 수고해야 구원받아요

내가 동질성이 높은 시카고 교외에서 자라던 1950-1960년대에만 해도 이슬람교와 힌두교와 불교 등은 이국적인 외래 종교로 보였다. 지금은 나라의 다양성이 커져서 우리 동네에만도 수많은 종교가 존재한다. 하지만 그중 교인들이 찾아와 우리 집 대문을 두드리는 종교는 여호와의 증인과 모르몬교 둘뿐이다.

"두 종교 다 기독교로 자처합니다." 내가 말했다. "하지만 그들의 가르침은 기독교의 핵심 교리에 어긋나지요. 우선 여호와의 증인부터 시작해 봅시다. 그들은 은혜를 어떻게 봅니까?"

"여호와의 증인은 예수님의 고유한 신성을 부인합니다. 예수님을 하나의 신으로 믿을 뿐, 삼위일체 하나님의 제2의 위격으로 보지 않는 것이지요. 그들의 가르침은 성경에서 말하는 은혜의 개념에도 어긋납니다. 그들도 모종의 믿음을 통해 구원받는다고 믿지만, 동시에 상당량의 고된 노력이 수반되어야 한다고 믿습니다. 시간을 쏟아 의무를 이행해야 하는 거지요. 예컨대, 왕국 회관에서 봉사하고 가가호호 방문하는 축호 전도를 다녀야 하는 겁니다."

나는 문득 헤이즌이 자신의 문간에서 여호와의 증인들과 인사하는 모습이 떠올라 웃음을 참아야 했다. "당신의 집에 오면 그들이 놀라겠네요." 내가 말했다.

"이야기를 하나 해 드리지요." 그가 말했다. "제 사무실은 우리 집 위층에 있어서 거리가 한눈에 내다보입니다. 하루는 밴이 한 대 서더니 작은 서류 가방을 든 사람들이 내려서 쫙 흩어지더군요. 그중 둘이 우리 동네를 도는데 날씨가 좋아서인지 어슬렁어슬렁 걷습니다. 전혀 빠르지 않은 속도로 축호 전도를 한 것이지요.

이윽고 우리 집 대문에 노크 소리가 나고 대화가 시작되었습니다. 제가 그랬어요. 여호와의 증인들이 믿는 것과는 반대로 저는 오직 하나님의 은혜로만 구원받는다는 것을 확신한다고요. 그랬더니 두 여자분이 그러더군요. '아니에요. 열심히 수고해야 구원받아요. 우리가 지금 이 동네에 나와 있는 것도 그런 수고의 일부입니다. 당신들이 말하는 쉬운 구원은 저희가 말하는 진리가 아니랍니다.'

그래서 제가 그랬지요. '위층의 제 사무실에서 당신들이 동네를 도는 것을 봤습니다. 솔직히 두 분을 비판하는 건 아니지만, 같은 시간에 적어도 두 배로 많은 집을 도실 수도 있겠던데요. 여호와와 그분의 메시지가 중요하지 않습니까? 정말 중요하다면 제가 보기에 두세 배로 많은 집에 더 빨리 말씀을 전할 수도 있을 텐데요.'

그 말은 그들에게 큰 효과를 냈습니다. 행위에 기초한 사고방식의 큰 문제점 하나가 수면에 떠올랐으니까요. 행위로 사는 사람은 결국 그 행위로 죽습니다. 나중에 여호와 앞에 서서 어떻게 이런 말을 하겠습니까? '예, 훨씬 더 열심히 노력할 수도 있었는데 그러지 못했습니다.' 그분을 위한 우리 노력이 충분했는지는 결코 알 수 없습니다. 결국 우리에게 달린 일이니까요.

그들은 자기네 시스템에도 은혜가 있다고 주장하지만 사실은 이것저것 섞어 놓았을 뿐입니다. 진정한 은혜에 비추어 보면 오히려 모순이지요. 진정한 은혜는 값없이 선물로 주시는 구원입니다. 이미 공짜인 것에 값을 매길 수는 없지요."

"모르몬교에도 행위에 기초한 사고방식이 분명히 보입니다." 내가 말했다. "어젯밤에 호텔 방에 있는 모르몬경을 쭉 읽다 보니 니파 이후서 25장 23절에 이런 대목이 나오더군요. '… 이는 우리가 할 수 있는 모든 것을 한 후에 우리가 구원받는 것이 은혜에 의한 것임을 우리가 앎이라.'"[11]

"대체로 후기성도, 즉 모르몬교도들은 정확히 그렇게 믿습니다. 그들은 스스로 해야 할 일이 많으며, 그 일을 다한 후에 하나님이 나머지를 덮어 주시기를 바랍니다. 그래서 충성해야 하고, 십일조를 내야 하고, 성전 일을 해야 하고, 결혼도 성전에서 해야 하고, 봉사해야 하고, 정말로 선교를 가야 합니다. 그중 하나라도 빠뜨리면 죄책감이나 패배감이 떠나지 않지요.

그런데 브리검영대학교(모르몬교에서 설립한 사학-옮긴이) 사람들과 대화해 보면 다수가 은혜에 매우 집중합니다. 그들은 '우리가 할 수 있는 모든 것'을 한 후에 은혜로 구원받는다고 말하면서 '우리가 할 수 있는 모든 것'을 모르몬교의 다른 본문인 앨마서 24장 11절로 설명합니다. 거기에 보면 '우리가 할 수 있는 모든 것'이란 기본적으로 회개입니다.[12] 전통적 기독교와 훨씬 비슷하게 들리지요."

"그렇다면 모르몬교의 일부 지도자들이 은혜에 기초한 신학으로 더 이동하고 있다고 보시는 건가요?"

"예, 제가 보기에는 그렇습니다. 하지만 아직은 미묘한 정도지요. 앞으로 더 진전이 있기를 바랍니다."

"하지만 현재로서는 평범한 모르몬교도는 자신이 해야 할 일을 목록에서 하나씩 체크해 나가야 하지요. 그래야 하나님과의 관계가 바르게 되어 간다고 느낄 테니까요." 내가 말했다.

"맞습니다. 그 전통이 강합니다."

"그들도 하나님과의 관계가 바르다는 확신을 품을 수 있을까요?"

"양쪽이 섞여 있습니다. 자신과 하나님의 관계가 아주 안전하다고 느끼는 사람들도 많아요. 사실 제가 만나 본 일부 모르몬교도들은 구원받았을 소지가 높습니다. 그들은 여러모로 예수님을 정확히 이해하고 있고, 마음을 다하여 그분을 사랑하며, 자신이 정말 그리스도의 공로로만 구원받았다고 믿습니다. 행위로 의롭게 된다는 모르몬교의 버거운 전통에도 불구하고 말입니다. 하지만 예수그리스도 후기성도교회에는 자신의 구원과 신분에 대해 불안한 사람이 많으며, 그것이 통계로 입증되고 있습니다. 유타 주(모르몬교의 본부가 있는 곳이자 교세가 가장 강한 지역-옮긴이)의 청소년 문화를 보면 자살률이 일관되게 전국 평균을 한참 웃도는데, 일각에서는 그 원인을 모르몬교의 행동 기준 때문에 느끼는 죄책감에서 찾습니다. 그만큼 절망이 클 수 있지요."[13]

나는 고개를 저으며 말했다. "비극이군요."

"예, 그렇습니다. 우리 복음주의자들도 공감할 수 있다고 봅니다. 너무 율법주의적일 때는 우리 쪽의 운동 내부에도 죄책감과 수치심이 있으며, 그것이 사람들을 깊은 흑암의 길로 내몰 수 있으니까요. 참, 모르몬교의 구원에는 흔히 간과하는 다른 면도 있습니다." 헤이즌이 덧붙였다.

"그게 뭡니까?"

"본질상 모르몬교는 만인 구원의 종교입니다. 그들의 신학에 따르면 모든 사람이 어떤 의미에서 구원을 받거든요. 모르몬교도들은 신자 여부를 떠나 누구나 속죄를 통해 확실히 부활하여 천국들 중 한 곳에 간다고 믿습니다."

"천국들이라니 복수로군요?"

"예, 모르몬교도들은 영광의 등급이라 해서 세 곳의 천국을 믿습니다. 가장 낮은 게 별의 왕국이고, 그다음이 달의 왕국이고, 최고가 해의 왕국입니다. 그러니까 은혜를 말할 때는 이런 미묘한 차이를 알아야 합니다.

속죄는 기본적으로 모든 사람을 세 천국 중 한 곳으로 보내 줍니다. 물론 멸망의 자식들이라 불리는 소수의 사람들은 일종의 지옥인 특별 격리 구역으로 가지만, 대체로 모든 사람은 천국 중 한 곳에 갑니다. 남들은 어떨지 모르지만, 저는 천국에서 영원히 살 거라면 하나님을 직접 대면할 수 있는 최고 등급을 원합니다."

"모르몬교도들은 어떻게 해야 거기에 갈 수 있다고 믿습니까?"

"답은 많은 일을 해야 한다는 것이지요. 요구 조건이 꽤 버거울 수 있습니다. 교회의 모든 의식과 관습을 따라야 하며, 선행을 많이 쌓아야 하니까요. 사실 우리 집에 찾아오는 모르몬교도들에게 제가 하는 말이 있습니다. 그들이 저더러 모르몬교도가 되어야 영원히 하나님과 함께 살 수 있다고 말하면 저는 이렇게 이야기합니다. '저는 그리스도인이며 제 관점에서 보면 천국과 지옥 두 곳뿐입니다. 당신네 후기성도의 입장에서 볼 때 제가 갈 곳은 어디겠습니까?'

그러면 그들은 '글쎄요, 당신은 예수를 사랑하는 단정한 사람 같으니 충분히 두 번째 등급의 천국에 갈 가망이 있습니다'라고 말해요. 거기가 어떤 곳이냐고 물으면 '상상을 초월하는 영광스러운 곳'이라고 하지요. 그럼 저는 이렇게 말합니다. '음, 그러니까 제가 틀렸고 당신들이 옳다면 저는 상상을 초월하는 영광스러운 곳에 가겠군요. 하지만 제가 모르몬교를 택했는데 모르몬교가 틀렸다면 결국 저는 영원히 지옥에 갈 가능성이 높겠지요. 따라서 제가 모르몬교도가 된다는 것은 말이 안 됩니다.'"

나는 이런 변증 기법에 미소를 보내며 말했다. "결론적으로 모르몬교는 많은 점에서 전통적 기독교의 가르침과 모순됩니다."

"제 생각에 모르몬교는 기독교가 아닙니다. 본질적 가르침이 너무 많이 다르기 때문이지요. 아마 가장 중요한 차이는 기독교의 유일신 사상일 겁니다." 그가 말했다. "모르몬 신학은 적어도 세 신, 아버지와 아들과 성령이 별개로 존재한다고 가르칩니다. 역사적으로 모르몬교는 철저한 다신교지요. 남자는 누구나 후기성도교회에서 자격만 제대로 갖추면 직접 신이 된다고 보니까요. 신이 무수히 많을 수 있다는 뜻인데, 어떻게 생각해도 그것은 기독교는 아닙니다."

기독교는 무엇이 다른가 ————

타 종교에 대한 헤이즌의 분석을 들으면서 나는 다른 연관 질문이 떠올랐다. 나는 그동안 그리스도를 통해 은혜를 발견한 사람들의 놀라운 사연을 여럿 접했다.

은혜를 받아들인 그들의 삶은 완전히 변화되었다. 사실 나 자신도 그런 사례이고 이 책을 쓰느라 인터뷰했던 사람들도 마찬가지다.

"하지만 신앙 때문에 자신이 근본적으로 좋게 변화되었다고 말하는 사람들은 이슬람교와 힌두교 등 타 종교에도 있습니다." 내가 말했다. "그렇다면 기독교가 진리임을 밝히는 데 변화된 삶의 중요성은 얼마나 됩니까? 중요하기는 할까요?"

"한편으로 저도 그런 사례들을 봤습니다." 헤이즌이 대답했다. "그리스도의 역사라고밖에 볼 수 없을 정도로 완전히 달라진 사람들이지요. 그러니 저는 하나님의 능력을 삶으로 체험한 그리스도인의 간증이 어느 정도 설득력이 있을 수 있다고 봅니다. 물론 기독교를 정말 입증하려면 다른 증거도 있어야 하겠지만요.

그런데 다른 한편에서는 타 종교의 사람들도 의미 있는 신앙 체험을 했다고들 말합니다. 산타바바라의 캘리포니아대학교에서 세계 종교학을 강의할 때 종교 현장을 답사하러 다 같이 차를 타고 로스앤젤레스에 갔던 일이 있었습니다. 크리슈나 신전에서 힌두교 쪽 사람들의 초청으로 예배를 관람했습니다. 탬버린과 드럼을 연주하며 노래도 하고 춤도 추더군요. 그런데 나중에 한 복음주의 학생이 어리둥절한 표정으로 이렇게 말하는 겁니다. '그들이 하는 것과 우리가 하는 것이 어떻게 다른지 잘 모르겠어요. 똑같다고 느껴지거든요.'

그 학생에게 설명했듯이 타 종교의 사람들도 놀라운 체험을 통해 영적으로 고양되는 느낌을 맛볼 수 있습니다. 사실 좋은 느낌을 유발할 수 있는 방법은 얼마든지 많지요. 그래서 우리는 종교적 방향을 정할 때 감정에 지배당해서는 안 됩니다.

물론 우리는 믿음으로 변화되기를 원하지만 동시에 그것이 진짜이기를 원합니다. 요컨대 기독교는 은혜로도 구별되지만, 진리로도 구별되지요. 예수님은 은혜와 진리로 충만하셨고, 기독교에서는 그 진리를 알 수 있거든요. 영적 체험을 통해서만 아니라 세심한 조사를 통해서도 알 수 있습니다.

다시 말해서 기독교는 검증이 가능합니다. 리, 당신도 무신론자였을 때 여러 방법으로 기독교를 검증한 것으로 알고 있습니다. 이처럼 기독교는 철학과 과학과 역사로 뒷받침됩니다. 사실 기독교야말로 세상에서 가장 이치에 맞습니다. 다른 어떤 종교도 기독교만큼 현실에 부합하지 못하지요.

바울은 고린도전서 15장 12-19절에서 만일 예수님이 다시 살아나지 않으셨다면 우리의 믿음이 헛것이라고 두 번이나 말했습니다. 실제로 기독교를 조사해 볼 수 있다는 말이지요. 그러고도 예수의 부활을 믿을 만한 확실한 이유가 없다면 얼마든지 다른 데로 옮겨 가도 됩니다. 타 종교들은 이런 식으로 자신들의 주장을 조사하고 꼼꼼히 따져 볼 여지를 주지 않습니다.

사실 어떤 종교는 아예 그런 걸 생각조차 하지 않습니다. 예컨대 선불교도에게 중요한 건 무엇일까요? 그야 당연히 참선과 수행을 통해 자신이 해탈에 더 가까워지고 있느냐 하는 것이겠죠. 하루가 끝났을 때 선불교도에게는 부처가 실제로 존재하는지, 또는 부처가 사성제(四聖諦, 고제, 집제, 멸제, 도제의 네 가지 진리-옮긴이)와 팔정도를 가르쳤는지 따위는 정말 중요하지 않습니다. 자기 내면에서 벌어지는 일이 관건입니다. 이렇듯 많은 종교는 아예 객관적 의미의 진리를 주장하지 않습니다. 그밖에 다른 종교들, 모르몬교와 이슬람교를 이 범주에 넣고 싶은데요. 아무튼 그런 종교들은 역사성이 있는 것처럼 들리지만 조금만 파고들어 보면 그렇지 않습니다."

"그 말이 무슨 뜻입니까?" 내가 물었다.

"당신의 집에 찾아오는 모르몬교 선교사는 조셉 스미스 2세(모르몬교의 창시자-옮긴이)가 '참' 기독교를 회복했다고 말할 것입니다. 개정된 이집트 문자가 금관에 새겨져 있었는데 스미스가 하나님의 능력으로 그것을 번역했다고요. 예수님이 서반구를 방문하셨다는 거창한 이야기도 할지 모릅니다. 그러면 당신은 이런 생각이 들겠지요. '와, 실제로 조사해 보면 사실 여부를 확인할 수 있겠구나.'

하지만 당신이 그런 주장의 맹점들을 조사한 뒤에 많은 정당한 반론 중 몇 가지를 제기한다고 합시다. 어떻게 될까요? 모르몬교 선교사의 말은 늘 똑같습니다. '일리가 있지만 결국 그런 반론은 중요하지 않습니다. 제가 직접 체험을 통해 이게 진리임을 알기 때문입니다.' 그는 당신에게 그냥 모르몬경을 읽고 '가슴의 뜨거움'으로 그것이 확증되지 않는지 보라고 할 겁니다. 그러니까 처음에는 조사가 가능한 종교처럼 들렸는데 갑자기 감정에 기초한 종교가 되는 거지요.

이슬람교도 비슷합니다. 예수님의 정체에 대해 무슬림들과 토론하곤 하는데, 그들이 말하는 예수는 코란에 나와 있는 예수입니다. 저는 이렇게 말하지요. '제 생각에는 그건 정확하지 않습니다. 예수님에 대해 현존하는 최상의 기록물은 1세기로 거슬러 올라가기 때문에, 우리는 그것을 신뢰해야 합니다. 어디까지나 그것은 사건을 실제로 아는 사람들이 기록했고 저작 시기도 아주 이릅니다.'

그러면 무슬림들은 이렇게 대답합니다. '문제가 하나 있습니다. 코란은 알라의 말씀입니다.' 그 말에 제가 증거, 예수님에 대한 최상의 역사 자료를 가지고 논하자고 주장하면 다시 그들은 제가 요지를 놓치고 있다고 말합니다. 코란이 알라의 말씀이라는 겁니다. 이렇듯 그들에게는 모든 것이 그 주장으로 끝납니다. 논증도 없고 그 주장에 대한 반증도 있을 수 없지요. 기독교와는 거리가 멉니다. 기독교의 변증자들은 으레 역사 문헌의 신빙성에서 출발하니까요. 이렇듯 기독교는 다릅니다. 첫째로 은혜 때문에 다르고, 둘째로 검증이 가능해서 다르고, 셋째로 타 종교들은 그렇지 않은데 기독교가 제시하는 그림은 세상 현실에 맞기 때문에 다릅니다."

"세 번째도 굉장한 발언이군요. 예를 들어 주시지요."

"좋습니다. 악과 고통과 고난의 문제를 생각해 보십시오. 그리스도인들은 그것들이 현실임을 인정하며, 기독교는 그것의 존재에 대해 설득력 있는 설명을 제시합니다.[14] 그러나 동양의 전통 종교로 가면 거의 하나같이 악과 고통과 고난을 '마야', 즉 환영(幻影)으로 고쳐 부르지요."

"그건 문제를 무시하는 것 아닙니까?" 내가 물었다.

"그렇죠, 현실과 동떨어져 있습니다." 그가 대답했다. "반면에 기독교가 내놓는 그림은 세상의 실제 현실과 일치합니다. 우리가 그리스도인으로 부름받은 것은 고난당하는 사람들을 돕기 위해서지 고난을 환영으로 일축하고 축소하고 무시하기 위해서가 아닙니다.

요컨대 기독교는 수많은 핵심 분야에서 현실을 정확히 대변하지만 타 종교들은 전혀 그렇지 못합니다."

십자가의 진리, 십자가의 은혜

대화하는 중에 성경 구절 하나가 불쑥 떠올랐다. "율법은 모세로 말미암아 주어진 것이요 은혜와 진리는 예수 그리스도로 말미암아 온 것이라."[15] 헤이즌의 말마따나 은혜와 진리는 둘 다 중요하다. 은혜는 우리 자신의 공로를 통하지 않고 하나님과의 관계에 문을 열어 준다. 하지만 기독교가 진리에 기초하지 않는다면 은혜는 희망 사항에 불과하다. 헤이즌의 표현을 빌리자면, 기독교는 검증 가능한 신앙이다. 내 동료인 마크 미텔버그가 즐겨 말하듯이 과학과 역사와 철학의 화살은 기독교의 인격신론이 진리임을 강력하고 설득력 있게 가리켜 보인다.[16]

내 휴대전화가 진동음을 울렸다. 대화를 마치고 샌디에이고로 차를 달려 다른 모임에 참석해야 한다는 신호였다. 녹음기를 챙겨 넣고 일어나 악수를 나누며 시간을 내 준 그에게 감사를 표했다.

"솔직히 제게 은혜보다 더 즐거운 화제는 없습니다. 아무리 토론해도 무궁무진하거든요." 그가 소년 같은 미소를 지으며 말했다.

이후 90분 동안 렌터카를 타고 캘리포니아 남부의 복잡한 도로를 달리노라니 다양한 종교 문화의 상징물이 어디서나 눈에 띄었다. 히잡을 쓴 여자가 인도에서 유모차를 밀었고, 베트남식 카페의 창에는 불상이 놓여 있었고, 내 차 바로 옆의 운전자는 유대교의 작은 두건을 썼고, 여호와의 증인의 깔끔한 왕국 회관이 보였으며, 샌디에이고의 고속도로 옆에는 거대한 모르몬교 석조 성전의 첨탑이 하늘을 찌르고 있었다. 저마다 요구 사항과 규정과 요건과 기대치와 해야 할 일의 목록을 내놓는 종교가 참 많기도 했다. 결코 다 지킬 수 없는 것들이다.

그런가 하면 어디를 지나든 루터교와 성공회와 감리교와 침례교의 전통식 또는 현대식 교회 위로 우뚝 솟은 십자가를 볼 수 있었다. 십자가는 값없이 베푸시는 은혜라는 독특한 메시지를 환기시킨다. 그러나 거기에는 더 큰 뭔가가 있다. 십자가는 그 은혜를 사느라 지불해야 했던, 상상을 초월하는 대가의 상징이기도 하다.

5.

은혜,
한계선이 없는 것

"은혜는 원래 불공평한 것이다.
우리 모두에게 은혜는 선물이다."

그리스도인이 된다는 것은
용서할 수 없는 일을 용서한다는 뜻이다.
하나님이 당신의 용서할 수 없는 죄를
모두 용서하셨기 때문이다.
- C. S. 루이스[1]

왕자의 궁에서 태평스럽게 놀던 아이. 그 소년의 가정을 갈라놓은 공포 시대. 다치고 죽는 일이 일상이던 고난의 여정. 신기하게 건진 목숨. 수상쩍은 과거를 지닌 낯선 사람. 상상을 초월할 정도로 타락한 괴물. 그리고 은혜의 한계점을 보여 주기라도 하는 듯, 도무지 있을 수 없는 한 인간의 변화.

크리스토퍼 라펠의 이야기는 한 편의 영화 같다. 캄보디아의 한 아이가 왕궁의 공예가에게 무심히 뭔가를 부탁하면서 시작된 이야기는 영문 모를 공포의 미로를 휘돌아 나가 마침내 탈출할 가망이 조금도 없는 토굴 교도소에 이른다. 그 안에 갇힌 죄수는 그리스도가 아니고는 희망이 없다.

그동안 나는 은혜의 퍼즐 조각을 맞추는 데 큰 진전을 보았다. 스테파니 패스트는 하나님의 은혜가 우리를 용서할 뿐만 아니라 그분의 집에 영원히 입양될 길까지 열어 준다는 걸 내게 환기시켰다. 자멸하기 직전에 하나님께 구원받은 저드 윌하이트가 경고했듯이 우리는 은혜를 값없는 선물로 받은 후에도 자신에게 은혜받을 자격이 있음을 입증하려 해서는 안 된다. 크레이그 헤이즌은 하나님을 매정한 감독관으로 보는 엄격한 종교 세상에서 오직 기독교만이 은혜의 등불임을 확증했다.

하지만 은혜의 한계선은 어디인가? 하나님이 선을 그으시는 곳은 어디인가? 분명히 한도가 있을 것이다. 무시무시한 범죄를 일삼은 악독한 괴물들은 십자가의 구속(救贖)의 그늘에서 한참 벗어날 것이다. 하나님조차 고개를 저으며 등을 돌리셔야 할 정도로 은혜가 미치지 못할 악이 있다면, 나는 그것이 크리스토퍼 라펠의 이야기 속에 나오리라는 것을 알았다.

헤이즌을 만나고 집에 돌아온 지 얼마 안 돼서 다시 비행기를 타고 서부로 가서 라펠을 만났다. 로스앤젤레스에 있는 그의 사무실 게시판에는 그의 업적이 실린 신문 기사들이 장식되어 있었다.

왜소한 체구에 무테안경을 끼고 새치 하나 없는 검은 머리의 라펠은 발목을 살짝 꼰 채 나무 의자에 편하게 앉아 가학증과 생존의 흥미진진한 이야기를 내게 차분히 들려주었다.

"저는 캄보디아의 프놈펜에서 자랐습니다. 아버지는 큰스님이자 노로돔 시아누크 왕자의 종교 고문이었지요." 그의 말투는 억양이 세고 문장이 탁탁 끊어졌다.

"아버지는 제가 장차 자신의 지위를 이어받기를 원했습니다. 어렸을 때 가끔 저를 왕궁에 데려가셨는데 거기서 저는 왕자의 자녀들과 함께 놀았지요. 하루는 지하실에 공예가들이 있기에 제가 그랬어요. '상아로 십자가를 하나 만들어 주실래요?'"

"십자가요?" 내가 물었다. "불교 신자인 아이가 왜 십자가를 원했을까요?"

"저도 그 이유를 통 모르겠어요. 천주교 성당 위에 있는 십자가를 늘 봤기 때문인지도 모르지요. 제 형제자매들에게는 불상이 있었는데 왠지 저는 꼭 십자가를 갖고 싶었습니다. 제게는 그것이 힘과 순결의 상징이었어요. 공예가가 만들어 준 십자가를 금목걸이에 달아 바로 여기 셔츠 속에 찼었지요." 그가 가슴을 두드려 보였다.

"아버지의 반응이 어땠던가요?"

"아무에게도 십자가를 보여 주지 않았습니다. 그러던 어느 날 가족끼리 식사할 때였습니다. 우리는 음식을 가운데에 놓고 바닥에 앉아서 먹는데, 음식을 집으려고 팔을 뻗다가 십자가가 셔츠 밖으로 나왔지 뭡니까. 다들 봤지요. 아버지는 화가 나서 형제자매들 앞에서 저를 저주했습니다. 저를 바짝 잡아당기며 '십자가를 지녀서는 안 된다! 우리가 불교 집안인 걸 잊지 마라'라고 하시더군요."

"벌을 받았습니까?"

"나중에 아버지는 사과하셨지만 여전히 십자가가 싫다고 말씀하셨습니다. 제가 원하면 어떤 불상이든 만들어 주겠다면서요. 제가 다른 건 싫다고 했더니 '다음에는 떼라'고 하시더군요. 그 뒤로는 십자가를 등 쪽으로 찼습니다."

1975년 4월 17일, 크메르 루주가 캄보디아를 장악하여 모든 읍면과 도시를 강제로 소개(疏開)할 때도 라펠은 십자가를 차고 있었다. "그들은 AK-47 소총을 들고 들이닥쳐 '아무것도 챙기지 말고 당장 떠나라. 사흘 후에 모두 다시 돌아올 것이다'라고 외쳤습니다."

그의 일가족도 좁은 길을 가득 메운 피난 행렬에 끼었다. 주민들은 바리바리 짐을 챙겨 걷거나 뛰었고, 더러 자전거나 오토바이를 탄 사람들도 있었다. 온통 혼란과 공포의 아수라장이었다.

"다들 겁에 질렸습니다. 당시 열아홉 살이던 저도 무서웠고요. 아버지는 그들이 시키는 대로만 하라고 하셨습니다. 사흘이 3주가 되어서야 우리는 다시는 집에 돌아가지 못하리라는 것을 알았지요."

킬링 필드의 대학살을 벗어나려는 그들의 고투는 그렇게 시작되었다.

사선을 넘어서

그로부터 1,364일 동안 크메르 루주는 사회 계급을 없애고 농경 사회를 창조한답시고 8백만의 캄보디아인 중 2백만을 살상하거나 굶겨 죽이거나 중노동으로 죽게 했다. 목숨을 잃은 국민의 비율을 보면, 폴 포트의 공산 정권이야말로 현대에서 가장 극악한 살인 정권이었다.

"교사들도 죽고 이전의 공무원들도 죽고 언론인들도 죽었어요." 라펠이 내게 말했다. "교육받은 사람이면 모조리 제거하여 위협 요소를 없애려 한 겁니다. 제 친구 하나는 크메르 루주에게 대학생 신분을 인정했다가 실종되었습니다."

사실 당시의 대학생 11,000명 중 450명만 목숨을 건졌고, 대량 학살에서 살아남은 중등학생들도 5퍼센트에 불과했다. 의사들도 열에 아홉은 죽었다.[2] 화폐가 폐지되고, 사유재산이 압수되고, 학교가 폐교되고, 법정이 폐쇄되고, 종교 생활이 억압되고, 개성이 말살되고, 허다한 사람들이 논으로 내몰려 강제 노동에 시달렸다.[3]

한 언론인은 "조직과 국가를 향한 사랑 외에는 사랑이 존재할 수 없었다"라고 말했다.[4]

다시 말해서 문화 전체에 은혜가 없었다.

"크메르 루주는 우리를 심문하곤 했습니다." 라펠이 말했다. "말 한마디라도 잘못했다가는 죽은 목숨이었으니 늘 조심해야 했지요. 그들은 '너는 누구냐? 학교에 다녔느냐?'고 물으면서 우리 앞에 공책을 들이밀며 '여기다 네 이름을 써 봐라'고 했습니다.

저는 글씨가 엉성해 보이게 왼손으로 이름을 썼고 학교를 2년밖에 못 다닌 농부라고 답했습니다. 그랬더니 콩을 재배하려면 어떻게 해야 하느냐며 우리를 시험하더군요. 우리는 프놈펜에서 옥수수와 채소를 심었기 때문에 조금 알고 있었습니다. 그렇게 겨우 우리가 농부라고 설득했지요."

가족과 떨어진 라펠은 벼농사와 수로 건설에 투입되었다. 대규모 관개 시설을 지어 쌀 수확량을 높이려는 원대한 계획의 일환이었다. 그는 하루에 12-14시간씩 일했고, 여름밤에는 달빛 아래서도 노동을 해야 했다. 음식은 멀건 국물뿐이어서 직접 도마뱀을 잡아 영양을 보충했다. 몸무게가 40킬로그램으로 줄었고 영양실조로 머리가 빠졌다. 밤이면 크메르 루주의 호명을 받고 나간 사람들이 숙소에서 사라져 다시는 돌아오지 않았다.

"1977년 말쯤에 저는 고열로 호되게 앓았습니다. 사흘 동안 일을 못 나갔지요. 하루는 밤에 누가 제 이름을 부르더군요. 크메르 루주가 보자는 겁니다. 그들은 저를 숙소에서 끌고 갔습니다. 이제 죽었구나 싶더군요. 무서워서 벌벌 떨었습니다.

그들은 저를 바닥에 앉혀 놓고 왜 일을 쉬었느냐고 물었습니다. 아픈데 먹을 것도 없고 약도 없다고 대답했지요. 어떻게 아프냐고 묻기에 제가 고열이 난다고 했더니 다른 사람이 얼마나 아픈지 보자고 하더군요.

그들은 확인에 들어갔습니다. 한 사람은 제 머리를, 한 사람은 어깨를 만져 보더군요. 그때 누가 제 가슴에 손을 대려고 셔츠를 뜯는 바람에 목걸이에 달려 있던 십자가가 드러났습니다. 상아가 불빛에 반짝였어요. 아주 길게 느껴지는 침묵이 흐른 뒤 누군지 보이지 않는 사람이 말했습니다. '이 사람은 정말 아프니 보내라.'"

나는 라펠의 이야기를 들으며 의자 끝으로 바짝 다가앉았다. "천만다행이군요! 그런데 그들은 왜 십자가에 그런 반응을 보였을까요?" 내가 물었다.

"이유를 모르겠어요. 저더러 가서 쉬라고 하더군요. 이튿날에는 중국산 약과 쌀죽도 줄 정도로 저한테 아주 잘해 주었습니다. 며칠 후에 몸이 좋아졌습니다. 내막은 모르지만, 십자가 덕분에 목숨을 건졌다고 믿습니다."

그래도 논에서 살아남으려는 몸부림은 갈수록 힘들어졌다. 작업량은 늘어나는데 배식은 오히려 줄었다. 크메르 루주의 잔학성은 살벌했다. 라펠은 처형당하기 전에 살려 달라고 애원하는 사람들의 소리에 늘 괴로웠다.

라펠은 곰곰이 생각한 끝에 도망가도 잃을 게 없다는 결론에 이르렀다. 그리하여 1979년 초 어느 날 밤에 탈출을 감행해서 안전한 태국 쪽으로 도망쳤다. 오로지 달빛만 의지한 채 정글을 헤집고 나가 결국 난민촌에 당도했다. 그로서는 그곳 이름이 통 무슨 말인지 몰랐지만, 그곳은 '크리스천 아웃리치'였다.

"거기에 있으니 얼마나 안심이 되고 다행이던지요." 그가 말했다. "실로 오랜만에 안전한 느낌이 들었습니다. 그러던 어느 날 한 여자가 제게 예수 그리스도에 대해 이야기했습니다. 그분이 십자가에서 죽으셨다고 하더군요. 십자가라니요? 제가 '십자가의 의미를 알려 주세요. 그분은 왜 십자가에 죽으셨나요?'라고 했더니 그녀는 저를 죄에서 구원하시려고 예수님이 십자가에서 죽으셨다고 했습니다.

그 순간, 제 상아 십자가와 함께 하나님이 제가 아팠을 때 목숨을 구해 주신 일이 생각났습니다. 저는 기도했습니다. '주님, 저는 그날 밤 죽을 목숨이었는데 주님이 살려 주셨습니다. 제게 무엇을 하라고 하시든 제 인생을 바쳐 주님을 섬기고 싶습니다. 제 삶은 주님의 것입니다.'"

그는 목에 걸린 십자가를 만져 보려 했으나 목걸이가 없었다. 정글 속 어디선가 줄이 끊겨 떨어져 나갔던 것이다. 라펠은 그때를 회상하더니 빙긋 웃으며 말했다. "십자가는 잃어버렸지만 대신 예수님을 만났습니다."

그 난민촌에서 라펠은 배나라는 다른 난민을 만나 사랑에 빠졌다. 둘은 결혼하여 1980년에 배나의 언니가 살고 있던 미국으로 이민을 왔다. 라펠은 이름도 걸맞은 호프국제대학교를 졸업한 뒤 로스앤젤레스의 리버티라는 길에 있는 골든웨스트크리스천교회의 목사가 되었다. 내가 그를 만난 곳이 바로 그 교회 2층에 있는 그의 사무실이었다.

라펠은 한 번도 캄보디아를 잊은 적이 없다. 그 뒤로 계속 고국을 왕래하며 그리스도인들을 훈련하고 무장시켰다. 그의 사역에서 시작된 교회가 현재 200개도 넘는다.

공포의
S-21 교도소

라펠의 가족들은 운이 좋지 못했다. 그들의 운명에 대해 말할 때면 그의 목소리가 자꾸 더 작아져서 바짝 긴장하고 들어야 했다.

그는 자기 부모가 크메르 루주의 중노동에 시달리다 죽었다는 소식을 캄보디아에 잡혀 있던 중에 들었다고 한다. 캄보디아의 수도에서 방송 일을 하던 누이도 살해되었고 남자 형제도 1979년 베트남이 개입하기 직전에 목숨을 잃었다.

"그리고 내 사촌은…" 그가 머뭇거리며 입을 뗐다.

"말씀해 주십시오."

"그녀는 학교에서 가르치던 과학자였습니다." 잠시 침묵이 흘렀다. "체포되어 S-21로 끌려갔지요."

프놈펜 바로 외곽에 있는 S-21, 이 악명 높은 교도소는 본래 뚜올스바이쁘라이고등학교였다. 단지 내의 3층 건물 4채는 모두 잔디 마당과 본관의 목조 건물을 향해 서 있다. 1976년에 크메르 루주는 이 단지를 온전히 심문과 고문과 처형의 본거지로 사용했다. S는 건물(sala)의 앞글자이고 21은 비밀경찰(santebal)을 가리키는 암호다.[5]

인근 주민들은 그 시설을 '사람들이 들어가면 다시는 나오지 못하는 곳'으로만 알았다.[6] 모든 수감자는 일단 들어가면 유죄로 취급되었고, 죄목은 늘 반역이었다. 사실 '수감자'에 해당하는 캄보디아의 전통 용어 'neak thos'는 문자적으로 '유죄 인간'이라는 뜻이다.[7]

한 역사가는 "프란츠 카프카의 소설 《소송》(*The Trial*)에 나오는 요제프 K처럼 그들도 유죄여서 기소된 게 아니라 기소되어서 유죄가 되었다"[8]라고 말했다. 크메르 루주의 한 구호에 그들의 전략이 압축되어 있다. "무죄한 사람 열 명을 죽이는 한이 있더라도 단 한 명의 적도 놓쳐서는 안 된다."[9]

그 교도소를 관료적 효율성에 맞춰 잔혹하게 운영한 소장은 수학 교사 출신의 카잉 구엑 에아브였다.[10] 일명 도이크 동지라 불린 그는 고문, 강요된 자백, 살해 등 모든 사건을 섬뜩할 정도로 정확하게 문건으로 엮어 두었다.

모든 수감자는 입소하는 대로 사진부터 찍어야 했다. 청소년 8명과 어린이 9명의 명단에 도이크는 "전원 살해하라"라는 명령을 적었다. 또 다른 명령지에는 "죽여도 좋으니 매서운 맛을 보여 줘라"라고 썼다. 다른 수감자들에 대해서는 "처형," "계속 심문," "생체 실험" 등을 적어 놓았다.[11]

때로 S-21의 고문자들은 수감자를 거꾸로 매단 채 머리를 소변이나 대변이 든 양동이에 처박아 자백을 강요했다. 전기 충격을 가하거나 비닐봉지로 숨이 막히게 하거나 전깃줄로 때릴 때도 있었다. 총알을 아끼려고 목을 찌르거나 삽으로 머리를 내려치거나 괭이로 목을 부러뜨렸다. 아기들을 죽일 때는 높은 데서 떨어뜨리거나 다리를 잡고 흔들어 머리를 나무에 후려쳤다.[12]

1979년에 베트남의 지원을 받은 캄보디아 군대가 크메르 루주를 진압했을 때, S-21에서는 퉁퉁 부은 시신 14구와 피가 끈적끈적하게 엉긴 고문 도구가 나왔다. 도이크는 기록물을 폐기할 겨를이 없어 그냥 도망치는 바람에 상부의 단죄를 받았다. 자취를 감춘 그는 죽은 것으로 추정됐다.

그 공포 시대에 S-21에 들어간 수감자가 14,000명이 넘었으나 알려진 생존자는 7명뿐이다. 라펠의 사촌과 그녀의 남자 친구도 인근의 얕은 무덤에 집단으로 매장되었다.

"사촌에게 벌어진 일을 생각하면 눈물이 납니다." 라펠이 말했다. "S-21은 이제 대량 학살 박물관이 되었습니다. 1993년에 사촌 남동생을 따라 그곳에 가 보았는데, 수감자 수백 명의 증명사진이 벽에 붙어 있더군요."

그는 눈물을 참으려고 눈을 깜박이며 말했다. "제 사촌의 사진도 있었습니다."

그의 몸짓 언어는 분명했다. 더는 그 일을 말하고 싶지 않았다.

변화된 한 인생

폴 포트 정권이 몰락한 지 15년이 지난 1994년에 라펠은 교회의 팀과 함께 캄보디아 북서부의 바탐방 주에 농지를 구입하여 교회를 지었다. 이듬해에 그는 그곳으로 다시 가서 현지 그리스도인 200명을 상대로 2주 동안 리더십 훈련을 실시했다.

그의 핵심 지도자 중 하나가 멀지 않은 마을에서 교사로 일하고 있는 항 핀이라는 친구를 초대했다. 50대 중반의 항은 툭 튀어나온 귀가 아주 독특해 보이는, 야윈 남자였다. 그는 태국어와 약간의 영어를 할 줄 알았고, 이전에 중국 베이징의 외국어 학교에서 한동안 크메르 어를 가르친 적이 있었다.

항은 그리스도인이 아니었지만 라펠의 훈련에 참석하기로 했다. 중증 우울증에 시달리고 있던 터라 힘을 얻고 싶었기 때문이다. 그 전에 침입자들이 그의 집에 쳐들어와 온 가족을 바닥에 엎드리게 했다. 항의 아내 롬은 총검에 찔려 죽었고 그도 등을 찔렸다. 크메르 루주가 배신자들에게 가하는 전형적인 응징이었다.[13] 항은 몸을 회복한 뒤에 전 재산을 팔아 스바이 첵 구역으로 이사하여 대학에서 교편을 잡았다.

"그는 수줍음이 많고 얌전하고 아주 내성적이었요. 풀이 죽은 모습으로 뒷자리에 앉았습니다." 라펠이 회상했다.

라펠은 으레 강의를 끝낼 때면 그리스도의 용서와 주권을 받아들이고 싶은 사람들을 앞으로 나오도록 초청하곤 했다. 참석자들이 대부분 이미 그리스도를 따르고 있었기 때문에 대개 반응은 소수에 그쳤다. 한번은 수업 끝에 놀랍게도 항이 다른 몇 사람과 함께 앞으로 나왔다.

"제가 그에게 그랬어요. '당신을 위해 기도해 드리고 싶은데 혹시 하실 말씀이 있습니까?'"

라펠의 말에 내가 물었다. "그가 뭐라고 하던가요?"

"자기가 여태까지 살아오면서 나쁜 일을 많이 했다고 하더군요. 그러면서 '제가 저지른 죄를 제 형제자매들이 용서할 수 있을지 모르겠습니다'라고 했습니다. 뉘우치고 후회하는 기색이 역력했지요."

"자세한 사연을 물어보셨습니까?"

"아니요, 현재에 더 집중했습니다. 그에게 회개하는 마음이 있는지, 용서가 하나님의 은혜의 선물임을 깨달았는지가 더 중요하니까요. 그런데 그는 정말 준비되어 있더군요. 그래서 '하나님은 당신을 사랑하십니다. 당신을 용서하실 수 있습니다'라고 말해 주고 함께 기도한 뒤 이튿날 상케 강에서 그에게 세례를 베풀었습니다. 그렇게 단박에 변하는 사람은 별로 보지 못했습니다."

"정말요? 어떻게 말입니까?"

"태도와 행동이 싹 달라졌어요. 자리를 맨 앞줄로 옮겼고, 옷차림도 더 단정해졌고, 의욕이 넘쳤지요. 아무리 배워도 부족하다는 듯 열심히 질문하고 대화했습니다. 전체 학생 중에서 제일 집중하며 꼼꼼하게 필기하고 성경을 탐독했어요. 자기 마을에 어서 교회를 세우고 싶다더군요."

머잖아 항은 훈련 수료증을 받았다. "단체 사진을 찍던 때가 기억납니다." 라펠이 말했다. "그가 맨 앞줄에서 바로 제 옆에 서 있길래 그의 어깨에 제 손을 얹었습니다."

나중에 라펠은 항이 마을로 돌아가 자기 자녀들을 그리스도께로 인도하고 세례를 베풀었다는 말을 전해 들었다. "그 뒤로 그는 가정 교회를 개척했습니다." 라펠이 말했다. "금세 열네 가정으로 늘었지요. 우리는 계속 연락하며 지냈고, 그가 다시 와서 리더십 훈련을 더 받기도 했습니다."

2년 후에 그 지역에 발생한 군사 폭동으로 삶의 터전을 잃은 항은 결국 반 마 무앙이라는 태국의 난민촌으로 가게 되었다. 12,000명의 난민이 살던 그곳에서 그는 미국난민위원회(ARC)에 속해 봉사하기 시작했는데, 이 기관은 보건 봉사자들을 훈련하고 장티푸스의 확산을 막아 수많은 목숨을 구했다.[14]

ARC의 한 임원은 그를 "우리 기관에서 가장 열심히 일한, 최고의 봉사자였으며 주변에서 칭찬이 자자했다. 아주 똑똑했으며, 난민들을 헌신적으로 도왔다"라고 기술했다.[15] 캄보디아의 폭동이 가라앉자 항은 귀국해서 기독교 구제 기관인 월드비전과 긴밀하게 협력하여 여자들과 아이들에게 의료 혜택을 제공했다. 월드비전의 한 지도자는 그를 "사람들에게 정말 평판이 좋았다"라고 평했다.[16]

시간이 가면서 라펠과 항은 서로 연락이 끊겼다. 그러던 중 1999년 4월에 로스앤젤레스의 자택으로 라펠을 깨우는 전화 한 통이 걸려왔다.

모든 것을 바꾼 전화 한 통

전화를 건 사람은 자신을 AP 통신사의 기자라고 소개했다. "목사님의 제자 한 사람의 신원을 확인해 주실 수 있습니까?"

"제 제자라니요?" 라펠이 대답했다. "제 훈련을 거쳐 간 사람이 많은데요."

기자는 그 사람이 보통 키에 바싹 마르고 귀가 튀어 나왔다고 특징을 설명했다.

"예, 압니다. 항 핀이라고 우리 평신도 사역자 중 하나입니다."

"바로 그 사람이 골수 크메르 루주입니다." 기자가 말했다.

라펠은 입이 쩍 벌어졌다. "그게 무슨 말입니까?"

"그는 크메르 루주 수뇌부의 하나로 살인자요 학살자입니다. S-21 교도소의 소장이었어요. 항 핀이 바로 도이크 동지입니다!"

라펠은 무릎을 털썩 꿇고 자신의 이마를 때렸다. 살해당한 사촌과 S-21 박물관, 항 핀에게 세례를 베풀던 일이 주마등처럼 스쳐 지나갔다. '이게 가능한 일인가? 어떻게 이럴 수 있단 말인가?'

서서히 전말이 드러났다. 사진기자 닉 던롭은 도이크를 추적하다 그의 정글 마을에 이르렀고, 이전에 폴 포트를 심문했던 탐사기자 네이트 테이어와 함께 도이크에게 그의 신원을 물었다.[17]

도이크는 처음에는 얼버무렸으나 금방 자신의 과거를 시인하며 이렇게 말했다. "당신들이 여기까지 온 것은 하나님의 뜻입니다. 이제 제 미래는 하나님의 손안에 있습니다. 살아오면서 아주 몹쓸 짓을 많이 했으니 이제 제 행동에 대한 결과를 당할 차례입니다."

던롭과 테이어는 과거에 도이크가 처형을 승인하며 서명했던 문건의 사본을 보여 주었다. 테이어 같이 산전수전을 다 겪은 외국인

기자가 보기에도 도이크는 진정으로 뉘우치는 모습이었다.

"정말 가슴이 아픕니다. 죽은 사람들은 착한 사람들이었습니다." 도이크가 눈물을 글썽이며 말했다. "인생의 전반부까지만 해도 저는 하나님이 아주 나쁘다고 생각했고, 나쁜 사람들만 하나님께 기도하는 줄로 알았어요. 제 잘못은 하나님을 섬기지 않고 인간을 섬기고 공산주의를 섬긴 것입니다. 살상을 일삼던 과거가 후회막급입니다. 훌륭한 공산주의자가 되고 싶었어요."

그는 이제 새로운 목표가 생겼다고 말했다. "모든 사람에게 복음을 알리고 싶습니다."

도이크는 자신의 범행을 선뜻 자백했고, 크메르 루주의 다른 간부들도 재판에 회부되도록 자신이 증언하겠다고 했다. 또 자신이 체포되어 투옥될 것에 대해 이렇게 말했다. "괜찮습니다. 제 육신은 그들에게 넘겨져도 제 영혼은 예수님의 것입니다. 이 역사를 제대로 알리는 게 중요합니다. 모든 것을 분명히 밝히고 싶습니다."

이어 테이어는 "정말 그는 모든 것을 자백했습니다"라고 말했다.

도이크는 당국에 자수하여 결국 유엔이 지원하는 전범 재판소에서 반인도적 학살과 고문 죄로 재판을 받았다. 그는 크메르 루주의 다른 살상자들과 달리 자신의 과거를 숨기려 하지 않았다.

범행을 명확히 자백했기 때문에 그의 증언은 전 세계에 대서특필되었다. "S-21에서 자행된 범죄, 특히 수감자들에 대한 고문과 처형은 제 책임입니다." 그는 5인의 판사로 구성된 국제 배심원단 앞에서 진술했다. "허락해 주신다면 그 정권 치하의 생존자들과 S-21에서 사랑하는 이를 참혹하게 잃은 피해자 가족들에게 사과하고 싶습니다."[18]

그 뒤로 도이크는 본인이 직접 동의하여 피로 물든 S-21의 수갑을 찼다. 그러고는 다시 가서 원고들을 대면하고 바닥에 엎드려 눈물로 호소했다. "여러분의 용서를 구합니다. 저를 용서하실 수 없음을 알지만 가능성의 희망이라도 남겨 주십시오."

S-21의 몇 안 되는 생존자 중 하나가 큰 소리로 말했다. "내가 30년 동안 그토록 듣고 싶었던 말이다!"[19]

도이크는 유죄 판결을 받고 종신형이 선고되어 현재 프놈펜의 어느 교도소에 수감되어 있다. 최종 확정된 판결이다.

사법 제도상 항소는 허용되지 않는다.

진정한
회심이었습니까 ----------

크리스토퍼 라펠이 항 펀이라고 알았던 평신도 지도자가 가면을 벗고 악명 높은 도이크로 돌아온 뒤, 마침내 2008년에 두 사람이 대면했다. 그때는 도이크가 이미 9년째 군에 구금되어 재판을 대기하던 중이었다. 국제재판소 어느 변호사의 주선으로 둘은 도이크가 갇혀 있던 프놈펜의 교도소에서 만났다.

잠시 나는 라펠의 입장이 되어 보았다. '도이크에게 뭐라고 말할

까? 어떤 말이면 족할까? 그를 어떻게 대할까?'

"그에게 맨 먼저 한 말이 무엇입니까?" 내가 라펠에게 물었다.

"이렇게 말했습니다. '시작하기 전에 하고 싶은 말이 있습니다. 나는 당신을 그리스도 안의 형제로 사랑합니다. 당신이 제 가족들에게 저지른 일에 대해 당신을 용서합니다.'"

"그 일이 쉽던가요?" 내가 물었다.

그는 고개를 저었다. "아니요, 쉽지 않았습니다. 다만 필요한 일이었지요. 그전에 이미 오랫동안 생각하며 기도했습니다. 그리스도께 제 죄를 용서받은 제가 어찌 남의 죄를 용서하지 않을 수 있겠습니까? 아무리 극악한 죄일지라도 말입니다."

"그의 반응은 어땠습니까?"

"그는 눈물을 보였고 저는 그 순간 기쁨과 평안을 느꼈습니다. 해방감이었지요."

"그다음은 어떻게 됐나요?"

"둘이 함께 기도하고 하나님을 찬양한 뒤에 제가 성찬식을 인도했습니다. 시편 23편도 소리 내어 읽어 주었지요."

익숙한 본문이 떠올랐다. "여호와는 나의 목자시니 내게 부족함이 없으리로다 … 주께서 내 원수의 목전에서 내게 상을 차려 주시고….”

내가 물었다. "S-21에서 벌어진 일에 대해서도 말했습니까?"

"아니요, 저는 그의 목사이지 검사가 아닙니다. 도이크가 제게 그러더군요. '성령이 제 마음에 죄를 깨우쳐 주셨습니다. 저는 제가 동족에게 저지른 일을 세상에 말해야 합니다. 진실을 말할 겁니다.

그러면 그 진실이 저를 자유롭게 할 것입니다.'"

그 뒤로 라펠은 고국을 방문할 때마다 교도소에 가서 도이크를 만났다. 이 재소자에게 면회가 허락된 사람은 몇 안 되는데, 라펠도 목사 자격으로 면회 출입증을 받았다. 그는 도이크에게 캄보디아어 성경책과 큰 글자 성경 한 권과 찬송가와 성찬식 도구를 반입해 주었다. 거의 아무것도 없는 감방에서 도이크는 일요일마다 다른 그리스도인들 없이 혼자 예배드리며 성찬식을 한다.

"유죄 판결과 종신형을 선고받은 뒤로 그의 태도는 어떻던가요?" 내가 물었다.

"저를 보면 울먹이며 달려옵니다. 기쁨과 평안이 있어요. 물론 지은 죄 때문에 마음이 무겁지만 하나님의 은혜에 대한 감사가 넘칩니다. 그는 또 간수들과 크메르 루주 출신의 다른 죄수들에게 예수님을 전합니다. 그들도 용서받을 수 있다고 말해 줍니다."

"당신에게는 뭐라고 말합니까?"

"이런 말을 하더군요. '저는 죄수가 아니라 자유인입니다. 매일 기쁘게 살아갑니다. 저는 죽어 마땅하고 이런 벌을 받아 마땅한 사람이지요. 하지만 제게는 예수님이 계시기에 사랑이 있습니다. 예수님을 진작 알았더라면 결코 그런 짓은 하지 않았을 겁니다. 그때는 그분의 사랑을 몰랐어요.'"

라펠은 도이크의 재판에 증인으로 소환되었다. 캄보디아인 판사 세 명과 프랑스인과 뉴질랜드인 판사 각각 한 명으로 구성된 배심원단은 라펠이 진술하는 도이크의 철저한 영적 변화에 매료된 듯 보였다. 라펠 목사는 도이크가 자신이 죄인임을 인정하고 그리스도를 구주와 주님으로 영접하고 세례 받은 일을 설명했다. 기독교의 용서와 은혜와 회심에 대해서도 말했고 화해의 중요성도 언급했다.

"그들은 제게 90분 동안이나 기쁜 소식을 전하게 해 주었습니다." 라펠이 내게 말했다.

나중에 한 판사가 몸을 앞으로 기울이며 모두의 심중에 있는 질문을 던졌다. "진정한 회심이었습니까?"

라펠은 진실만을 말하기로 이미 성경책에 손을 얹고 맹세한 터였다. 그는 짧게 "예"라고 답변했다.

악순환을 끊는 은혜

캄보디아의 주요 종교는 단연 테라와다불교(직역하면 '장로나 상좌의 가르침'으로 상좌부불교라고도 하며 흔히 소승불교로 분류된다-옮긴이)로, 열에 아홉 사람이 신자이며 캄보디아 문화에 속속들이 배어 있다.[20] 불교 신학에 따르면 도이크의 운명은 자명하다. 그의 중죄가 악한 업보로 그를 따라다닐 것이고, 그 업보를 벗으려면 앞으로 수많은 생을 거치며 고행을 해야 한다.

사실 메리 머피 기자가 2008년 도이크의 이야기를 추적하러 캄보디아에 갔다가 만난 일부 승려들은 도이크가 회심했다는 소식에 비웃음을 보내기도 했다.

"도이크는 점수를 따려고 기독교인이 된 겁니다." 그중 한 승려가 그렇게 역설하며, 도이크가 내세에 자신의 지독한 악행에 걸맞은 형태로 환생할 거라고 예언했다. 어떤 형태냐는 물음에 그는 "벌레"라고 대답했다.[21]

나는 라펠에게 그 일화를 들려주고 나서 말했다. "도이크의 잔혹한 범죄를 감안하면 오히려 그것이 정의에 더 가까워 보일 것입니다."

"정의라면 그럴지도 모르지요. 하지만 은혜란 불공평한 것이며, 도이크뿐 아니라 모든 사람이 그 사실에 감사해야 합니다. 하나님이 만일 도이크에게 은혜를 거두시며 '이 이상은 안 된다'고 선을 그으신다면, 다음번에는 그 선이 어디에 그어질지 누가 알겠습니까?

예수님은 무한하신 하나님이시므로 그분의 죽음의 가치도 무한합니다. 즉, 세상의 모든 죄를 덮기에 충분합니다. 혹 우리가 어떤 죄는 너무 중죄라고 말한다면 그것은 예수님이 사명을 다하지 못하셨다는 말과 같습니다. 세상의 도이크 같은 사람들에게도 베풀어질 때, 그게 비로소 은혜지요." 그는 자세를 똑바로 고쳐 앉으며 말했다. "사실 이것은 우리가 이해하기 어려운 부분입니다. 하나님은 당신과 저를 사랑하시는 것만큼이나 도이크도 똑같이 사랑하십니다."

나는 그 말의 무게를 충분히 음미한 뒤에 말했다. "정말 받아들이기 힘든 말이군요."

라펠이 말을 이었다. "사실 하나님은 도이크의 삶을 덮은 오물 이면을 보셨고, 그분의 형상대로 지어진 웅어리를 보셨습니다. 그 형상은 흐려졌지만 결코 소멸된 것은 아니지요. 하나님이 세상을 사랑하신다는 성경 말씀에는 아무런 예외 조항도 붙어 있지 않습니다. 하나님의 은혜는 다함이 없습니다.

어쩌면 우리는 '나에게는 도이크만큼 은혜가 필요하지 않다'라고 생각할지도 모릅니다. 어쨌거나 우리 죄는 그만큼 극악하지 않으니까요. 우리는 자신의 각종 우상숭배, 신성모독, 매일 하나님의 가르침을 어긴 일 따위를 편리하게 망각합니다. 하지만 우리도 도이크도 은혜 받을 자격이 없기는 마찬가지지요. 우리 모두에게 은혜는 선물입니다."

"그래도 그 많은 끔찍한 범죄에 대한 형벌이 간단한 기도 하나로 지워져야 할까요?" 내가 라펠에게 말했다.

"간단한 기도라니요? 아니지요, 그 이상입니다. 진정 우리가 회개와 믿음으로 하나님께 나아와 죄를 자백하고 죄에서 돌아서면 그분은 약속대로 우리를 용서하십니다. 물론 도이크가 세상의 법에 따라 처벌을 받는 것 또한 사실입니다. 다시는 길거리를 활보할 수 없겠지요. 하나님이 용서하셨어도 그는 늘 자신의 범죄에 대해 후회하며 살아야 할 것입니다."

라펠의 말을 들으니 전에 내가 기독교 철학자 라비 재커라이어스와 나누었던 대화가 생각났다. 그의 다음 말은 도이크를 두고 한 말이라 해도 손색이 없을 것이다. "그리스도가 어떤 분인지를 깨닫는다면 자신이 저지른 일에 대한 아픔이 깊어질 것입니다."[22]

그러나 도이크의 피해자들은 킬링 필드의 집단 묘지인 청아익에 묻혀 있는데, 도이크는 교도소에서 하루 세 끼를 먹으며 서서히 몸무게가 늘고 있다. 흔히 우리가 요구하는 응보는 너그러운 은혜와 마찰을 일으킨다.

"예수님이 구원의 유일한 길이라면 도이크의 피해자인 불교도들은 지옥에 가는데 도이크는 영원히 천국에서 지내는 아이러니가 발생합니다." 내가 말했다.

라펠은 아래턱을 쓱 문지르며 이야기했다. "예, 저는 천국에 가는 유일한 길이 예수님이라고 믿습니다. 그래서 제 평생을 바쳐 사람들에게 그분을 전하는 것이지요. 우리 중에 정말 무죄한 사람은 아무도 없고 모두 죄를 지었습니다. 사람이 구원을 확신할 수 있는 유일한 길은 그리스도를 통해 용서를 받아들이는 것입니다. 감사하게도 누구나 받아들일 마음만 있으면 그 용서를 받을 수 있지요.

하지만 사람이 얼마나 알아야 구원받을 수 있을까요?" 그가 물었다. "어떤 사람이 죽기 직전에 하나님을 부르며 자비를 구한다면 그분이 들으실까요? 자신이 아는 최선의 방법으로 유일하신 참 하나님께 손을 내민다면 그분이 응답하실까요? 그리스도가 십자가에서 이루신 일을 떠나서는 아무도 구원받을 수 없지만, 사람이 하나님을 얼마나 알아야 하나님이 충분히 반응하실지는 오직 하나님만이 아십니다. 성경이 보증하듯이 결국 하나님은 정의를 행하십니다.[23] 저는 그것을 더할 나위 없이 확신합니다."

나는 그에게 캄보디아의 민심은 어떠냐고 물었다. 국민들도 그 승려의 말에 동의할까, 아니면 심지어 도이크도 구제받을 수 있다고 믿을까?

"많은 사람이 그의 굳센 믿음을 전해 듣고 '하나님이 한 인생을 어떻게 변화시킬 수 있는지 보라'고 말합니다." 라펠이 대답했다. "그들은 자신의 죄를 시인하며 겸손히 용서를 구하는 그의 모습에 놀랐습니다. 그래서 이렇게 말하지요. '저 기독교인들을 보라. 그들은 용서하는데 우리는 왜 그럴 수 없는가?' 저는 결국 이 일이 캄보디아 교회에 도움이 될 거라고 생각합니다. 하나님이 지금 많은 사람의 마음과 생각을 열어 예수님이 사랑이시며 치유와 희망을 가져다주실 분임을 보게 하십니다. 그게 아주 중요합니다."

그의 말이 이어졌다. "불교에는 은혜가 없기 때문입니다. 수많은 캄보디아인이 증오와 분노를 어떻게 풀어야 할지 몰라 속에 억누르고 있는데, 언젠가 그것이 또 하나의 폭력으로 분출할지도 모릅니다. 캄보디아인들이 도이크의 이야기를 통해 용서를 배울 수 있다면, 어쩌면 그 악순환이 끊어질 수도 있습니다. 그것이 은혜 외에 무엇으로 가능하겠습니까? 살상의 들판인 킬링 필드를 추수의 들판으로 바꾸는 것이야말로 정말 하나님다우신 일이 아닐까요?"

6.

은혜,
누군가의 삶을 실제로 살리는 것

"그녀는 단순한 포옹으로 하나님 은혜를 표현했다.
그 순간 내 마음속에 영적인 일이 벌어졌다."

은혜란 하나님의 사랑을 더 받기 위해
할 수 있는 일이 아무것도 없다는 뜻이다. …
또 무엇으로도 하나님의 사랑을
약화시킬 수 없다는 뜻이다.
- 필립 얀시[1]

그는 라스베이거스의 한 피자집 뒤쪽에서 먹다 만 닭 날개 튀김이나 빵 부스러기를 찾아 쓰레기통을 뒤지고 있었다. 그때 갑자기 자신의 절망스러운 처지가 쇠망치처럼 머리를 쿵하고 때렸다.

'결국 이거구나. 나는 쓰레기통이나 뒤지고 더러운 데서 자고 있구나. 이렇게 더럽고 냄새나는 몸으로 굶어 죽을 지경인데, 빠져나갈 길이 없다니. 오, 하나님, 미래도 없고 희망도 없습니다. 제게 왜 이러시는 겁니까?' 그는 쓰레기 더미에 주저앉아 흐느끼기 시작했다. 눈물이 하염없이 흘렀다.

"그때 총이 있었다면 입에 넣고 방아쇠를 당겼을 겁니다." 코디 허프가 내게 말했다. "정말 그랬을 겁니다. 저는 이미 모든 것을 잃은 데다 중독자였고 교도소까지 들락거렸으니까요. 기피 대상인 노숙인으로 살다 보니 자존감이라는 건 손톱만큼도 남지 않더군요. 저 자신이 싫었고, 제 인생도 싫었고, 하나님도 싫었습니다."

조용히 고백하는 그의 눈에 눈물이 고였다. "그날 저는 밑바닥까지 떨어졌습니다. 더는 내려갈 데가 없었지요." 그는 뒷주머니에서 손수건을 꺼냈다. "너무 배고프고, 기진맥진하고, 절망적이고, 부끄러웠습니다. 아무것도 남은 게 없었어요. 그런 기분을 아십니까? 제겐 아무것도 없었고, 저는 아무것도 아니었습니다."

코디는 사정없이 파멸로 치닫고 있었다. 그는 강도, 마약 밀매인, 화폐 위조범, 사기꾼이었다. 주먹에 맞고 총격을 당하고 칼에 찔렸다. 돈방석에 앉았다가 필로폰과 헤로인으로 다 날려 버렸다.

곤두박질치던 그의 삶이 마침내 어느 순간에 이르렀다. 아니, 아까 그 순간은 아니다. 쓰레기 더미에서 통곡하던 그때는 아니다. 그때가 끝인 줄 알았는데, 알고 보니 그렇지 않았다.

뜻밖에도 아직 은혜의 경험이 남아 있었다. 짤막하고 자연스러운 그 사건을 통해 나는 다른 사람들에게 은혜를 퍼뜨리는 법에 대한 통찰을 얻었다.

검투사
양성소 ----------

뻣뻣한 흰머리에 턱수염을 기르고 팔뚝에 문신을 새긴 코디는 내 맞은편 팔걸이 없는 푹신한 의자에 앉아 있었다. 얼굴에는 세월의 모진 풍상이 고스란히 드러났고, 예전에 깡패들이 불시에 덮쳐 목에 발길질을 한 후유증으로 간혹 목에서 쉿소리가 났다. 어느 모로 보나 예순의 나이보다 더 들어 보였다. 하지만 말투는 겸손했고 마음은 온유했다. 그가 고통스러우리만치 솔직하게 들려준 삶은 지옥으로 치닫는 하나의 길고 무서운 내리막길이었다.

"아버지요? 아니요, 저는 지금도 제 아버지를 모릅니다. 아버지는 열아홉 살 때 제 어머니를 임신시켰어요. 어머니는 그때 열네 살이었지요. 주변에서 결혼을 강권하자 아버지는 꽁무니를 감추어 버렸습니다." 코디가 말했다.

"그 뒤로 연락된 적이 있습니까?" 내가 공책 위로 펜을 들고 물었다.

"세월이 흐른 후에 제 쪽에서 전화를 걸었습니다. 제 소식이 궁금했던 적이 있느냐고 물었더니 '아니, 별로' 그러더군요." 코디가 대답했다.

코디의 어머니는 학교를 중퇴하고 새크라멘토 북쪽의 소읍에서 웨이트리스로 일하다가 은행 직원이 되었다. 코디는 자신이 당한 신체적 학대에 대해서는 말을 꺼렸다. 다만 혼돈과 상처로 얼룩진 삶에서 도피하고 싶어서 열두 살 때부터 대마초를 피웠다고 했다. 이듬해에 그는 샌프란시스코로 도망가 낡은 빅토리아식 주택에서 히피들과 함께 살았다.

"그렇게 열세 살의 나이에 길거리에서 지하신문을 팔아 식비와 마약값을 냈습니다. 그 집에서 생활한 사람은 대략 14-18명이었는데, 집안에는 진짜 환각제가 있었습니다. 제가 그동안 환각제를 복용한 게 아마 200번은 될 겁니다."

넉 달 후에 그는 당국에 발각되어 처음으로 소년원에서 복역했다. 출소한 지 얼마 되지 않은 때에, 처음으로 중범죄인 뺑소니 차 사고로 체포되어 캘리포니아 청소년 감화원에 수감됐다. 그곳은 사실상의 청소년 구치소였다. 그때 그의 나이 열다섯이었다.

"우리는 그곳을 '검투사 양성소'라고 불렀어요. 실제로 쓰레기통 뚜껑과 각목이 지급되었고 자기 몸은 자기가 지켜야 했으니까요." 그가 말했다. "싸우는 법, 마약 제조법, 마약을 파는 법을 다 거기서 배웠습니다. 범죄자를 양성하는 학교였지요. 저는 배우는 게 무척 빨랐어요. 1년 후에 출소해서는 거기서 배운 걸 다 써먹었습니다."

헤어날 수 없는 죄의 늪 ——————

머잖아 코디는 불법 마약 거래로 번창하는 사업가가 되었다.

"코카인, 환각제, 대마초 등 좋은 제품에다 고객 서비스도 탁월

했습니다. 공급 루트를 통해 솔레다드 교도소의 재소자들에게도 마약을 팔았지요. 일주일 수입이 금세 수천 달러가 됐어요. 그 돈으로 몬트레이 근교의 바닷가에 살면서 늘 파티와 록 콘서트를 즐겼지요. 사고 싶은 것은 언제라도 무엇이든 다 샀습니다. 그러다 제가 아주 어리석은 짓을 했어요. 제 팔에 주삿바늘을 꽂은 겁니다."

"헤로인이었나요?"

"예, 6개월도 못 되어 하루에 열 봉지씩 맞았습니다. 헤로인을 하다 보면 결국 음식이나 잠잘 곳 따위는 안중에도 없어집니다. 그저 약 생각뿐이지요. 그때부터 제 전 재산을 팔아 약을 사다가 머잖아 빈털터리가 됐죠. 결국에는 강도와 절도에도 손을 댔습니다. 매춘부들과 짜고서 그들이 망을 보는 사이에 그들의 고객을 덮쳐 돈을 털었지요. 한번은 어느 호텔의 만능열쇠를 입수해서 텔레비전 40대를 훔쳤어요. 그런데 체포될 때 제 뒷주머니에서 피하 주삿바늘과 헤로인이 나오는 바람에 구치소에서 1년을 살았습니다."

그래도 최소한 강제로라도 마약은 끊었겠다는 생각이 들었다. "그래서 마약을 끊고 나왔습니까?"

"예, 그랬지요. 그런데 제가 저지른 일 때문에 몬트레이 사람 절반은 저를 죽이고 싶어 한다는 게 피부로 느껴지더군요. 그래서 달랑 옷가지 몇 개만 싸들고 샌디에이고로 향했습니다."

"성실하게 살기로 마음먹은 거로군요?"

"천만에요. 주택가에 들어가 강도질을 시작했습니다. 이번에도 꽤 성공했어요. 2년 동안 계속하면서도 잡히지 않았거든요. 그때는 마약도 조금만 했고 헤로인은 끊었기 때문에 일주일이나 한 달에 한 집만 털어도 돈이 충분했습니다. 그런데 누가 해변의 어느 집에서 창문을 넘어가는 저를 보고 경찰에 신고하는 바람에 다 끝났지요. 밖으로 나오자마자 체포됐습니다. 전과가 있으니 판사가 1년에서 15년 정도의 징역형을 선고하더군요."

"선고를 받았을 때 어떤 생각이 들던가요?"

코디는 입술을 오므렸다. "1년일 수도 있는데, 그 생각은 어디로 가고 15년에만 집착하게 되더군요. '출소하면 마흔이구나. 늙어서 나오겠구나!' 그런 생각이 들었지요. 이튿날 아침에 수갑과 족쇄가 채워진 채로 교도소 버스를 타고 치노의 캘리포니아주립교도소로 이송되었습니다. 전 그때도 아직 어렸어요. 소년원과 구치소에는 가봤지만 교도소는 처음이었지요. 제 평생 가장 무서운 곳이었습니다. 다행히 암흑가의 인맥들이 보호해 준 덕분에 지내기는 괜찮았어요."

1년 만에 석방된 그는 샌디에이고로 돌아가 사설 간호사로 일하는 한 여자와 동거했다. 어느 날 그녀가 "코디, 당신도 간호학교에 다니면 어때요?" 하고 권했다. 놀랍게도 그는 그대로 따랐고, 그리하여 고등학교를 중퇴한 중범죄 전과자가 용케 공인 간호사가 되었다.

신기하게도 코디는 굳이 신원 조회를 하지 않는 어느 일류 병원에 채용됐고, 그때부터 이후의 고용주들은 그의 이력서에 의문을 달지 않았다. 간호사 경력이 만능 통행증이 된 것이다.

4년 동안 그는 정식 직장에서 간호사로 일했다. 그러다 그 여자와 헤어졌다. "마음이 심란할 때마다 옛 친구인 헤로인을 다시 찾았습니다." 그가 말했다. "감정을 주체할 수 없더군요. 아무래도 다시 시작해야겠다 싶어 새로운 곳으로 간 게 라스베이거스였습니다."

"라스베이거스로요? 정말입니까?"

"예, 이번에도 미련한 결정이었죠." 그가 말했다. "마약과 파티를 끊으려면 거기야말로 갈 데가 아닌데 말입니다."

"그곳에서 맞은 첫날에 대해 말씀해 주시지요."

"술집에 앉아 있는데 맥주를 마시던 한 사내가 저더러 라스베이거스에서 뭘 하느냐고 묻더군요. 그가 근사해 보여서 제가 그랬지요. '저는 그동안 마약을 너무 많이 했습니다. 솔직히 지금도 속이 메스꺼워요.' 그가 나아지고 싶으냐고 묻기에 제가 '누구 아는 사람이라도 있나요?' 했더니 그는 '아는 사람이요? 내가 그 사람이오!' 그러더군요.

함께 두 블록을 걸어가서 그가 내게 헤로인을 팔았습니다. 그렇게 시작된 또 하나의 내리막길은 정말 지독했습니다. 마약과 파티가 다시 시작됐고, 간호사 일로 모아 둔 돈도 흥청망청 썼지요. 3개월 만에 돈이 떨어졌습니다."

그때부터 코디는 말 그대로 돈을 만드는 법을 배웠다. "화폐를 위조하는 패거리에 들어간 겁니다." 그가 설명했다. "1달러짜리 은전을 납으로 만들었어요. 정말로 진품과 구별이 안 됩니다. 수없이 만들어서 슬롯머신에 썼습니다. 그렇게 가짜 돈을 진짜 돈으로 바꾸어 마약을 샀지요. 어쨌거나 제 습관을 채워야 했으니까요."

2년 뒤부터 FBI와 경찰과 네바다 주 도박 당국이 코디를 추적했다. 온 도시에 그의 사진이 나붙었다. 어차피 체포되는 건 시간문제인 터라 코디는 자수했다. 이번에도 1년간 구치소에 수감되었다.

코디는 한숨을 내쉬며 이렇게 말했다. "정말 끝이 없더군요. 모든 것을 얻었다가 전부 잃고, 마약을 끊었다가 다시 중독되고, 정식 직장에서 간호사로 일하다가 다시 범죄에 빠지기를 되풀이했으니까요. 철창 안에서 옥살이한 것만 해도 총 8년입니다. 리, 8년이면 긴 세월입니다. 그 정도면 누구나 심장이 변하지요. 심장이 가죽처럼 질겨집니다."

비참한 노숙인 생활

다시 출옥한 코디는 숙식을 제공받는 조건으로 어느 80세 할머니의 입주 간병인으로 일하게 되었다. 그간의 삶에 질려 버린 그에게 이 일은 성실하게 살아갈 좋은 기회였다. 곧 그는 할머니의 식사를 요리하고, 집을 청소하고, 잔디를 깎고, 할머니를 병원에 모시고 다녔다. 마약도 끊었다. 할머니는 그에게 월급까지 주었다.

"시간이 가면서 그분이 제 할머니처럼 여겨졌습니다." 그가 말했다. "저한테는 한 번도 가정이 없었잖아요. 사랑받는다는 게 뭔지도 몰랐고요. 할머니에게 제 과거를 다 털어놓고 나서 말했지요. '그러니까 미미 할머니, 할머니가 지금 이런 사람을 상대하고 있는 거예요.' 알고 보니 미미 할머니는 그리스도인이었습니다. 제게 이렇게 말씀해 주셨어요. '너 그거 아니? 하나님은 이미 너를 용서하셨다. 그리고 나도 너를 용서했단다.'"

미미 할머니의 격려를 받을수록 그는 더 할머니를 섬기고 싶었다. 코디는 할머니의 간병인인 동시에 대리 손자였다. 쉬는 날이면 코디는 낚시하던 취미를 살려 수지맞는 부업에 나섰다. 전문 농어 낚시 대회에서 번번이 우승해서 은행 잔고가 두둑이 쌓였다. 난생처음 그의 삶이 건강해진 듯했다. 그런데 미미 할머니가 기질성 뇌증후군에 걸리더니 급격히 상태가 악화되기 시작했다.

"저는 사랑하는 미미 할머니가 정신을 잃어 가는 모습을 지켜봐야 했습니다. 감당할 수가 없더군요. 물론 제가 더 강했어야 했어요. 하지만 환자를 그토록 사랑한 건 처음이었기 때문에 어찌해야 좋을지 몰랐습니다.

하루는 친구네 집에 있는데 그가 파이프에 불을 붙여 코카인을 피우는 겁니다. 저도 한 대 달라고 했더니 친구가 저를 보며 하는 말이 '너는 이런 걸 피우면 안 돼' 그러더군요. 그래서 '아니, 나도 피우고 싶다'고 했지요. 머잖아 저는 매일 밤 거액의 돈을 날려 가며 코카인을 피웠습니다. 헤로인보다 더 지독하더군요. 그러다 미미 할머니가 돌아가셨습니다. 정말 감정을 주체할 수 없었어요. 아무 생각 없이 그저 여자와 코카인에 빠져 지냈습니다."

저축해 둔 돈이 18개월 만에 모두 바닥나자 코디는 집에서 쫓겨났다. 라스베이거스의 모래투성이 길거리에서 1년 가까이 보낸 노숙인 생활은 그렇게 시작되었다. 화려한 불빛의 중심가와는 거리가 먼 곳이었다.

"갈 데도, 돈도 없는 마약 중독자 신세니 앞길이 막막했지요." 그가 회상했다. "노숙인으로 살아가는 법조차 몰랐습니다. 배낭에 바지와 티셔츠, 스웨터, 양말, 칫솔, 치약 따위를 쟁여 넣으면서 침낭은 챙길 생각조차 못했으니까요.

첫날에는 돌아다니면서 노숙인들을 인터뷰했습니다. 이런 식으로 말했지요. '제 이름은 코디인데 처음으로 노숙인이 되었습니다. 몇 가지만 물어봐도 될까요? 몸은 어디서 씻고 화장실은 어디로 갑니까? 시내의 어디쯤에 있는 게 제일 좋습니까? 먹는 건 어떻게 해결하나요?'

첫날 밤은 공터의 흙바닥에서 잤는데 아침에 깨 보니 정말 배가 고팠습니다. 어떤 남자에게 다가가 말했지요. '선생님, 햄버거라도 사 먹게 몇 달러만 주시겠습니까? 어제부터 아무것도 먹지 못했거든요.' 그 말끝에 불쑥 울음이 터져 나오지 뭡니까. 그 사람이 '가서 취직이나 해!' 그러기에 저는 욕을 퍼부었습니다.

너무 구차해서 차마 구걸은 더 못하겠더군요. 그래서 어떻게든 몇 달러를 긁어모아 유리창 닦는 세제를 한 병 샀습니다. 그러고는 쇼핑센터로 차를 몰고 들어가는 사람들에게 말했지요. '차 유리창을 닦아 드릴까요?' 얼마냐고 물으면 그냥 기부나 해 달라고 했습니다. 노숙인으로 지내는 동안 그렇게 먹고살았습니다."

"하루 일과가 어땠습니까?"

"사흘 연속 쉬지 않고 밤낮으로 완전히 일에 매달렸지요. 그러면 주머니에 돈이 40-50달러쯤 생깁니다. 그것을 가지고 버스를 타고 코카인 밀매인들이 모여 있는 프리몬트가로 가서 50달러어치 코카인을 샀습니다."

"그걸 피우는 데 얼마나 걸리던가요?"

그는 어깨를 으쓱해 보였다. "10분이면 끝나지요."

"그럼 그다음은 어떻게 합니까?"

"다시 버스를 타고 다른 쇼핑센터로 가서 사흘 연속 일합니다. 그러고 나면 녹초가 되어 공원에서 잠들곤 했지요. 파리 떼가 제 몸을 뒤덮어도 알 바 없었습니다. 가끔씩 어느 천주교 신부님이 그곳의 노숙인들에게 샌드위치를 가져다줬습니다. 밤 11시가 되어 공원마저 문을 닫으면 노숙인들은 전부 경찰서 뒤편의 흙바닥으로 옮겨 갔습니다. 그때쯤에는 제게도 쓰레기통에서 주운 담요와 홑이불이 있었지요."

머잖아 그는 밑바닥까지 떨어졌다. 피자집 뒤쪽에서 뭐라도 먹을 만한 것을 찾아 쓰레기통을 뒤지던 때가 바로 그때였다. 걷잡을 수 없는 절망에서 헤어날 길이 없어 보였다.

"거기 앉아서 그냥 울고 또 울었습니다. 노숙인들은 집이 없는 것만도 서러운데 자존감과 자존심마저 조금씩 잃어 갑니다. 세상의 냉대 앞에서 자신이 하찮게 느껴집니다. 그저 죽고 싶을 뿐이지요."

무관심한 사람들

"도움을 구해 본 적이 있습니까?" 내가 물었다.

"예, 한번은 관청의 정신 건강 부서에 찾아가 '저는 제정신이 아닙니다. 도움이 필요합니다' 그랬더니 그들이 그러더군요. '당신 같은 마약 중독자한테는 아무것도 해 줄 게 없으니 돌아가요!'

일자리도 구하려 했습니다. 면도하고 깨끗한 티셔츠를 입고 공원 화장실에 가서 대충 목욕도 했지요. 개들에게 쓸 물을 받는 호스가 있는데 그것으로 머리를 감았습니다. 그래도 꼴사나워 보이기는 마찬가지였지만요.

아무 업소에나 들어가 이렇게 말했습니다. '정말 정직하게 일하겠습니다. 노숙인이라 먹을 게 없습니다. 페인트칠, 청소, 설거지, 세차, 잡초 뽑기 등 무슨 일이든 시켜만 주십시오.' 그러면 사람들은 그러지요. '뭔 시답잖은 소리야! 경찰 부르기 전에 썩 나가!'

노숙인 생활의 마지막 4-5개월 때쯤에는 그냥 자포자기하는 지경에 이르렀습니다. 이가 빠지든 악취가 나든 알 바 없었지요. 몸무게가 60킬로그램으로 확 줄었습니다. 셔츠를 벗으면 갈비뼈를 셀 수 있을 정도였으니까요. 바지허리가 30인치였는데 그나마 흘러내리지 않도록 신발 끈으로 고리와 고리 사이를 묶어야 했습니다. 무단 횡단, 부랑죄, 공공장소에서의 코카인 흡연, 불법 침입 등으로 체포되는 일은 다반사였습니다."

"사람들은 당신을 어떻게 대하던가요?"

"끔찍했지요. 제가 길을 건너고 있으면 어떤 차들은 마치 저를 치려는 듯이 속도를 높였습니다."

"정말입니까?"

"그럼요, 흔히들 개 취급당한다는 표현을 쓰지요? 그런데 사실은 개들이 노숙인보다 훨씬 나은 대우를 받습니다. 사람이 길거리에 누운 채로 죽어도 누구도 눈 하나 까딱하지 않습니다. 그때 그 심정을 지금도 잊지 못하지요. 사람들은 정말 무관심합니다."

그동안 노숙인들과 마주칠 때 내가 보였던 태도에 죄책감이 들었다.

"밤에는 어땠습니까?"

"겨울이면 한기가 뼛속까지 파고들었지요. 눈은 오지 않았지만 가끔 찬비가 내렸어요. 비가 오면 쓰레기통에서 주운 담요와 페인트공들이 쓰는 비닐 조각으로 몸과 소지품을 젖지 않게 하려 했습니다. 비를 피해 노숙인 보호소를 찾아간 적도 있지만 정말이지 그들도 우리를 대할 때 별로 나을 게 없었어요. 여름에는 폭염으로 기온이 40도까지 올라가 밤에도 땀투성이가 되었지요. 참 고달팠습니다."

"너그러운 사람들도 있었나요?"

"가끔씩 있었죠. 한번은 어느 식품점 주차장에 있는데 한 여자가 빨간색 차를 몰고 들어오더군요. 저는 다리가 멀쩡했지만 차 유리창을 닦을 때는 일부러 다리를 절었습니다. 그래서 절름절름 그 차 옆으로 가서 '실례합니다, 사모님. 유리창을 닦아 드릴까요?' 했더니 그녀가 그러더군요. '음, 방금 막 세부 세차를 해서 그건 필요 없는데요. 하지만 배고프세요?' 저는 쫄쫄 굶었다고 말했지요.

그녀는 지갑에 손을 넣어 어느 햄버거 가게의 5달러짜리 상품권을 꺼냈습니다. 가뭄의 단비 같았다고 할까요. 가서 햄버거 두 개와 감자튀김과 음료수를 사 먹었지요. 상품권 잔액이 딱 12센트 남더군요. 정말 좋았습니다.

몇 달째 샤워도 하지 않고 옷도 날마다 똑같은 것만 입었더니 제 몸에서는 악취가 났습니다. 냄새가 어찌나 고약했던지, 밤에 공터로 돌아올 때면 다른 노숙인들이 10미터 거리에서도 제 냄새를 맡을 정도였어요. 그들은 제게 소리를 질러 댔습니다. '코디, 너 냄새 지독하다!' '코디, 깨끗한 옷 좀 구해 입어!' '코디, 목욕 좀 해라!'

결국 제 옆의 한 남자가 제게 센트럴크리스천교회를 알려 주었습니다."

이름이 낯익은 교회였다. "그 교회 목사가 저드 윌하이트 아닙니까?" 내가 물었다.

"맞습니다. 그 교회는 노숙인들이 가서 샤워하고 면도하고 깨끗한 옷도 받고 아침도 먹고, 원한다면 예배도 드릴 수 있는 곳이었습니다. 예배만 빼면 다 제 귀에 솔깃하더군요. 그래서 마침 일요일인 이튿날에 그 남자와 함께 가기로 했습니다. 우리는 새벽 4시에 일어나 거기까지 11킬로미터를 걸어갔습니다."

"식사와 옷을 보니 과연 수고한 보람이 있던가요?"

코디는 싱긋 웃으며 말했다. "그렇고말고요. 하지만 단지 식사와 옷 때문만은 아니었습니다. 그날로 제 인생이 바뀌었으니까요."

사랑이 담긴
은혜의 몸짓 하나 ----------

코디는 헨더슨 근교에서 번쩍이는 대형 교회인 센트럴크리스천교회의 위층에서 기다리고 있었다. 손에는 자신의 샤워 순번이 적혀 있는 번호표가 들려 있었다. 남자 노숙인 여럿이 모여 있었으므로 자기만 튀어 보인다는 느낌은 없었다. 탁자에는 공짜로 제공되는 다과가 있었다.

그때 코디의 눈에 띄지 않게 미셸이라는 자원봉사자가 들어왔다. 미셸은 실내를 둘러보더니 그에게 다가와 말했다. "선생님?"

코디가 돌아보니 미셸이 그의 눈을 똑바로 보고 있었다.

"선생님, 안아 드려도 될까요?" 그녀의 말은 그뿐이었다.

코디는 어안이 벙벙했다. 안아 준다고? 그는 삐쩍 마른 데다 머리는 헝클어지고 수염이 텁수룩하고 옷은 더럽게 때에 절어 있고 치아는 썩은 노숙인이었다. 그런데 안아 준다니? 그는 고개를 저으며 말했다. "사모님, 저는 샤워를 하지 않은 지 석 달이나 돼서 냄새가 지독합니다."

미셸은 미소 띤 얼굴로 "저한테는 냄새가 안 나는데요"라고 말한 뒤 두 팔로 그를 끌어안았다. 그러고는 다시 그의 눈을 보며 말했.

"예수님이 당신을 사랑하신다는 것을 아시나요?"

코디는 이런 생각이 들었다. '예수님이 나를 사랑하실 수가 없지. 나는 노숙인인데. 예수님은 나를 사랑하실 수 없어. 나는 마약 중독자잖아. 나쁜 사람이라고.'

"예수님은 당신을 사랑하십니다." 그녀가 다시 말했다.

하나님이 포옹이라는 단순한 몸짓을 통해 이루실 수 있는 일은 무엇일까? 예수님이 당신을 사랑하신다는 그 한마디 말이 잃어버린 영혼 하나를 구속(救贖)하기에 충분할까? 애초부터 비뚤어진 길을 사랑의 표현 하나가 얼마나 곧게 할 수 있을까?

그 순간 곧바로 코디 허프의 내면에 뭔가 영적인 불꽃이 튀었다. 오랜 세월이 지난 지금도 그 얘기만 하려면 그의 목소리가 갈라진다.

"정말 그 순간이 제 인생의 전환점이 되었습니다." 그가 내게 말했다. "마치 예수님을 직접 만나는 것 같았지요. 그것은 사랑, 순전한 사랑이었습니다. 그녀는 제 겉모습이나 냄새 따위에 개의치 않았어요. 마치 예수님이 친히 제 앞에 서서 '코디야, 내가 너를 사랑한단다'라고 말씀하시는 것 같았습니다.

제 인생에서 그 시절이야말로 제가 가장 사랑받을 만하지 못한 때였습니다. 저는 누구에게나 기피 대상이었고 수렁에서 헤어날 가망이 없었지요. 악취가 워낙 심해 다른 노숙인들마저 제 옆에 있으려 하지 않았습니다. 그런데 그녀가 나타나 그렇게 단순히 하나님의 은혜를 표현한 겁니다. 그때 제 마음속에 뭔가 일이 벌어졌습니다."

"그게 무엇이었습니까?"

코디는 잠시 옆으로 눈길을 돌려 생각을 가다듬은 뒤 다시 나를 보았다. 뭔가 말하려다 잠시 멈추더니 드디어 입을 열었다. "리, 솔직히 저도 모르겠습니다. 영적인 순간이었다는 말밖에 하지 못하겠습니다. 한 번의 포옹이었지만 그 이상이었어요. 포옹에 담겨 있는 메시지는 사랑이었습니다. '저는 당신을 받아들입니다. 당신을 아낍니다. 당신은 제게 중요한 사람입니다. 가치 있고 소중한 존재입니다. 존엄성을 지닌 인간입니다.'

누군가가 제 생사를 걱정해 준 건 실로 오랜만이었습니다. 저 자신도 자포자기했으니까요. 마약도 그래서 계속했던 것 같아요. 매번 약에 취해 심장이 멎어 버리기를 바랐던 것이지요.

그러던 차에 그 포옹을 받은 겁니다. 그 포옹이 모든 걸 바꿔 놓았지요." 그는 손가락을 마주쳐 딱 소리를 내며 말했다.

흙바닥에 머리를 대고 마음을 쏟아 놓다 ――――――

그날 코디는 센트럴크리스천교회에서 몸을 씻고, 새 옷을 입고, 아침도 잘 먹은 다음 성경 공부에 참석했다.

"당장 뭔가가 달라졌습니다." 그가 내게 말했다. "전등 스위치를 올린 것처럼 말이지요. 예수님에 대해 들을수록 더 듣고 싶었습니다. 그때 미셸이 예배드리러 가고 싶으냐고 묻기에 제가 그랬습니다. '그러죠 뭐. 하지만 제가 가면 건물이 무너질지도 모릅니다!'

예배드리러 가서 누구의 눈에도 띄지 않게 위층 맨 뒷줄의 어둑한 곳에 앉았습니다. 저드 목사님이 앞에 서서 그런 말을 하시더군요. 아이들이 교회에서 연주하는 음악이 너무 시끄럽다고 일부 할머니들이 불평을 했답니다. 그 일에 대해 저드 목사님은 이렇게 말씀하셨습니다. '제 생각이 어떤지 말씀드릴까요? 우리 아이들이 음악을 연주하며 예수님을 예배한다면 저는 얼마든지 시끄러워도 좋습니다!' 그때 이런 생각이 들었습니다. '좋다, 여기는 나한테 맞는 교회다!'"

그날부터 예수님을 향한 코디의 갈망은 채워질 줄 몰랐다. 그는 터벅터벅 걸어 교회에 다녔다. 마약도 점차 줄였고 교회에서 노숙인에게 베푸는 도움도 받았다. 이 모든 것은 3주 후, 그의 집인 공원에서 절정에 이르렀다.

"저는 정말 성경 지식이 없었습니다. 하나님이 저를 사랑하시고, 예수님이 저를 위해 죽으셨고, 제가 죄인이지만 예수님 덕분에 용서받을 길이 있다는 정도만 알았지요. 정말 용서받고 싶었습니다." 그가 내게 말했다.

"기도할 줄도 몰랐어요. 그냥 무릎 꿇고 얼굴을 흙바닥에 대고 아기처럼 울부짖으며 마음을 쏟아 놓았습니다. '하나님, 저는 너무 지쳤습니다. 마약에 질렸어요. 제발 마약을 끊게 해 주세요. 저 스스로 운전대에 앉아 늘 정면충돌로 치닫고 있는 것만 같습니다. 하나님이 운전해 주시면 안 될까요? 그동안 잘못 살아서 죄송합니다. 제 인생을 하나님께 바치고 싶습니다. 하나님, 제발 저를 새사람이 되게 해 주세요.'

얼마 동안 기도했는지도 모릅니다. 10분이나 15분쯤 됐을까요. 마침내 '아멘' 하는 순간 평생 몰랐던 놀라운 평안이 밀려왔습니다. 바다에서 서핑할 때 쫘 하고 덮쳐 오는 파도처럼 말이지요. 처음으로 제 자신이 깨끗하게 느껴졌습니다. 앞으로 모든 일이 어떻게 될지는 몰랐지만, 바로 그 순간부터 하나님이 마약에 대한 욕구를 없애 주셨습니다."

"누구나 그렇게 되는 건 아닌데요." 내가 말했다.

"맞습니다. 대부분 길고 지루한 씨름이지요. 그런데 제 경우에는 모든 것이 당장 변하기 시작했습니다. 사실 그날 밤에 공터에서 40명쯤 자고 있었는데, 그전에는 아무도 제게 마약을 공짜로 주지 않더니 하필 그날따라 사람들이 자꾸 저를 깨우며 코카인 파이프를 내미는 겁니다. 제일 친한 친구가 '자 여기, 10달러나 들인 거야' 하기에 제가 그랬지요. '스티브, 저리 가. 난 끊었어. 손 뗐다고. 이봐, 내 인생을 예수 그리스도께 넘겨 드렸거든.' 그랬더니 그가 '그게 무슨 소리야, 코디' 하기에 제가 다시 그랬습니다. '나도 다는 모르지만 이제 나는 그분 거야. 이제 다시는 이런 거 안 해.'

3주 후에 세례를 받았습니다. 많은 사람 앞에 서자니 두려워 죽겠더군요. 다행히 미셸이 곁을 지켜 주었습니다. 미셸이 그러더군요. '코디, 무슨 일이 있어도 당신이 세례 받는 걸 안 볼 수는 없지요.'

매주 성경 공부에 참석하고 예배도 꼬박꼬박 드렸습니다. 성경을 아무리 배워도 갈급한 마음이 들더군요. 예수님에 대해 아는 게 정말 많지 않았지만 그때부터 누구에게나 그분 얘기를 했습니다. 포켓용 성경책을 들고 우리 공터에서 어설프게나마 성경 공부도 인도했을 정도니까요."

코디는 교회의 자원봉사자가 되었다. 요리를 맡은 남자가 그에게 점심때 먹으라며 큼지막한 샌드위치를 만들어 주곤 했다. 코디가 "이렇게 많이 다 못 먹어요"라고 말하면 그는 비닐 랩을 주면서 "그럼 뒀다가 저녁때 드시면 되지요"라고 대답했다. 머잖아 코디는 교회에서 아는 사람을 통해 일자리와 거처를 얻었다. 오랜만에 돈벌이가 되는 직장을 얻어 자립한 것이다.

코디는 계속 교회의 노숙인 사역에서 섬겼다. 한번은 다리 밑에 사는 노숙인 무리에게 음식을 나눠 주는데 낯익은 자원봉사자 한 명이 코디의 눈에 띄었다. 전에 어디선가 본 얼굴이었다. '어디였더라? 아, 그렇지!' 그녀는 그가 노숙인이었을 때 빨간색 차를 타고 와서 햄버거 가게 상품권을 준 여자였다.

그는 자기를 소개한 뒤 그간의 이야기를 들려주었다. "죄송해요. 상품권을 워낙 많이 나눠 주다 보니 당신을 기억하지 못해요. 하지만 이제 그리스도인이 되셨다니 정말 기쁩니다!"

'참 좋은 여자다.' 코디는 그런 생각이 들었다. 그녀의 이름은 헤더였다.

새로운 삶이
펼쳐지다 ----------

코디에게 그 일이 있은 지 8년 후, 라스베이거스로 출장을 간 나는 화창한 봄날 저녁에 마이런 E. 리비트공원의 커다란 정자 밑에 모여든 남녀 노숙인들 수십 명을 바라보고 있었다. 꾀죄죄한 몰골에 다리가 부러진 한 남자는 친구가 미는 쇼핑 카트를 타고 도착했다. 숯불을 피운 석쇠에서는 참석할 사람들에게 먹일 닭고기를 굽느라 연기가 피어올랐다.

좌중의 시선은 티셔츠와 청바지 차림의 열정적인 흰머리 사내에게 일제히 고정되어 있었다. 그는 한 손에 성경책을 들고 다른 한 손으로 저만치 먼 곳을 가리켜 보이며 입을 열었다.

"한때 저는 여기서 멀지 않은 흙바닥에서 잤습니다. 그런데 어떤 여자분이 저를 안아 주면서 예수님이 저를 사랑하신다고 말해 줬습니다. 저기 뒤쪽에 그분이 앉아 계십니다. 제게는 은혜의 순간이었지요. 친구 여러분, 지금까지 여러분이 어떻게 살아왔든 관계없습니다. 예수님이 여러분을 품에 안아 주십니다. 그 여자분이 저를 안아 주었듯이 예수님이 여러분을 안아 주십니다. 특히 예수님은 절대로 여러분을 놓지 않으십니다."

코디 허프는 현재 안수받은 사역자로 라스베이거스의 호프교회에서 섬기고 있으며 담임목사 밴스 피트먼이 그의 멘토다. 코디는 라스베이거스의 노숙인들에게 음식과 거처를 제공하는 브로큰체인스라는 사역 기관에서 자원봉사 책임자로 일하며 끝없는 에너지를 쏟고 있다.[2] 수많은 교회와 현지 사업체가 이 기관을 후원하고 있는데, 그중 한 소매업자는 전에 자기네 주차장의 부랑자였던 코디를 경찰에 신고한 사람이다. 시장(市長)도 코디에게 빈민에 대한 조언을 구한다. 과거 코디가 공원에서 노숙할 때는 경찰들이 그를 애먹이곤 했는데, 이제는 그가 경찰 훈련소에 강사로 초빙되고 있다.

요즘도 코디는 바로 그 공원에서 브로큰체인스의 정기 행사들을 통해 무료 식사와 음악과 영적 격려를 제공한다. 집게를 들고 닭고기를 굽는 저 여자는 누구일까? 빨간색 차를 타고 왔던 헤더다. 그녀는 이제 코디의 아내다.

그날 저녁 코디가 자신의 이야기를 나눈 뒤에 노숙인 무리는 줄을 서서 헤더가 퍼 주는 저녁 식사를 받았다. 중간에 나는 피크닉 탁자 사이에 서서 코디와 담소할 기회가 있었는데, 그는 게걸스레 음식을 먹는 손님들을 흡족한 눈빛으로 바라보았다.

코디가 싱긋 웃으며 내게 말했다. "사실은 흙바닥에 무릎 꿇던 그날 제가 예수님께 이런 기도를 드렸어요. 평생 이 공원에 있으라고 하실지라도 주님을 따르겠다고 말입니다. 그게 그분의 계획인 줄 어찌 알았겠습니까."

이들은 주님의 사람들이다. 사회 부적응자, 코카인 중독자, 술고래, 면도하지 않고 씻지도 않은 갈 데 없는 실직자로 이루어진, 주님의 회중이다. 그날 밤 코디는 틀림없이 그들을 모두 안아 주었을 것이다.

나는 천천히 미셸이 있는 쪽으로 갔다. 조그만 은색 십자가 목걸이를 한 그녀는 뒤쪽에 서서 모든 것을 흐뭇하게 바라보고 있었다.

"코디를 포옹해 주던 날 이런 결과가 오리라는 걸 예상하셨습니까?" 내가 물었다.

그녀는 살포시 미소를 지었다. "아니요, 누가 이런 걸 예견할 수 있었겠어요?"

"그러면 그때 왜 그러셨던 건가요? 코디가 더럽고 냄새나는 노숙인이었을 때 왜 그를 안아 주셨나요?"

그녀는 세상에 이렇게 미련한 질문도 있느냐는 듯한 눈초리로 나를 보았다. 어쩌면 정말 가장 미련한 질문인지도 몰랐다. "그에게 포옹이 필요해 보였으니까요." 그녀가 대답했다. "예수님이라도 그렇게 하시지 않았을까요?"

두말할 것도 없다. 하지만 나는 어떤가? 나라면 그 옛날의 코디와 악수를 나누거나 그를 덥석 끌어안거나 하다못해 등이라도 두드려 줬을까? 일부러 기회를 만들어 그에게 예수님에 대해 말해 줬을까? 그에게서 구속(救贖)과 변화의 가능성을 보았을까? 그를 당연히 존엄성 있는 존재로 대했을까?

잠시 그런 질문을 생각해 보니 대답이 궁색했다. 여태까지 나는 길거리에서 코디 같은 사람과 마주쳤을 때 상대를 사랑해야 할 인격체로 보기보다는 해결해야 할 문제로 생각한 적이 얼마나 많았던가? 얼마나 자주 은혜를 거두었던가?

나는 미셸의 곁을 떠나면서 정자 밑의 무리를 둘러보았다. 다리에 깁스를 하고 쇼핑 카트를 타고 온 젊은 남자에게 다가가기로 했다. 그는 바깥쪽 언저리에 혼자 앉아 있었다.

"제 이름은 리 스트로벨이라고 합니다. 이름이 어떻게 되시죠?" 내가 말했다.

그의 눈꺼풀이 아래로 처졌다. "다들 스파이더라고 부릅니다." 목도 쉬어 있었다.

나는 주춤주춤 그의 어깨에 팔을 두르며 말했다. "어, 스파이더. 당신의 이야기를 듣고 싶군요. 듣고 나서 저도 제 인생을 바꾸어 놓은 한 친구에 대해 말하겠습니다. 그분의 이름은 예수님인데, 그분이 당신을 사랑하십니다."

7.

은 혜,
용서 못할 누군가를 용서하게 하는 것

"죄의 결과는 결코 덮을 수 없다. 그럼에도 하나님은
가장 뼈아픈 죄까지도 구속하시고, 그 일을 선하게 쓰신다."

은혜로 살려면 내 인생 이야기의
밝은 면과 어두운 면을 전부 인정해야 한다.
그늘진 면을 인정할 때 내가 누구이며
하나님의 은혜가 어떤 의미인지 알게 된다.
- 브레넌 매닝[1]

그는 신학교를 졸업했고, 어느 기도 사역 기관의 지도자를 지냈고, 인기 있는 강사였고, 유년기의 애인과 결혼했고, 세 자녀를 두었고, 성장하는 교회의 담임목사였다. 그리고 내 친구다. 그런 그가 이제 강단에 홀로 서서 어둠이 드리운 얼굴들을 바라보며 자신이 그토록 사랑하는 교회에서 사임할 것을 발표하고 있었다.

"저는 간음으로 혼인 서약을 어겼습니다." 그가 망연자실한 회중에게 말했다. "하나님과 가족과 여러분에게 죄를 지었습니다. 제 죄를 회개합니다. 그리고 여러분의 용서를 구합니다. 예수님은 여러분을 실망시키지 않으시지만, 저는 이렇게 실망시켰습니다."

브래드 미첼은 강단을 내려가 뒷문으로 나가서 차를 몰고 아내 하이디에게 갔다. 그가 다음 예배 시간에 똑같은 고백을 되풀이할 때까지 둘은 내내 함께 울었다. 그들의 인생에서 단연 최악의 시기였다.

불행히도 부부간의 부정(不貞)은 흔한 일이다. 한쪽이나 양쪽 모두 신체적 또는 정서적으로 외도한 적이 있다고 답하는 부부가 전체의 41퍼센트에 달한다.[2] 배우자를 배신했다가 강단을 떠나야 했던 종교 지도자들의 기사가 지난 세월 신문에 비참할 정도로 꾸준히 대서특필되었다. 하지만 그중 설교자와 배우자가 겪는 한결같은 고통과 몸부림과 상실과 굴욕까지 말해 주는 기사는 별로 없다.

은혜라 했던가? 이 목사들은 그 주제를 수도 없이 입에 올렸다. 탕자의 이야기를 가르쳤고, 십자가의 신학을 설교했고, 그리스도인끼리 서로 은혜를 베풀어야 한다고 이야기했고, 하늘의 용서의 수문을 열고자 예수님이 치르신 값을 상징하는 빵과 포도주를 나누어 주었다. 하지만 갑자기 자신의 죄와 수치에 파묻히면 은혜가 한없이 막연하게 느껴질 수 있다.

아내는 결혼 서약을 짓밟고 공공연히 자신을 욕되게 한 남편에게 은혜를 베풀 수 있을까? 위선자로 드러난 남편은 끝내 자신을 용서하는 자리에 이를 수 있을까? 자신을 용서하는 일이야말로 어쩌면 은혜에서 가장 어려운 부분인지도 모른다.

결코 남의 얘기만은 아니므로 우리라고 괜히 우쭐할 것도 없다. 사실 우리도 저마다 이 두 가지 문제, 우리 마음에 이래저래 상처를 입힌 가장 가까운 사람들(내 경우는 아버지)을 용서하는 문제, 그리고 결코 넘지 않기로 맹세한 도덕적 선(線)을 넘은 자신에게 느끼는 죄책감의 문제로 어느 정도 힘들어하지 않는가? 우리를 실망시킨 기독교 지도자들에게 돌을 던지고 싶지만, 과연 우리 중에 누가 먼저 돌을 던질 수 있겠는가?

브래드, 하이디 부부와 함께 우리 집 거실에 앉아 있는데 그런 생각이 내 머릿속을 훑고 지나갔다. 그들은 소파에 둘이 나란히 앉았다. 나는 브래드를 20년도 넘게 알고 지냈다. 그는 늘 더없이 올곧은 사람이었고, 믿음이 반석처럼 견고했고, 성경을 열정적으로 전했고, 앞장서서 사람들을 위해 기도하며 그들에게 격려를 베풀었고, 언제나 진정성과 일관성을 보여 주었고, 항상 정직했다.

부정(不貞)이나 불명예나 도덕적 실패 따위는 내 친구에게 전혀 어울리지 않는 말이었다. 그의 외도 소식과 그로 인해 붕괴된 삶은 그래서 더 충격적이었다. '다른 사람은 다 몰라도 브래드만은 아니지'라고 생각했었다. 그런 그가 이렇게 하이디와 함께 앉아 때로 울먹여 가며 자신의 사역과 결혼 생활이 통제 불능으로 치달았던 사연을 솔직히 털어놓았다. 아울러 하나님과 아내와 자신에게서 은혜를 찾고자 그동안 걸어온 과정도 함께 들려주었다.

그들은 이상적인 부부처럼 보인다. 깎아 놓은 듯 잘생긴 브래드는 가끔 모델로도 활동했고, 금발머리를 어깨까지 늘어뜨린 하이디는 예쁘고 표현력이 뛰어나다.

결혼 생활을 파경으로 몰고 간 브래드의 무분별한 행동을 비롯해서 그들이 자신의 사생활을 시시콜콜 드러내기란 쉽지 않았다. 그러나 다른 사람들에게 도움이 된다면 그런 고통을 감수할 가치가 있다는 데 둘의 생각이 일치했다.

나중에 알았지만 그들이 유독 괴로웠던 대목을 말했을 때, (이때 내가 잠시 방을 비웠다) 브래드는 몸을 옆으로 기울여 작은 소리로 "정말 미안하오"라고 말했다. 그의 말투 속에 모든 것이 들어 있었다. '당신이 겪어야 할 일이 전혀 아닌데…'라는 그의 마음이.

하이디는 "다 지난 일이에요"라고 대답했다. 그러나 그 순간에 이르기까지의 여정은 멀고 험난하고 불확실했다.

함께 가는 길

브래드와 하이디의 연애는 아주 특이했다. 브래드가 하이디를 처음 만난 것은 초등학교 6학년 때 교회 예배를 마친 후였다. 그는 두 살 어린 그녀에게 즉시 '비호감 하이디'라는 별명을 붙여 주었다.

하이디는 브래드의 여동생과 제일 친한 친구였으므로 브래드가 노스다코타 주에 살던 2년 반 동안 늘 그의 집에 놀러 갔다. 브래드는 그들을 짓궂게 괴롭히며 놀렸다. 인디애나폴리스로 브래드의 집이 이사한 뒤로 그는 하이디를 금방 잊었다.

그러던 중 브래드가 열여섯 살 때 하이디가 그의 여동생을 보러 인디애나 주에 놀러 왔다. 두 소녀가 방에서 킬킬 웃고 있을 때 브래드가 창고 일을 마치고 집에 들어왔다. 그가 아래층 의자에 앉아 스포츠 기사를 읽고 있는데 하이디가 거실을 휩쓸며 나타났다. 어느새 열네 살이 된 그녀는 귀엽고 앳된 얼굴에 금발머리가 찰랑거렸다.

"안녕, 브래드." 그녀가 무뚝뚝하게 말했다.

브래드는 그녀를 힐끗 보았다. "안녕, 하이디." 입에서 나온 말은 태연했지만 속으로는 동요했다. '세상에! 와, 저렇게 예뻐지다니!'

홀딱 반한 브래드는 얼마 후에 하이디에게 자신이 풋볼을 하는 사진을 보여 주었다. 그녀가 방을 나가기 전에 그는 그녀에게 키스했다. 그리고 그 주말이 끝나기 전에 그녀에게 프러포즈까지 했고 그녀는 수락했다. 둘은 아직 16세와 14세였고 하이디는 너무 어려 아버지가 데이트를 허락할 나이도 아니었다. 하지만 이미 서로의 마음속에서 그들은 미래의 남편과 아내였다.

브래드는 그때를 돌아보며 말했다. "그녀는 제 이상형이었습니다. 그래서 확실히 붙잡아야겠다고 생각했어요."

하이디는 이렇게 회상했다. "어차피 언젠가는 결혼하고 싶었는데 갑자기 내 눈앞에 흠잡을 데 없는 남자가 나타난 거예요. 중학교 때 샌님이었던 그가 고등학교에서 풋볼 선수로 변해 있더군요. 구레

나룻도 멋있고요. 그래서 생각했죠. '잘됐다! 우리 둘이 약혼하면 되겠네. 아빠한테는 알리지 않아도 돼.'"

그들은 세부 계획을 짰다. 앞으로 다른 사람들과도 데이트해 보기로 한 것은 순전히 자기들이 서로 맞는 짝임을 확인하기 위해서였다. 똑같은 성경 공부 교재로 공부하면서 각자 어떻게 영적으로 성장하고 있는지 편지로 나누기로 했다. 똑같은 기독교 대학에 진학하기로 했다. 결혼은 그가 졸업한 후에 하기로 했고, 그는 변호사가 되거나 돈 잘 버는 다른 전문직에 종사하기로 했다.

놀랍게도 모든 게 계획대로 되었으나 그들이 예견하지 못한 하나의 반전이 있었다. 브래드는 휘튼대학 중창단원으로 유럽을 여행하던 중에 성령의 감화를 느꼈다. 웅장한 성당을 보노라니 빼어난 건축미와 영적 껍데기가 함께 보였다. 유서 깊고 아름다운 그 예배당이 한때는 예배자들로 북적거렸을 것이다.

그는 생각에 잠겼다. '미국도 불과 한두 세대만 지나면 이렇게 될 것이다. 가만히 보고만 있을 수 없다. 우리가 최선을 다해 하나님의 교회를 세워야 한다.'

사역의 성공 가도를 달리다

목회학 석사 학위를 받고 장기간 인턴으로 섬긴 뒤에 브래드는 미네소타 주 어느 교회의 담임

목사로 지명되었다. 당시에는 교인이 많지 않아 여섯 가정뿐이었다. 그러나 브래드의 흡인력 있는 설교와 친근한 스타일도 일부 작용해서 몇 년 새에 400명 이상으로 성장했다.

"저는 예수님과 사랑에 빠지는 사람들을 보는 게 참 좋았습니다." 그가 말했다. "그분의 임재를 즐거워하며 믿음 안에서 자라가는 그들을 보노라면 감격스러워요." 브래드의 임기 중에 교회의 여러 사역을 통해 그리스도를 믿은 사람만 500명이나 됐다.

이렇게 그가 성공하자 훨씬 조건이 좋은 자리에 문이 열렸다. 미국에서 꽤 크고 혁신적인 교회 중 한 곳에서 남성 스포츠와 기도 사역의 책임자로 섬기게 된 것이다. 브래드는 그 도전적인 고위 직분도 거뜬히 감당해 냈다. 하이디와의 결혼 생활도 좋았고 어느새 자녀도 셋이나 두었다.

"그때의 우리 결혼 생활에 점수를 준다면 80점이 좀 안 될 거예요." 하이디가 말했다.

브래드도 고개를 끄덕이며 말했다. "그쯤 될 겁니다. 우리는 행복했지만 제가 매달 두세 번씩 주말마다 강연 출장을 다니는 바람에 스트레스가 가중되었지요. 갈등을 해결하는 방법도 서로 달랐습니다. 아내가 화평하게 하는 사람(peacemaker)이라면 전 그저 평화를 유지(peacekeeper)하려 했으니까요."

"그 둘이 어떻게 다릅니까?"

"우리는 경쟁심이 강하고 뭐든 터놓고 말하는 성격이에요." 하이디가 설명했다. "갈등이 생기면 토론과 언쟁을 벌이죠. 저는 그걸 좋다고 생각했어요. 문제가 해결돼서 결과가 더 나아지니까요. 적어도 그때는 그런 줄로 알았죠. 저도 속으로 꽁하지 않았고 남편도 그랬던 것 같아요."

"반면에 저는 갈등을 피하려 했습니다." 브래드가 덧붙였다. "평화를 유지하려고 결국 제 감정을 억누른 거지요. 겉으로는 다 해결된 척했지만 사실은 가면을 쓰고 분노를 억압했습니다. 그러다 나중에 그것이 사소한 일로 터지곤 했지요."

몇 년 후에 브래드는 미시간 주 어느 교회의 담임목사가 되었다. 이번에도 하나님이 그의 수고에 복을 주시는 것 같았다. 성장이 멈춘 지역사회에서 교인이 6년 만에 1,800명에서 4,000명으로 늘었다. 세례 받는 사람이 열 배로 급증했고 경기가 침체된 상황에서도 헌금이 두 배로 많아졌다. 소그룹에 속한 사람들의 수도 세 배로 뛰었다.

회중의 칭찬이 자자했으나 브래드와 교회의 일부 지도자들 사이에 긴장이 있었다. 교회의 성장은 조직에 문제를 야기했다. 브래드가 싹싹하고 격의 없는 스타일이다 보니 늘 틀에 박혀 있던 교회 문화도 그쪽으로 변해 갔다. 영적으로 방황하던 많은 사람이 처음으로 과감히 교회에 찾아와 예수님을 만났다. 교회의 일부 지도자들은 브래드에게 더 깊은 설교로 자신들을 채워 달라고 했으나 그는 새로 나온 사람들과 소통하면서 그리스도를 믿도록 인도하는 데 더 중점을 두었다.

"저는 사람들의 호감에 아주 민감합니다." 브래드가 말했다. "그런데 일부 지도자들이 저를 달가워하지 않은 겁니다. 그들에게 인정받거나 존중받는다는 느낌이 없었어요. 사실은 제 교만이었죠. C. S. 루이스는 '교만이라는 어미 닭 밑에서 다른 모든 죄가 부화한다' 라고 했지요. 저는 그들에게 분개해서 방어적인 태도를 취했습니다. 하나님의 주권을 신뢰하지 않은 겁니다. 제가 더 나은 대우를 받을 자격이 있다고 생각했거든요. 요나처럼 도피하여 달아나 버리고 싶더군요."

어떤 면에서 그는 그렇게 했다. 사우스캐롤라이나 주로 교회를 옮긴 것이다. 그곳은 현대식이었고 격식을 따지지 않았으며 스포츠 사역이 활성화되어 있었다. 교역자들도 훌륭했고 지도자들도 지원을 아끼지 않았다. 여러모로 그에게 훨씬 잘 맞는 곳이었다.

그러나 교회를 옮기는 과정에서 그들이 내린 결정 하나가 결국 그를 몰락시키는 씨앗이 되었다. 그때만 해도 브래드와 하이디는 그의 건강하지 못한 사고가 얼마나 심각한 것인지 몰랐다.

솔솔 풍겨 오는
유혹의 냄새 ————

당시 미시간 주의 주택 시장은 암울했다. 브래드와 하이디가 사우스캐롤라이나 주로 이사하려면 집을 팔아야 하는데 시간이 오래 걸릴 것 같았다. 게다가 전학하지 않고 고등학교를 졸업하고 싶다는 딸의 말도 일리가 있었다. 그래서 둘은 대책을 세웠다. 남편만 동부로 가고 아내는 미시간에 남기로 한 것이다. 대신 그가 매달 한 주씩 비행기로 집에 다녀가기로 했다.

"그런 식으로 하는 걸 더러 봤거든요." 브래드가 말했다. "우리도 1년 정도는 무엇이든 견딜 수 있으려니 했습니다."

하지만 그들에게는 그 방법이 통하지 않았다. 몇 달이 지나면서 부부 관계에 좌절과 긴장이 깊어졌다. 하이디는 용감한 척했지만, 사실 아르바이트를 하고 집안을 혼자 꾸리며 고달픈 편모의 삶을 이어갔다. 매달 한 번씩 그가 올 때를 제외하면 둘의 소통은 전화와 이메일과 인터넷 화상 채팅이 전부였다.

"좋은 교회에 가 있는데도 제 정서 상태는 여전히 좋지 못했습니다." 브래드가 회상했다. "그 모든 교만과 방어적인 태도와 원한이 계속 제 속에 똬리를 틀고 있었지요. 그러니까 권리 의식이 생기더군요. 아담과 하와도 에덴동산에서 권리 의식을 품지 않았습니까. 그들은 하나님이 자기들에게 뭔가 주지 않고 거두신다고 믿었고, 자기들이 더 나은 대우를 받을 자격이 있다고 생각했지요.

저도 인정받고 사랑받고 행복해질 자격이 있다고 생각했습니다. 하지만 하이디와의 사이에 소통이 없었지요. 우리는 문제를 바로바로 해결하는 사람들이니까 그때 아내에게 솔직히 말했어야 합니다. 그러면 뭔가 방도를 찾아낼 수 있었을 겁니다. 사실 유혹의 냄새가 처음 풍겨올 때 계속 킁킁거리며 냄새를 맡으면 결국 덥석 깨물게 되지요."

유혹은 미시간 주에 사는 한 유부녀의 이메일로 찾아왔다. 그녀는 신앙을 되찾는 데 도움이 필요하다고 했다. 브래드가 소속 교회의 목사에게 말하라고 권했으나 그녀는 브래드와 대화가 더 잘 통한다며 계속 도움을 청했다. 브래드로서야 사람들을 영적으로 돕는 일보다 더 마음이 동하는 일은 없었다.

둘은 이메일을 주고받았다. 그는 신앙 서적을 권해 주면서 그녀의 질문에 답했다. 그러다 전화 통화가 시작되었고 급기야 밀회를 나누기에 이르렀다.

"그때부터 외도가 시작된 건가요?" 내가 물었다.

브래드는 굳어진 얼굴로 말했다. "외도라고 하면 안 됩니다. 그러면 사소한 부주의라고 자기를 기만하게 됩니다. 죄의 무게가 줄어들고요. 사실대로 간음이라고 불러야 합니다."[3]

죄의 무게에
짓눌리다 _____

공책을 들고 의자에 앉은 나는 마치 상담사라도 된 것 같았다. 하이디가 줄곧 곁에 앉아 있는 상태에서 브래드는 자기 인생의 가장 흉한 시절을 털어놓았다. "전혀 의심이 들지 않으셨군요." 내가 그녀에게 말했다.

그녀의 목소리는 부드러웠다. "남편을 믿지 못할 이유가 없었으니까요."

"물론입니다." 브래드가 말했다. "아내는 제가 바람을 피우리라고는 꿈에도 생각하지 못했습니다."

그는 무겁게 한숨을 내쉬고 나서 말을 이었다. "처음 그 사람을 만나러 갈 때부터 제 스스로 발길을 돌려 반대쪽으로 도망가야 한다는 걸 알았습니다. 그런데도 일부러 밀어붙인 겁니다. 그럴 권리가 있다고 생각한 거지요. 저는 그 정도로 기만에 빠져 있었습니다. 설상가상으로 저는 하나님이 이 일 때문에 제 사역이 무너지게 하지 않으실 거라는 느낌이 있었습니다. 그러면 교회가 해를 입을 테니까요."

그는 넌더리를 내며 고개를 저었다. "제가 그런 생각을 했다는 게 믿기지가 않습니다! 제 죄를 하나님이 보호해 주실 거라고 믿다니요? 하나님은 업신여김을 받지 않으십니다. 성경에 보면 하나님이 아모리 족속의 죄를 벌하지 않으신 것은 아직 그들의 죄가 가득 차지 않았기 때문이지요. 때로 우리는 죄를 짓고도 자신이 무사한 줄 알지만 하나님은 기다리십니다. 우리 스스로 죄를 회개할 수도 있고, 아니면 죄가 가득 차서 그분의 징계를 받을 수도 있지요."

그 말이 브래드의 목에 걸렸다. 그는 애써 울음을 억눌렀다. "처음부터 이런 생각이 들었습니다. '내가 무슨 짓을 한 거지? 내 발로 어디까지 걸어 들어간 거지? 당장 그만둬야 한다. 더 깊어지면 안 된다.' 하지만 한편으로는 그만두고 싶지 않았습니다. 상대가 어떻게 나올지도 몰랐고요. 당장 관계를 끝내면 여자가 어떤 반응으로 어떤 행동에 나설지 몰랐습니다. 상대를 믿을 수 없었어요. 둘 다 자기중심적이고 기만에 빠져 있었으니까요. 우리는 속속들이 속이고 있었기 때문에 정말 서로를 신뢰할 수 없었습니다.

발각될 것을 생각하면 끔찍했습니다. 끔찍한 두려움이었지요! 설교할 때면 제가 위선자라고 느껴졌고 공허하게 흉내만 내는 것 같았습니다. 사실이 그랬죠. 제 사역에는 능력도, 성령의 기름 부음도 없었습니다."

하이디가 입을 열었다. "저까지 사우스캐롤라이나로 이사한 뒤, 교회에 가서 브래드가 설교하는 모습을 보는데 한번은 대뜸 이런 생각이 들더군요. '저 사람이 왜 저러지?' 아무런 에너지도 없고 열정도 없는 겁니다. 몸도 구부정하고요. 뭐 그냥 피곤해서 그런가 보다 했지요. 지금 와서 돌이켜 보면, 말 그대로 죄의 무게가 그를 짓눌렀다는 생각이 듭니다."

"그 말이 맞습니다. 수치심과 죄책감이 어찌나 무겁던지요." 브래드가 말했다. "설교하러 올라가기 전에 매번 하나님께 몽땅 자백했습니다. 끝없는 자백의 반복이었지요. 그래 놓고는 다시 위선의 삶으로 돌아갔습니다. 삶 속에서 하나님의 음성을 차단하다 보니 제 마음이 점차 무뎌지더군요."

간음은 석 달 동안 계속되었다. "중간에 관계를 끝내려고 적당한 시기를 보고 있었습니다. 가족들이 사우스캐롤라이나로 이사 오면 그때 정리해야겠다고 생각했지요."

하지만 결국 그의 죄가 가득 차서 들통이 났다. "그제야 그리스도인 상담사에게 전화를 했습니다. 그가 제게 그러더군요. '하이디에게 말해야 합니다. 말할 때는 짐을 꾸려 미리 차 안에 두십시오. 필시

아내가 떠나라고 할 테니까요.'"

"그 말을 듣고 어떤 생각이 들었습니까?"

브래드는 머뭇거리다 말했다. "그 말이 옳다는 생각이 들었습니다. 이제 나는 아내도 잃고 가정도 잃고 교회도 잃고 사역도 잃었구나 싶더군요. 모든 것을 다 잃은 거죠."

그는 감정을 억누르며 침을 꿀꺽 삼키고 나서 말했다. "해변에 앉아 대서양을 바라보던 게 기억났습니다. 그대로 바닷속으로 헤엄쳐 들어가 영영 돌아오지 않았으면 좋겠다는 생각만 들더군요."

죄의 처참한 결과

자살하려는 생각은 오래가지 않았다. "겁쟁이가 되고 싶지 않았습니다. 제가 저지른 일을 스스로 책임져야 했습니다." 그가 내게 말했다.

어느 날 저녁, 부부가 서로 침대 맞은편에 서 있을 때 그가 드디어 말했다. "당신에게 할 말이 있소."

"뭔데요?" 그녀가 물었다.

그는 쪼그려 앉아 침대 위로 몸을 수그렸다. "그동안 바람을 피웠소."

그녀의 입에서 처음 나온 말은 이거였다. "뭐라고요? 누구하고요?"

그 직후의 일은 기억이 희미했다. 하이디는 충격으로 구역질을 했고 나흘 동안 음식을 먹지 못했다. 혼란스러운 생각이 날것 그대로 홍수처럼 그녀에게 밀려들었다. '이 사람을 죽이고 나도 죽어야지. 그는 일자리를 잃을 거야. 모든 게 날아가겠지. 그럼 생활비는 어떻게 대지? 아이들은 어떡하고? 나는 어디로 가야 하나? 무엇을 해야 하나? 이제 어느 것 하나인들 그를 믿을 수 있을까? 오 하나님, 제게 하나님이 필요합니다. 이전 어느 때보다도 지금 필요합니다.'

그 순간을 회상하면서 하이디의 눈이 커졌다. "화가 머리끝까지 치밀고 혼란스럽고 두려웠어요. 그러면서도 이후의 일을 결정하려고 애썼어요. 우리의 미래가 끝났다는 걸 알았으니까요. 적어도 우리가 보는 관점에서는 끝난 거죠."

브래드는 짐을 꾸려 놓았으나 하이디는 그날 밤에 그를 내쫓지 않았다. 현실적인 이유에서였다. 그러지 않아도 수입이 급락할 판에 호텔 숙박비까지 치르고 싶지 않았던 것이다.

"분명히 그는 냉철하게 생각하지 못했어요. 저라도 정신을 차려야겠더군요." 하이디가 내게 말했다.

이틀 후에 브래드는 담임하던 교회의 지도자들과 만났다. 그는 사임했고 그 주 일요일에 회중 앞에서 그 사실을 알리는 불명예를 감당해야 했다. 사역자가 되려고 준비했던 오랜 세월과 그동안 강단에서 거두었던 성공이 모두 물거품이 되었다.

브래드는 아들과 두 딸에게도 고백해야 했다. 그들은 그 말을 듣고 망연자실했다. 그는 또 하이디의 부모님과 자신의 부모님에게도 말해야 했다. "오랜 세월 저를 무척 자랑스러워하셨기 때문에 그분들의 마음은 무너져 내렸습니다." 그가 말했다.

　브래드와 하이디는 갈 데도 없이 살던 집에서 나와야 했다. 결국 어느 노부부의 집 위층에 세를 들었다. 그들은 의료보험과 은퇴 적금을 잃었고 수입도 90퍼센트를 잃었다. 미시간에 있는 집의 대출금도 계속 갚아야 해서 결국은 손해를 보고 팔았다.

　그나마 하이디가 계속 직장에 나가 약간의 돈을 벌었다. 브래드는 신학 공부만 했던 터라 다른 직업에 필요한 기술이 거의 없었다. 결국 지방 텔레비전 방송국에 방송 시간을 파는 일로 취직했는데 수입이 어찌나 쥐꼬리만 하던지 어떤 주에는 차의 기름값과 전화비를 충당하기에도 부족했다. 그 기간을 통틀어 그는 자신의 혈장(血漿)을 110번이나 팔았다. 지금도 팔뚝에 흉터가 있다.

　"식품점의 초코바를 보면서 '저것 하나 살 돈도 없구나' 생각했던 적도 있습니다." 하이디가 말했다. 딸의 치열 교정비도 부모님이 나서서 할부금을 내 주셨다.

　"진짜 최악의 순간은 이거였어요." 하이디가 말했다. "제가 상담사에게 성병 검사를 꼭 받아야 되느냐고 물었더니 그가 '당연하지요' 그러는 거예요. 그래서 둘이 어느 병원에 갔습니다. 간호사에게 그 검사를 부탁하는데 어찌나 낯이 뜨겁던지요. 브래드에게 화가 치밀어 옆에 앉기도 싫었어요. 이런 생각이 들었죠. '나는 당신에게 정절을 지켰고 결혼할 때도 처녀의 몸이었는데, 이제 내가 HIV 검사까지 받아야 한다고?' 당혹스럽고 불공평하고…."

　그때 브래드가 끼어들었다. "제 죄가 몰고 온, 끔찍하고 굴욕적인 결과 중 하나였습니다."

하지만 내가 보니 하이디는 파산해 버린 삶을 되짚는 중에도 브래드의 손을 살며시 잡은 채로 있었다. 관계가 끝장날 뻔했던 그 위기가 그리 오래전의 일이 아닌데도, 나란히 앉은 그들에게서는 아무런 적의나 원한도 느낄 수 없었다. 어찌 된 일인지 그들은 수많은 난관에도 불구하고 부정(不貞)에서 화해로, 상처에서 치유로 옮겨 가 있었다. 그 내막을 알고 싶었다.

은혜를 받아들이고
남편을 용서한 하이디

브래드의 간음은 하이디에게 깊은 고통과 참담한 후유증을 안겨 주었지만, 그녀가 내게 분명히 밝혔듯이 온전한 용서를 향한 여정은 작은 한 걸음에서 시작됐다. 그것은 그녀의 의지적 결단이었고, 그 결단은 예수님과의 견고하고 생생한 관계에서 비롯되었다.

하이디는 늘 그리스도인의 신앙에서 용서가 선택 사항이 아니라 하나님이 반드시 요구하시는 것이라 배웠다. 상대의 잘못이 사소할 때는 그것을 받아들이기가 쉬웠지만 지금 그녀는 전에 없던 시험에 부닥쳐 있었다. 계속 구주와 동행할 것인가, 아니면 이 순간 자기 마음을 따를 것인가?

"제 결론은 그리스도인들이 용서하고 싶은 일과 용서하기 싫은 일을 자기 마음대로 골라서는 안 된다는 거였어요." 그녀가 말했다. "성경은 '주께서 너희를 용서하신 것 같이 너희도 그리하라'고 말합니다.[4] 거기에는 어떤 빠져나갈 구멍도 보이지 않았어요. 그리스도가 제 죄를 용서하신 것처럼 저도 브래드에게 은혜를 베풀어야 했습니다. 그렇지 않으면 원한이 저를 삼킬 텐데, 원한은 그리스도인의 영혼에 독이거든요. 우리가 계속 부부로 남게 될지는 저도 몰랐지만, 그를 용서해야 한다는 것만은 알았습니다."

"그러니까 용서는 순종의 문제였군요?" 내가 물었다.

"처음에는 그랬어요. 저는 그리스도를 따르기로 헌신한 사람이었고, 그건 힘들 때라고 예외일 수 없으니까요. 브래드와의 관계가 이미 틀어진 마당에 힘들다고 그분을 따르지 않아서 하나님과의 관계마저 나빠지게 하고 싶지 않았습니다."

"브래드를 용서하고 싶던가요?"

"아니요, 전혀 그렇지 않았어요. 제 상처가 너무 깊었어요. 그냥 용서하기로 결단한 겁니다. 용서 베푸는 쪽을 선택하면 감정은 결국 따라오려니 했어요. 어쩌면 따라올 수도 있다는 거죠. 어쨌든 은혜는 감정이기 전에 결단이니까요."

"꽤나 쉬운 것처럼 들리는군요."

"사실은 전혀 쉽지 않았어요. 브래드를 용서한다는 건 제게 정서적으로도, 정신적으로도, 신체적으로도, 관계적으로도 모두 고통스러운 일이었어요. 하지만 예수님이 저를 용서하시려고 십자가에서 당하신 고통에는 비할 바가 아니죠. 그리스도가 겪으신 일에 비추어 볼 때 어찌 제가 브래드에게 용서를 거둘 수 있겠습니까?"

"어떤 의미에서 용서는 브래드뿐 아니라 당신에게도 유익했군요." 내가 말했다.

"맞아요. 원한으로 속을 끓여 봐야 정서적으로, 영적으로, 신체적으로 제게 이롭지 않아요. 게다가 용서를 통해 우리가 남편과 아내로서 화해할 수 있는 가능성이 열렸어요. 가능성에 지나지 않았지만요."

어떤 사람들은 배우자의 외도에 대해 시시콜콜 듣는 걸 싫어한다. 지나치게 시각적인 이미지를 머릿속에 들여 놓고 싶지 않은 것이다. 하지만 꽤 이성적인 하이디로서는 브래드가 어떻게 잘못을 저질렀는지 정확히 아는 게 중요했다.

"제가 무엇을 용서하는지 알고 싶었어요." 그녀가 말했다. "무슨 일이 있었는지도 모르면서 어떻게 용서할 수 있겠어요? 6개월이나 6년 후에 뭔가 새로운 내용이 터져 나오는 것은 싫었습니다."

그리스도인 상담사와의 집중 치료를 통해, 그리고 밤에 둘이 한참씩 산책을 하면서, 하이디는 브래드에게서 지저분한 이야기의 전말을 캐냈다.

브래드가 말했다. "아내는 몇 번이나 제가 다 말했다고 생각했지만, 저는 자질구레한 부분을 숨겼습니다. 한꺼번에 다 쏟아 내면 아내가 떠나지 않을까 두려웠기 때문입니다."

"저는 자꾸 새로 놀라는 게 싫었어요." 하이디가 말했다. "당시에는 제 상처가 이미 너무 깊었기 때문에 얼마나 더 고통스럽든 크게 다를 바 없었거든요. '그냥 맨 밑바닥까지 가서 거기서부터 시작하자' 그런 생각이었죠."

나는 브래드에게 물었다. "다 털어놓고 나니 안도감이 들던가요?"

"창피했습니다." 그가 말했다. "자신의 죄가 드러나는 건 수치스러운 일이니까요."

고통의 18일 만에 브래드는 외도의 전말을 자세히 다 털어놓았다. "결국 전 하이디에게 용서를 두 번 구할 필요도 없었습니다." 그가 말했다. "예수님처럼 하이디도 딱 한 번에 용서해 주었으니까요."

물론 그녀는 순종하는 마음으로 용서의 말을 건넸고 당시로서는 최대한 진심이었다. 하지만 그를 향한 용서가 감정으로 느껴지는 데는 훨씬 더 긴 시간이 걸렸다.

"저는 여전히 화가 나 있었어요. 하지만 그리스도인의 삶을 사는 우리는 결코 감정에 전적으로 의지할 수는 없잖아요. 때로는 감정이 주님 앞에서 옳은 길을 가지 못하게 우리를 막기도 합니다. 제 마음속에 있는 용서와 제 감정이 서로 일치하게 해 달라고 하나님께 기도해야 했어요. 감정이 훨씬 오래 걸리더군요. 정말 긴 과정이었습니다."

또 그녀는 둘이 계속 부부로 남을 것인가의 문제에 직면했다. 브래드는 화해를 원했으므로 결혼 생활의 지속 여부는 하이디의 결단에 달려 있었다.

"회복은 사람마다 다른 것 같아요." 그녀가 말했다. "더는 같이 살 수 없는 부부들도 있습니다. 신뢰가 완전히 깨진 거죠. 함께 살든 이혼하든 이미 저는 오랜 세월을 브래드와 행복하게 보냈어요. 그는 여전히 우리 자녀들의 아버지였고 언젠가는 할아버지도 되겠죠. 어떤 식으로든 우리의 정신적 유산은 존재할 겁니다.

기본적으로 제게 필요한 것은 그가 다시는 그러지 않을 거라는 확신이었어요. 그가 상습범이 되어 2-3년 만에 이런 문제가 또 터지면 어떡합니까? 그때 가서 이혼하느니 차라리 지금 하는 게 낫겠죠. 부부 관계를 유지하기로 결정하는 데 두 달쯤 걸렸습니다."

"그렇게 결정한 계기가 무엇이었습니까?" 내가 물었다.

"브래드의 후회와 회개를 본 거죠. 그는 이 모든 일로 정말 마음이 깨져 있었어요. 덕분에 제 신뢰가 점차 되살아나더군요. 또 하나님이 이혼을 싫어하신다는 것도 알았고요. 갈라서는 건 제게 최후의 수단이었어요. 그래서 하나님께 기도했죠. '저를 도와주셔야 합니다. 제 마음과 생각을 빚어 주세요. 주께로 더 가까이 이끌어 주세요. 주님처럼 사랑하도록 도와주세요.'"

"그 기도에 응답해 주셨습니까?"

내가 그렇게 묻는 순간 하이디는 울음을 터뜨렸다. 브래드가 슬며시 어깨에 팔을 둘러 그녀를 안아 주었고, 그녀는 손수건으로 눈물을 찍어 냈다.

"물론이죠." 그녀가 흐느끼며 말했다. "그 이듬해에 제 영혼이 가장 크게 자랐습니다. 정말 굉장했어요. 삶을 바꾸어 놓는 교훈을 수없이 많이 배웠죠. 결혼에 대해서만이 아니라 하나님과 그분의 선하심, 신실하심, 은혜에 대해서 말입니다. 이 부분만은 무엇과도 바꾸고 싶지 않아요. 그 과정을 통과하지 않았다면 오늘의 저는 없을 겁니다. 자진해서 선택할 일은 아니지만, 하나님은 그 경험을 통해 저를 이전 어느 때보다도 그분께로 더 가까이 이끌어 주셨습니다.

하나님은 가장 절실히 필요할 때마다 수많은 방식으로 제게 희망을 주셨습니다. 이를테면 돈이 다 떨어졌을 때 퇴근길에 우체국에 들러 보면 친구가 보낸 격려 카드에 돈이 들어 있었죠. 또 제가 알던 사람들, 특히 훌륭하고 경건한 교회 지도자들이 자기도 20년 전에 똑같은 일을 겪었는데 하나님이 자신과 자신의 부부 관계를 치유해 주셨다고 제게 털어놓기도 했고요.

별의별 방법으로 하나님은 제게 그분이 곁에서 돌보심을, 또 그분이 치유와 화해의 하나님이심을 알려 주셨어요. 그 일을 저 혼자 겪을 필요가 없었던 거죠." 그녀가 말했다.

그녀는 브래드를 힐끗 보더니 다시 나를 마주 보며 말했다. "솔직히 저 혼자서는 해낼 수 없었을 거예요."

은혜를 받아들이고 자신을 용서한 브래드 ----------

브래드는 상한 심령으로 회개하며, 끝없이 후회하고 자책했다. 자신의 심각한 죄와 그것이 자신과 가정에 불러온 해로운 결과를 그는 냉철하게 직시했다. 그는 그리스도께 용서받았는가? 그렇다, 하나님의 은혜는 가장 극악한 죄까지도 덮기 때문이다. 그는 하이디에게 용서받았는가? 그렇다, 남편이 정절을 어겼음에도 불구하고 그녀가 그리스도의 가르침에 정절을 지켰기 때문이다.

하지만 브래드가 용서를 경험하고 수치와 자책에서 해방감을 느끼는 데까지 가기는 훨씬 어려웠다.

"사람은 자신의 잘못에 대한 모든 책임을 기꺼이 받아들이는 정도만큼만 하나님의 은혜를 경험할 수 있습니다." 브래드가 내게 말했다. "저도 변명하려면 할 수 있었을까요? 물론입니다. 제가 심히 고갈되어 있었고, 사람들이 저를 인정해 주지 않았고, 교회 사역에 스트레스가 많았고, 부부 관계가 원만하지 못했다는 식으로 말할 수 있었겠지요. 하지만 그보다 훨씬 열악한 환경 속에서도 끝까지 예수님께 충실했던 사람들도 있습니다.

그런데 저는 그러지 못하고 실패했습니다. 잘못된 길을 선택했습니다. 누구의 탓으로도 돌릴 수 없습니다. 아까 하이디가 그랬지요. 저를 온전히 용서하려면 제가 저지른 일을 자세히 알아야 했다고요. 저도 하나님의 온전한 용서를 느끼려면 제가 저지른 일을 철저히 책임져야 했습니다. 그래서 회중 앞에 서서 제 죄를 얼버무리지 않고 그대로 시인했던 거지요. 게다가 교인들에게는 저한테 직접 들어야 할 이유가 있었습니다. 그래야 쑥덕공론이나 편 가르기가 생기지 않을 테니까요. 교회에 그 이상 피해를 주고 싶지 않았습니다."

"수치에 파묻힌 삶에서 헤어나기가 힘들었습니까?"

그는 고개를 끄덕였다. "힘들다마다요. 수치는 제게 이렇게 말합니다. '너는 단지 죄를 지은 게 아니야. 넌 완전히 구제불능의 죄인이야. 영원히 쓸모없는 인간이지. 네 자아가 가망 없이 더럽혀졌어. 다시는 하나님이 너를 쓰실 수 없어.' 그런 감정이 치밀고 올라오는 건 막을 수가 없어요. 하지만 성경 말씀을 따라 그것을 의지적으로 처리할 수는 있습니다."

"어떻게 말입니까?"

"수치가 하나님에게서 오는 게 아님을 자꾸 되새깁니다. 제가 과거에 한 일은 죄였지만 지금의 제 자아는 그것으로 규정되지 않고 제 미래도 그것으로 규정되지 않습니다. 로마서 8장 1절에 '그러므로 이제 그리스도 예수 안에 있는 자에게는 결코 정죄함이 없나니'라고 했습니다.

슬퍼할 수는 있지만 그것은 수치가 아닙니다. 상실감이 들 수 있지만 그것도 수치는 아닙니다. 제 행동의 결과에 마음 아파할 수 있지만 그것도 수치는 아닙니다. 사실 저는 많은 사람에게 상처를 입혔고 그것을 되돌릴 수 없습니다. 후회할 수는 있지요. 지금도 후회하고 있고 앞으로도 그럴 겁니다. 하지만 수치를 느끼는 순간, 저는 그게 원수의 수작임을 압니다.

그리스도가 십자가에서 제 죗값을 다 치르셨습니다. 수치에 빠지는 건 예수님이 친히 지신 죄를 제가 도로 지는 것이지요. 그리스도가 다 이루신 일을 제가 축소하는 것입니다. 주님은 제가 형벌 속에 살아가기를 원하지 않으십니다. 주님이 제 죄의 형벌을 모두 당하셨기 때문이지요. 덕분에 저는 자유를 얻어 은혜 안에서 담대히 앞으로 나아갈 수 있습니다.

성경에 '만일 우리가 우리 죄를 자백하면 그는 미쁘시고 의로우사 우리 죄를 사하시며 우리를 모든 불의에서 깨끗하게 하실 것이요'라고 했지요.[5] 그런데 제가 수치를 짊어지고 산다면 그것은 제가 정말 깨끗해지지 않았고, 십자가는 실패작이며, 저를 위한 예수님의 희생이 부족하다는 말과도 같습니다.

저는 수치의 감정에서 벗어나 사실에 집중해야 합니다. 제가 정죄에서 해방되었고 그리스도 안에서 의롭고 깨끗하게 되었다는 사실을 붙드는 거지요. 수치심이 아니라 그런 사실에 의지하여 살고 싶습니다."

"그 모두는 사실입니다." 내가 말했다. "하지만 하나님이 그분의 자녀를 징계하시는 것도 사실이지요. 아담과 하와는 죄를 지은 후에 하나님을 피하여 숨으려 했는데 당신에게도 그런 유혹이 있었습니까?"

"예, 저도 한편으로는 달아나고 싶었습니다." 그가 대답했다. "하나님의 징계에 의식적으로 제 마음을 열어야 했습니다. 징계가 제 유익을 위한 것임을 알았으니까요. 히브리서 12장에 나와 있듯이 하나님의 징계는 우리 안에 거룩함과 의와 평강과 고침을 낳습니다.[6] 그 네 가지야말로 제게 절실히 필요한 것이었지요.

하나님의 징계를 피하려고 제 죄의 결과를 외면한다면 그것은 그분이 제 안에 이루시려는 일에 저항하는 것이지요. 제 죄를 직시해야만 하나님이 그것을 통해 저를 변화시키실 수 있습니다. 성경의 경고대로 하나님의 징계는 즐겁지 않지만, 결국 그분이 우리의 성품을 변화시키시는 것을 보면 징계에는 그만한 값어치가 있지요. 제 경우에도 그랬습니다."

"사람들을 피하는 부분은 어땠습니까? 창피함을 모면하려고 사람들을 멀리하고 싶은 마음이 있었습니까?"

"우리 둘 다 그런 충동과 싸웠습니다. 외부와의 교류를 끊는 편이 쉬웠을 겁니다. 사람이 고통스러울 때는 때로 남들을 상대할 정서적 에너지조차 없으니까요. 하지만 하이디와 저는 소그룹에 남아 있었고, 계속 교회에 나갔고, 그리스도인 친구들과의 관계를 유지했습니다. 그 기간에 우리는 교회의 최고의 모습을 보았습니다. 사람들은 우리와 함께 기도해 주고, 지혜를 나누어 주고, 감시해 주고, 격려해 주었습니다.

남침례교 주(州) 노회의 한 임원이 제게 전화해 준 일을 잊지 못합니다. 죄를 지었지만 하나님이 회복시키셔서 계속 사역에 써 주신 성경 인물의 명단을 그가 쭉 훑어 내려가는 겁니다."

브래드의 목소리가 떨리기 시작했다. "아, 얼마나 제게 꼭 필요한 말이던지요. 그는 제 안에 희망을 불어넣어 주었습니다. '하나님은 아주 크신 분이니까 어쩌면 내가 저지른 참극까지도 그분의 영광을 위해 써 주실지도 모른다'는 생각이 들었습니다."

치유하시는 하나님

저녁 식사를 하기 전에 브래드와 하이디가 잠시 자리를 떴다. 홀로 남은 나는 상상에 빠졌다. 창밖을 내다보니 소나무가 우리 집 뒷마당에 그늘을 드리우고 있었다. 문득 머릿속에 피크닉 장면이 그려졌다. 얼굴을 알아볼 수 없는 어떤 사람의 40번째 생일 파티였다. 성인이 된 자녀 두엇이 웃으며 집안 이야기를 나누고 있었다. 그중 하나의 품에 손자나 손녀가 안겨 있을지도 몰랐다.

생일이나 기념일만 되면 되살아나는 기억이 있다. 40년 전에 한 친구가 미주리대학교 캠퍼스에서 겁에 질린 얼굴로 나를 붙들어 세웠다. "내가 임신을 했는데 남자 친구가 떠나 버렸어. 어떻게 해야 되지? 리, 난 너의 조언을 믿어. 내가 어떻게 해야 되는지 말해 봐."

나는 아주 경박하고 주제넘은 답을 내놓았다. "글쎄, 아기가 너한테 방해가 된다면 없애 버려. 뉴욕에서는 낙태가 합법이야. 원한다면 내가 알아봐 줄게. 돈은 마련하면 되고. 별 문제 아니야."

10년 후에 그리스도인이 되었을 때, 나는 수없이 후회하며 내 죄를 십자가에 못 박아야 했다. 하나님의 은혜가 그 모두를 덮었음을 알지만, 브래드의 경우처럼 나 자신을 용서하는 일은 또 다른 문제였다. 다르게 대답했을 수도 있었다는 생각이 나를 괴롭혔다.

그 아이가 살아 있다면 어떻게 되었을까? 어떤 사람이 되었을까? 40번째 생일에 친구들과 가족들이 건배할 때, 그동안 그에게서

받은 복에 대해 어떤 이야기들이 오갔을까? 그 아이가 여자였다면 이미 어머니가 되어 더 많은 생명을 세상에 내보냈으리라.

세월이 가면서 나는 하나님의 온전한 용서를 자꾸 되새겼고, 그러면 어느 정도 도움이 됐다. 하지만 수치를 떨치기가 힘들었다. 그래서 결국 그 아이에게 편지를 쓰기로 했다. 나는 그에게 미안하다고, 다시 돌아가 그 일을 되돌릴 수 있으면 좋겠다고, 무엇보다 천국에서 그를 만날 날을 고대한다고 말했다.

그 편지가 어떻게 되었는지는 기억에 없다. 오랫동안 간직했는데 결국 없어졌다. 한편으로는 없어서 다행이다. 그리스도가 이미 나를 온전히 용서하셔서 마치 그런 일이 없었던 것처럼 대하신다. 그분의 은혜가 내 수치를 가져갔다. 그럼에도 내 죄는 시공을 넘어 메아리친다. 매번 생일 때가 가장 힘들다.

브래드의 외도, 아니 간음은 미래에 결과를 남길 것이다. 어쩌면 그의 교인 하나가 그의 실패에 환멸을 느껴 신앙을 버렸을지도 모른다. 분명히 죄의 결과는 결코 덮을 수 없다. 그럼에도 브래드의 말이 옳다. 하나님은 워낙 크신 분이라서 가장 뼈아픈 죄까지도 구속(救贖)하시고 그 일을 선하게 쓰신다.

하루는 브래드와 하이디가 상담을 받던 중에 상담사가 말했다. "당신들의 부부 관계는 이 일로 더 좋아질 것입니다."

브래드와 하이디는 웃었다.

그리고 상담사는 이 말을 덧붙였다. "언젠가 당신들은 이 일을 통해 다른 사람들을 도울 것입니다."

그들은 또 웃었다. 그리고 하이디가 이렇게 대답했다.

"우리가 남들 앞에서 이 일에 대해 얘기할 거라고 생각하신다면 당신은 완전히 틀렸습니다."

그러자 그가 대답했다. "두고 봐야겠지요."

우리가
도와드릴 수 있어요 ----------

어느 무더운 여름날, 오하이오 주 변두리에서 열린 기독교 음악 축제에 15,000명도 넘는 사람들이 참석했다. 막간에 수백 명의 사람이 여러 텐트에 몰려들어 다양한 주제의 강연을 들었다.

인근 교회의 신임 목사 부부가 그중 세 시간의 강의를 맡았는데, 그들은 사우스캐롤라이나에 2년 정도 있다가 이 지역으로 이사 온 사람들이었다. "부부 관계 바로 세우기"(Build Your Marriage)[7]라는 이름의 사역 기관을 통해 그들은 의사소통, 친밀함, 갈등 해결 등에 대해 강의했다. 그들의 행사에 으레 포함되는 간음이라는 주제가 하필 이번에는 일정에 없었다.

한 시간이 끝난 뒤 한 여자가 강사인 브래드와 하이디에게 다가왔다. 그녀의 남편도 쩔쩔매며 뒤따라왔다. "혹시 도움을 받을 수 있을까 해서요. 석 달 전에 남편이 외도 사실을 털어놓았어요. 우리한테 무슨 희망이 있을지 모르겠네요." 여자가 말했다.

하이디는 부드러운 연민의 마음을 감출 수 없었다.
"예, 우리가 도와드릴 수 있어요." 하이디가 힘주어 말했다.

8.

은혜,
회개를 통해 영혼에 불이 켜지는 것

"밑바닥이 드러난 내 인생에
은혜의 수문을 열어 준 것은 회개였다."

하나님의 광대하심을 보지 않고는,
그분의 은혜를 참으로 알 수 없다.
그분의 거룩하심 앞에 낮아지지 않고는,
그분의 사랑으로 높이 들릴 수 없다.
- 드류 다이크[1]

여러 해 전에 내 친구 마크 미텔버그와 나는 시카고 근교의 어느 소박한 식당에서 루이스 팔라우와 식사를 한 적이 있다. 루이스는 붙임성 좋고 지칠 줄 모르는, 열정적인 전도자다. 무지개송어 요리를 먹고 사과 파이를 기다리던 중이었다. 우리 사이에 앉아 있던 루이스는 갑자기 급한 충동에 사로잡힌 듯 두 손을 내밀어 우리 팔뚝을 꽉 잡았다. "이보게 친구들, 부탁이 하나 있네." 그가 아르헨티나 억양으로 말했다. "내 아들 앤드류를 위해 기도해 주게. 그가 주님을 멀리 떠나 있어서 걱정이 이만저만이 아니라네."

루이스의 말이 우리더러 당장 포크를 내려놓고 기도해 달라는 뜻인지 확실하지는 않았지만, 우리는 그렇게 했다. 자세한 내용을 묻는 게 조심스러워서 그냥 잠시 식사를 멈추고 하나님께 앤드류의 마음이 은혜 앞에 열리게 해 달라고 기도했다. 어찌 그러지 않을 수 있겠는가? 루이스의 얼굴에는 아버지로서의 절절한 애정이 서려 있었다. 여태까지 온 세상의 허다한 무리에게 예수님을 전한 그였지만, 이 한 사람 그의 아들이야말로 그가 가장 간절히 다가가고 싶은 영혼이었다.

앤드류는 루이스와 팻 팔라우 사이에 태어난 네 아들 중 셋째다. 초기에 루이스는 빌리 그레이엄의 통역을 맡았다가 나중에 그 세대의 유명한 전도자 중 하나가 되었다. 지금까지 그의 전도 축제와 저서와 라디오 프로그램을 접한 사람이 무려 75개국, 십억 명에 달한다.[2]

1966년 앤드류가 태어났을 때, 소아마비로 휠체어를 타고 지내던 앤드류의 외할머니가 사위 루이스에게 자연스럽게 예언을 했다. "루이스, 이 아이는 앞으로 전도자가 될 거라네." 예언적 선포인지 그냥 희망 사항인지는 아무도 모르지만, 그렇다고 외할머니가 평소에 극적인 발언을 하는 사람은 아니었다. 할머니의 말은 사람들에게 의미심장하게 기억되었다.

그러나 그 희망은 일찍부터 증발해 버렸다. 젊은 앤드류는 겉으로만 그리스도인인 척했을 뿐, 얄팍한 가면 밑에는 모든 영적인 것에 대한 냉담함이 고집스레 버티고 있었다.

앤드류는 예수님을 믿으라는 아버지의 애원에도 아랑곳하지 않고 자아의 제단에서 숭배하는 쪽을 택했다. 술과 마약에 빠져 이 여자 저 여자와 놀아나다 유수한 기독교 대학에서 쫓겨났다. 하는 일 없이 허송세월하며 매번 책임을 회피했고, 자기의 욕심을 채우기 위해 교묘한 거짓말과 속임수의 달인이 되었다. 그러니 그를 포기하는 게 쉬웠을 것이다. 하지만 루이스는 계속 기도했다.

나쁜 선택을 일삼던 하루하루

"저는 바보였습니다." 내가 루이스와 함께 그 즉석 기도를 한 지 20년도 더 지난 후에, 앤드류가 내게 말했다. "잠언에 미련한 사람들에 대한 말이 많이 나오잖아요. 그냥 쭉 훑어 내려가 보십시오. 그게 바로 제 모습이었습니다."

구약 잠언에 70번쯤 언급된 미련한 자의 모습은 정말 비참하고 한심하다. 미련한 자는 지혜와 훈계를 멸시하고, 안일에 빠지고, 부모를 근심하게 하고, 지식이 없고, 행악으로 낙을 삼고, 미련한 것을 전파하고, 교만하고, 속이고, 죄를 가벼이 여기고, 훈계를 업신여기고, 지혜로운 말을 비웃고, 스스로 높은 체한다.[3] 그리고 이 정도는 시작에 불과하다.

나는 그 많은 특성을 머릿속으로 곱씹어 본 후 앤드류에게 말했다. "아주 가혹한 내용도 있네요."

"아니, 정말입니다. 잠언에 나오는 바보가 바로 저였어요." 앤드류가 힘주어 말했다. "인생을 쉽게만 살려 했고, 인사불성이 될 때까지 술과 마약에 취해서 모든 기회를 날렸습니다. 나쁜 결정만 골라서 내렸죠. 그저 저밖에 몰랐어요. 무조건 즐기고, 여자들이나 쫓아다니고, 친구들과 파티하고, 사고를 쳤으니까요. 누가 제일 미친 짓을 하고 다음 날 웃을 수 있는지 경쟁을 벌인 겁니다. 그게 바보가 아니라면 도대체 어떤 사람이 바보겠어요?"

오리건 주의 포틀랜드공항에서 그리 멀지 않은 곳에 루이스 팔라우의 사역지가 있다. 우리는 집기도 없이 단출한 그곳 사무실에서 마주 앉았다. 앤드류는 10대 자녀를 둔 40대의 나이인데도 격의를 허물어뜨리는 젊은 인상이었다. 옆으로 빗어 넘긴 갈색 머리는 약간 덥수룩했고, 평상복 차림에 눈빛이 진지했다.

나는 자신에 대한 그의 거침없는 평가에 짐짓 놀랐다. 솔직히 그것은 젊은 날의 내 모습과도 많이 닮아 있었다. "무엇이 당신을 그렇게 몰아갔나요?" 내가 물었다. "집안에 위선이 있었습니까? 아버지가 당신을 경시하거나 학대하거나 마음에 상처를 입혔습니까?"

"아니요, 전혀 그렇지 않았어요. 누구의 탓도 아닙니다. 그저 제가 저 자신과 사랑에 빠졌던 겁니다. 멋있어지고 싶었어요. 그래야 괜찮은 패거리에 속해 모든 여자들과 괜찮은 사내들에게 받아들여질 테니까요. 이기적이고 제멋대로였습니다. 하나님께 화가 나서 그런 건 아니지만 반항심도 많았고요."

"기독교가 진리라고 생각했습니까?"

"좀 창피하지만, 아마도 진리일 거라고 생각하는 정도였죠. 어쨌거나 관심이 없었어요. 너무 죄에 빠져 있었습니다."

"그것을 부모에게 아주 잘 숨겼던 모양입니다." 내가 말했다.

"예, 저는 겉과 속이 아주 달랐어요. 겉으로는 우호적이고 사교적이고 긍정적인 행동을 보였지요. 맞는 말만 골라서 했고요. 필요하다면 거짓말을 해서라도 벌을 모면했습니다. 사실 훌륭한 전도자의 아들답게 매사에 그렇게 처신한 거죠. 교회 중고등부에 속해서 성경 구절을 암송하고 선교 대회에 참석하고 일요일마다 교회에도 나갔으니까요."

"교회에 대해서는 어떻게 생각했습니까?"

"좋아한 편입니다."

"정말요?"

"그럼요." 그가 대답했다. "사람들이 아주 친절했거든요. 게다가 제 파티 친구들은 대부분 교회에 다녔습니다. 저는 위선자라고 욕을 먹거나 부모님을 곤란하게 만들고 싶지 않았습니다. 그래서 그냥 기독교 세계 안에서 움직이려 한 거죠. 굉장히 모순처럼 들리겠지만, 가족과 타인에게 문제를 일으키고 싶지 않았던 마음은 정말 진심입니다. 그 역할을 아주 잘 해낸 거죠."

앤드류는 어렸을 때부터 남들의 시선을 끌고 호감을 사려고 비행에 손을 댔다. 처음에는 소소하게 기물을 파손하다가 점차 무모한 행동으로 이어졌다. 밤중에 고속도로에서 석유통에 불을 붙여 운전자들을 놀라게 했고, 학교 운동장에 화염병을 터뜨렸고, 크고 강력한 파이프 폭탄을 만들었다. 그다음은 도둑질과 음주였다. 앤드류는 친구들과 함께 동네 아무 집에 들어가 차고의 맥주와 진열장의 술을 훔쳤다. 100리터 쓰레기통에 '정글 주스'라는 독한 혼합주를 만들어서 파티에 쓰기도 했다.

다음엔 대마초에 빠졌다. "고등학교 시절에는 등굣길과 점심시간, 그리고 방과 후에 마약을 하곤 했습니다." 앤드류가 말했다. "기회만 있으면 파티를 벌였죠. 대개 부모님이 출타 중인 집에 가서 했습니다."

"걸린 적도 있습니까?"

"가끔 있었죠. 한번은 고등학교 때 애들하고 술을 먹고 운전하다가 어느 집 앞마당에 있는 차를 들이박았어요. 다들 도망갔지만 결국 걸려서 중죄에 해당하는 뺑소니 운전으로 딱지를 받았죠. 물론 나중에 해결됐습니다. 저는 대체로 교묘하게 문제를 빠져나갔어요. 걸리는 게 정말 싫었거든요. 걸리면 잠시 뉘우치는 모습을 보였지만, 걸리지 않으면 점점 더 대담해졌습니다."

고등학교를 마친 후 앤드류는 보수적이기로 유명한, 캘리포니아 남부의 바이올라대학교에 진학했다. "저는 남들의 시선에 굉장히 민감한 사람인데 갑자기 새로운 곳에 가니 저를 아는 사람이 아무도 없는 겁니다. '나는 정말 누구인가?' 그런 의문이 들더군요. 그런데 그 의문을 깊이 판 게 아니라 이미 알고 있는 방식으로 해결했습니다.

파티와 술이었죠."

 그는 1년쯤 버티다 학교 측으로부터 "다른 데서 성공을 추구하라"는 '권유'를 받았다. 그가 옮긴 오리건대학교 유진캠퍼스는 더 개방적인 곳이었다. 거기서 그는 영문학을 전공하면서 코카인과 환각성 마약에 손을 댔다.

 "그때쯤 저는 완전히 통제 불능이었습니다." 앤드류가 말했다. "옆에서 감시하는 사람이 없으니 극단으로 치달았죠. 여자들을 사귈 때도 조종과 기만을 일삼았습니다. 주말이면 친구들과 함께 바닷가의 한적한 모래 언덕에 나가 불을 피우고 음악을 틀어 놓고는 맥주를 마시고 환각제를 복용하며 밤을 보냈습니다. 결국 우리 동아리는 캠퍼스에서 쫓겨났어요. 동아리 회원의 낡은 폭스바겐 차에 저희가 불을 질렀거든요."

 학교 성적도 별로 나을 게 없었다. "저는 지성인으로 행세하기를 좋아했지만 사실은 천박했어요. 문학에 대한 지식도 무지한 사람을 속여 먹을 정도밖에 되지 않았습니다." 그가 말했다. "그때도 여전히 저 자신의 정체성에 대해 확신이 없었어요. 오랫동안 하도 많은 가면을 쓰고 살다 보니 거울 속의 제가 낯설게 느껴지더라고요."

 루이스는 악순환을 끊어 보려고 앤드류에게 학교를 그만두고 유럽에 가서 인생 경험이라도 쌓을 것을 권했다. 앤드류는 웨일스의 카디프에 있는 고급 의류점에서 일하다가 (휴가를 내서 여기저기 싸돌아다니며 인도 대마도 피우고 밀항도 했다) 나중에 북아일랜드로 옮겨 가구점에서 일했다.

아들아, 넌
하나님의 사람이 되려고 태어났다

"저는 삶의 방향을 잃었습니다." 앤드류가 말했다. "그래도 아버지는 끝까지 저를 놓지 않으셨어요. 어렸을 때는 저와 함께 산책을 하며 예수님 이야기를 들려주셨어요. 저는 어디에서 살든, 제게 저녁을 사 주며 그리스도를 전하는 아버지의 친구분들을 만날 수 있었어요. 아버지의 부탁이었던 거죠. 또 아버지는 늘 저한테 편지를 쓰셨어요."

앤드류는 안경을 끼더니 자신의 이야기를 담은 저서 *The Secret Life of a Fool*(어느 바보의 은밀한 삶)을 집어 들었다.[4] "특히 저를 보러 북아일랜드로 오기 전에 쓰신 편지가 기억납니다. 아버지의 마음이 그대로 드러나 있지요."

그는 그 부분을 펴더니 감정에 겨운 목소리로 읽어 주었다.

> 사랑하는 앤드류에게…
>
> 너를 위해 기도하며 네 생각을 할 때마다 (알겠지만 그럴 때가 아주 많다. 너는 내가 정말 사랑하는 아들이니까) 자꾸만 떠오르는 말이 있다. 내가 너처럼 스물한 살이었을 때, 내 것으로 주장했던 짧은 구절이다. "너 하나님의 사람아…"(딤전 6:11).
>
> 아들아, 너는 하나님의 사람이 되려고 태어났다. 그게 하나님이 너를 위해 예비하신 삶이고, 그게 네 인생을 향한 하나님의 목적이다. … 주 하나님은 영원한 사랑으로 너를 사랑하신단

다. 너를 그분께로 이끄시려고 그분이 내딛으신 첫걸음은 너를 위해 기꺼이 직접 십자가를 지신 일이다. 주님은 십자가에서 너를 대신하셨다. 네 벌을 대신 받으시고 영원히 네 죄를 없애 주셨다.

아들아, 우선 첫째로 나는 네가 예수 그리스도께 확실히 마음을 열게 해 달라고 기도한다. 내가 그리스도를 영접하며 영생을 구하던 날, 상담사가 로마서 10장 9-10절을 인용했었다. 내 이름을 넣어서 읽어 주었지. 그런데 나는 여태 너한테 물어본 적이 없구나. 너는 그분을 인격적으로 영접했니?

앤드류가 만일 앤드류의 입으로 예수를 주로 시인하며 또 하나님께서 그를 죽은 자 가운데서 살리신 것을 앤드류의 마음에 믿으면 구원을 받으리라. 앤드류가 마음으로 믿어 의에 이르고 입으로 시인하여 구원에 이르느니라.

그다음 13절을 보면 "누구든지 주의 이름을 부르는 자는 구원을 받으리라"라고 적혀 있단다.

앤드류, 네가 아직 그렇게 믿음으로 결단하지 않았다면, 그리고 이제라도 그 기도를 하는 데 내 도움을 원한다면 (이 세상에서 내게 그보다 더 기쁜 일은 없을 거란다) 내가 너를 도울게⋯. 너만 원한다면.

둘째로, 방금 전에 떠오른 짤막한 문구인데 은밀한 삶이 곧 비결이다. 네 영혼 안에 있는 모습이 진짜 너란다. 잠언에 보면 사람의 마음이 곧 그 사람의 진짜 모습을 드러낸다고 했다.[5] 앤드류야, 네가 하나님의 사람이 되려면 네 영혼 안에 그리스도를 구체적이고 명확하게 모셔야 해. 하늘 아버지와 더불어 네 내면의 은밀한 삶을 가꾸되 무릎 꿇고 하나님의 말씀을 읽고, 무릎 꿇고 하나님께 기도하고, 무릎 꿇고 하나님을 찬송하며 전심으로 순종해야 한다….

내 아들 앤드류야, 너를 향한 내 사랑은 아주 깊단다. 하나님이 너를 지으셨으니 네 삶의 잠재력은 무한하단다. 예수 그리스도를 너의 스승과 주로 삼고 그분께 순종하기만 하면 너는 수많은 사람에게 복과 변화와 큰 행복과 영생을 가져다줄 수 있을 거야.

"나를 따라오라 내가 너희를 사람을 낚는 어부가 되게 하리라."[6] 나는 네 나이 때 예수님의 이 말씀을 아주 진심으로 받아들였단다. 지금도 이 말씀을 참 좋아하지. 이 말씀대로 사는 게 세상 최고의 삶이란다.

내 아들아, 너도 마음과 영혼을 다하여 예수님을 따르면 그 삶을 누릴 수 있어. 이 패역한 세상에 그것밖에 또 무엇이 있겠느냐. 다른 건 아무것도 없단다.

곧 보자.

너를 사랑하며 너를 위해 기도하는 아빠가[7]

앤드류는 '아빠'라는 단어에 잠시 여운을 두었다가 책을 덮어 책상 위에 놓고 안경을 셔츠 주머니에 넣었다.

205

"제 아버지는 이런 분입니다." 이윽고 그가 말했다. "수많은 사람에게 했던 똑같은 말을 이 아들에게도 해 주셨죠. 아버지는 제 삶을 변화시킬 수 있는 것이 하나님의 은혜뿐임을 아셨습니다. 아버지에게는 그것이 아주 똑똑히 보였는데, 저는 눈이 멀어 전혀 보지 못했어요. 아버지는 늘 복음의 능력을 확신하셨습니다."

밑바닥까지 떨어진 순간

이 편지를 받은 시기에서 몇 년의 세월이 흐른 후, 앤드류는 보스턴의 좁은 아파트에서 빠듯한 돈으로 생활하고 있었다. 어느 의류 회사의 밑바닥 서열로 막 출발한 터였다. 아직도 하나님을 최대한 멀리 떠나 있기는 마찬가지였다.

"제가 술과 파티에 의존하는 이유가 달라져 있더군요." 그가 말했다. "이제는 그것을 이용해서 제 삶의 모든 죄와 수치라는 실상을 가린 겁니다. 맨 정신으로 잠자리에 드는 게 싫었어요. 그러면 제가 상처를 입혔거나 속였거나 이용한 모든 사람에 대한 기억에 시달려야 했으니까요. 불안도 있었습니다. 앞날이 두렵고 세상이 두렵고 영원이 두려웠지요."

"상황이 얼마나 나빴습니까?"

"마음이 완전히 낙담에 빠져 있었습니다. 제 광대 짓에 호감을 보이는 사람들이 점점 줄었거든요. 저는 늘 파티를 일삼았는데, 그

나이에는 좀 민망한 일이었죠. 함께 술 마시러 나갈 상대가 없을 때는 혼자 맥주에 취해 텔레비전을 보다가 소파에서 잠들곤 했습니다. 중간에 깨 보면 화면이 지지직거리고 있었죠. 그 시절에는 방송이 심야에 끝났잖아요. 다시 텔레비전을 끄고 자리에 누웠다가 자명종이 울리면 출근하곤 했습니다. 늘 그런 생활의 반복이었죠."

"영적인 문제를 생각해 본 적이 있습니까?"

생각을 되짚느라 앤드류의 눈이 작아졌다. "영원에 대한 의문이 들기 시작했습니다. '어느 날 내 인생도 텔레비전처럼 그냥 지지직거리게 될까? 그것으로 끝일까?' 그런 생각을 하면 기운이 쭉 빠졌어요."

"언제 밑바닥까지 떨어졌나요?"

"두 가지 일이 있었습니다. 한번은 밤중에 친구들과 밖에서 진탕 술을 마시다가 노상의 걸인과 욕 내지르기 시합을 벌였습니다. 얼마 후에 그가 자려고 눕자 우리는 계속 그를 발로 찼죠. 그런 짓을 했다는 게 믿기지 않아요."

그는 얼굴을 찡그리며 말했다. "노숙인에게 발길질을 해 대다니, 도대체 사람이 얼마나 저속해질 수 있는지…. 정말 말하기조차 부끄럽습니다. 어쩌다 제가 멀쩡히 그런 짓을 하는 지경에까지 내려갔을까요? 아마 그때가 제일 밑바닥이었을 겁니다. 또 하나는 나이트클럽에서 벌어진 괴상한 사건인데, 저를 정말 충격에 빠뜨렸습니다."

"나이트클럽에서요?"

"예, 창고 같이 널따란 곳에서 테크노 팝 댄스를 추던 클럽이었습니다. 아주 캄캄한데 온통 사람들로 북적댔죠. 제가 화장실에 가는데 어떤 남자가 저를 잡더니 '너 신자구나' 그러더군요. 제가 무슨 소리냐고 했더니 그가 또 '너 신자 맞지?' 그러는 겁니다."

"아는 사람이었습니까?" 내가 물었다.

"아니요, 그게 이상해요. 혹시 어렸을 때 교회에서 저를 알았거나 아니면 아버지의 친구인가 보다 싶었죠. '이런 젠장. 이 사람은 내가 기독교인인 줄로 알고 대화를 하자는 거잖아.' 그런 생각이 들어 얼른 벗어날 요량으로 '예, 신자입니다' 그랬어요. 원하는 답을 해 주고 대화를 끝낼 속셈이었죠."

"그랬더니 뭐라고 하던가요?"

"그 사람이 그러더군요. '그럼 그렇지. 너는 사탄의 추종자야, 맞지?' 그러더니 정체를 알 수 없게 씩 웃고는 사람들 속으로 사라지는 겁니다. 제가 '아니, 그게 아니고요'라며 따지려 했으나 그는 이미 가고 없었어요. 등골이 오싹하더군요."

나는 그 괴상한 장면을 곰곰이 생각해 보았다. "그래서 어떻게 했습니까?"

"마음이 괴로웠습니다. 도대체 제 어떤 모습 때문에 그 사람한테 제가 사탄의 추종자로 보였던 걸까요? 아니면 그건 일종의 초자연적인 대면이었을까요? 귀신의 짓처럼 보였거든요. 아주 어두운 뭔가를 상대하는 것처럼 말입니다. 한편으로 저를 하나님께 돌아오게 하려는 아버지의 끈질긴 기도가 있었지만, 다른 한편으로는 저를 움켜쥐려는 다른 세력도 있는 것 같았습니다."

그 비유적 표현이 내게 강하게 다가왔다. "그 일이 당신에게 어떤 영향을 미쳤습니까? 그 일을 계기로 하나님께 돌아왔습니까?" 내가 물었다.

"아마도 그랬어야 했겠죠. 그 일은 정말 강한 인상을 남겼거든요. 술과 마약에 찌든 생활 때문에 제 앞에 딴 세상의 문이 열린 것은 아닌지 오랫동안 미심쩍었습니다. 얼마든지 가능한 일이니까요."

그는 자신이 한심하다는 듯 고개를 내둘렀다. "하지만 다른 때도 수없이 그랬듯이, 얼마 후 저는 다시 평소의 삶으로 돌아갔습니다. 여태까지 걸어온 비뚤어진 길로 계속 간 겁니다."

마침내 결단하다

루이스 팔라우는 현명한 사람이다. 그는 보스턴의 겨울 날씨가 견딜 수 없이 추워질 때까지 기다렸다가 앤드류에게 전화해서 자신의 전도 대회에 초대했다. 앤드류가 평소처럼 싫다며 관심이 없다고 우기자 루이스는 행사 장소가 자메이카임을 넌지시 알렸다. 루이스가 청새치 낚시 여행을 주선해 주기로 약속하고 나서야 앤드류는 짐을 꾸리기 시작했다. 카리브해의 햇살 아래서 맥주를 실컷 마실 생각에, 앤드류는 벌써 신이 났다. 하지만 루이스의 속셈은 달랐다. 그는 난공불락처럼 보이는 아들의 영적 저항에 다시 한 번 돌파구를 열고 싶었다.

결국 앤드류는 자메이카 어느 사업가의 집에서 민박을 하게 되었다. 그 집의 아들 크리스와 딸 웬디, 그들의 친구들과도 함께 어울리면서 앤드류는 그들의 신선하고 열정적인 믿음에 놀라고 마음이 끌렸다. 부모한테 늘 들었던 '풍성한 삶'이 그들에게 있는 것 같았다.[8]

"그들은 재미있고 자연스럽고 따뜻하고 친절했어요. 지역사회에도 참여하고 있더군요. 그러면서도 아주 멋있고 철저하게 그리스도께 헌신했고요." 앤드류가 회고했다. "그들에게는 예수님이 아주 생생하게 임재하시는 것 같았습니다. 그들은 사람들에게 하나님이 자신의 중독을 치유하시고 관계를 회복시키셨다는 말을 자주 했어요. 그 말을 들으며 저는 이런 생각이 들었습니다. '나에게 필요한 게 이거다! 수치와 죄가 나를 끈질기게 괴롭히는데도 마냥 그렇지 않은 것처럼 행세할 수는 없다. 뭔가 일이 벌어져야 한다.'"

루이스는 레게 가수 밥 말리의 유명한 동상 옆에 위치한 35,000석 규모의 스포츠 시설인 킹스턴내셔널스타디움에서 말씀을 전했는데, 앤드류는 5일 밤 중 3일을 새 친구들과 함께 참석했다.

"저는 아버지와 아버지의 진실한 메시지를 늘 존중했습니다." 앤드류가 내게 말했다. "전도 대회의 마지막 밤에 열린 마음으로 갔습니다. 새 친구들의 삶을 온전히 변화시키신 하나님의 음성을 저도 정말 듣고 싶었어요."

"그래서 그 음성을 들었습니까?"

"음, 앉아서 듣는데 아버지의 메시지가 이전과 다르게 다가오더군요. 꼭 절 두고 하는 말 같았습니다. 정말 제가 과녁이었죠. 그러다 문득 깨닫고 보니 아버지가 거의 매번 전하는 메시지와 똑같더군요. 그날은 부자 청년의 이야기였는데, 전 부자도 아니고 관원도 아니잖아요.[9] 저랑 무관한 내용인데도 주님이 제게 부담을 주신 거죠.

아버지가 그리스도를 영접할 사람들을 초청할 때 저는 속으로 기도했습니다. '주님, 이게 바로 제가 원하는 것입니다. 부디 제 삶 속에 들어오십시오. 이제부터 새로운 방향으로 가겠습니다. 천국을 원합니다. 옳은 길을 가고 싶습니다. 싫어하면서도 끊을 수 없었던 모든 일, 이제 끊고 싶습니다. 원하면서도 할 수 없었던 모든 일, 이제 하고 싶습니다.' 그 순간 저는 술을 끊고 부적절한 관계도 정리하고 교회에 다시 나가기로 결심했습니다."

"진심이었나요?"

"예, 진심이었습니다. 하나님이 주시는 것을 받고 싶었어요. 여태까지 살아온 공허한 삶보다 그게 훨씬 낫다는 걸 깨달은 거죠."

루이스는 대개 전도 대회를 마칠 때 그리스도를 따르려는 사람들을 앞으로 나오도록 초청한다. "당신도 앞으로 나갔습니까?" 내가 물었다.

"그래야 할 것 같았지만 참았습니다. 많은 사람이 앞으로 나갔는데, 우는 사람도 꽤 있더군요. '저 사람들, 정말 뭔가 잘못된 게 분명하다.' 그런 생각이 들었어요. 제 결단은 그들의 결단보다 이성적으로 보였거든요. 그래도 저로서는 과감한 조치였죠. 나중에 안도감이 들었습니다. 즉시 웬디에게 말했더니 그녀는 기뻐하면서 제가 부모님에게 알려야 한다고 하더군요."

"부모님에게 알리려니 기분이 어떻던가요?"

"솔직히 약간 떨렸어요. 아버지의 기억에 따르면 제가 부모님의 호텔 방에 뛰어 들어와 이렇게 외쳤답니다. '저도 했어요! 결단했어요! 저도 그리스도인이 되었어요!' 하지만 지금 돌아보면 그 대화는 어딘가 어색했습니다."

"어떻게 말입니까?"

"제 결단을 알리자 물론 부모님은 아주 잘했다며 격려해 주셨습니다. 부모님은 지난 세월 많은 전도 대회를 다니면서 사람들의 이런 반응을 숱하게 보셨고, 하나님이 시작하신 일을 반드시 이루시리라는 것도 알았지요.[10] 하지만 두 분은 약간 유보하는 태도도 보였습니다. 좀 더 두고 보자는 태도였죠."

"흠, 그럴 만한 이유라도 있었나요?"

"글쎄요." 그가 대답했다. "그다음에 벌어진 일로 보자면 두 분에게 상당히 선견지명이 있었던 셈이죠."

하나님과의 부당 거래

보스턴에 있던 앤드류의 친구들은 그가 그리스도인이 되었다는 말에 놀라면서도 회의적인 태도를 보였다. 그들은 그가 교회에 나가며 삶을 깨끗하게 정리하는 모습을 예의 주시했다. 하지만 '새로운 앤드류'는 한 달밖에 가지 못했다.

"어느 날 밤에 친구들과 함께 술집에 갔습니다. 술을 마시러 간

게 아니라 그냥 어울리러 간 거예요." 앤드류가 내게 말했다. "금세 맥주를 한 잔 다 비웠죠. 한 잔씩 더 마시다 결국 여섯 잔이 됐고, 그다음에는 아예 석 잔을 연거푸 마셨습니다. 마약도 다시 했습니다. 얼마 후에는 어울려서는 안 될 여자들과도 다시 얽히고 말았죠."

"모든 게 무너져 내린 거군요?"

"완전히 무너졌습니다. 저만 창피한 게 아니라 주님까지 욕되게 했습니다. 친구들이 비웃더군요. 부끄럽고 수치스러웠습니다. 제 삶은 다시 곤두박질치기 시작했습니다. 이런 생각을 떨칠 수 없었어요. '진정으로 하나님께 헌신했는데 어떻게 이제 와서 이럴 수 있지? 정말 진심이었는데 어떻게 이리도 처참하게 무너질 수 있지? 이제 나는 어찌해야 하나?'"

"지금 돌아보면 그 일을 어떻게 분석하겠습니까?"

"알고 보니 저는 생각보다 부자 청년과 공통점이 많았습니다. 예수님이 그에게 하나님께 온전히 헌신할 것을 도전하셨지만 그는 재물을 포기하지 않았습니다. 예수님을 떠날지언정 끝까지 돈에 매달린 거죠. 그런데 저도 저만의 쾌락 왕국을 세워 놓고 제가 왕으로 다스리고 있었던 겁니다. 저는 하나님이 제 삶 전부를 통치하시는 것을 정말로 원하지 않았습니다. 파티처럼 재미있는 부분은 계속 붙들어 두고 싶었던 거지요."

"그래도 자메이카에서 드린 기도는 옳은 방향으로 내딛은 걸음이었지요." 내가 말했다.

"예, 그랬지요. 그때 제 마음이 하나님께 열렸던 것 같습니다. 하지만 돌아보면 자메이카에서 드린 그 기도는 얄팍했습니다. 진정으로 죄에서 돌아서서 하나님께 삶의 주권을 내드리지 않는 한 영접 기도는 별 의미가 없습니다. 그분께 합당한 반응은 바로 그것이니까요. 아버지가 전한 내용과 반대로 저는 하나님께 윙크만 한 겁니다. 이렇게 기도한 셈이죠. '저는 하나님이 주시는 모든 좋은 것, 용서, 죄책감에서의 해방, 천국 같은 것을 원합니다. 대신 저도 착하게 살려고 최선을 다하겠습니다. 하나님을 계속 기쁘시게 해 드려야 제가 진정 원하는 것들을 얻을 수 있을 테니까요. 예, 저는 하나님을 원합니다. 하지만 저를 버릴 수는 없습니다. 이 정도면 거래가 되겠지요?'"

그는 고개를 저으며 말을 이었다. "하나님은 그렇게 흥정하시는 분이 아니지요. 결코 아닙니다. 이건 본회퍼가 경고했던 값싼 은혜였어요."

나도 그가 인용한 말을 알고 있었다. 독일의 신학자 디트리히 본회퍼에 따르면 값싼 은혜는 "우리가 자신에게 베푸는 은혜다. 값싼 은혜는… 회개를 요구하지 않는 용서이고… 본인의 자백이 없는 사죄다. 값싼 은혜는 제자도 없는 은혜, 십자가가 없는 은혜, 성육신하여 살아 계시는 예수 그리스도도 없는 은혜다."[11] 본회퍼는 "하나님께 값비싼 대가를 요구한 은혜가 우리에게 값쌀 수는 없다"며 "값비싼 은혜"를 구할 것을 촉구했다. 그의 말에 따르면 그것이 값비싼 이유는 죄를 드러내기 때문이고 은혜인 이유는 죄인을 구원하기 때문이다.[12]

주님, 제 마음을 엽니다

여러 달 후에 앤드류가 자메이카에 다시 간 것은 웬디 때문이었다. 그는 그녀의 매력에 반했고 그리스도를 향한 그녀의 깊고 견고한 믿음에 마음이 끌렸다. 섬나라에서 웬디와 그녀의 친구들을 다시 만난 앤드류는 그리스도인으로 행세하려 최선을 다했다. 하지만 그들이 그의 가면을 꿰뚫어 보는 데는 오랜 시간이 걸리지 않았다.

어느 날 저녁에 스티브가 앤드류에게 지적했다. "하나 물어봐도 될까? 네 본색은 뭐야?"

앤드류는 뜨끔했다. 그들은 그가 예수님을 따르지 않는다는 사실을 이미 간파하고 있었던 것이다. 그래서 그는 영적으로 힘들다고, 제대로 살아 보려 애썼지만 실패했다고 털어놓았다.

"뜻밖에도 스티브는 당황하지도, 제게 따져 묻지도 않았습니다." 앤드류가 내게 말했다. "그리스도를 따르기로 처음 결단하고 나면 으레 성장이 필요하다는 말을 해 주더군요. 그러면서 다음 날 아침에 둘이 함께 기도하고 성경을 읽자고 했습니다."

새벽에 함께 무릎을 꿇은 채로 스티브가 로마서 12장의 첫머리를 읽었다. "그러므로 형제들아 내가 하나님의 모든 자비하심으로 너희를 권하노니 너희 몸을 하나님이 기뻐하시는 거룩한 산 제물로 드리라 이는 너희가 드릴 영적 예배니라 너희는 이 세대를 본받지 말고 오직 마음을 새롭게 함으로 변화를 받아 하나님의 선하시고 기뻐하시고 온전하신 뜻이 무엇인지 분별하도록 하라."[13]

본문을 나누려는데 앤드류가 좌절감에 울음을 터뜨렸다. 익히 들었던 말씀인데 도무지 뜻이 묘연했기 때문이다.

"제 이해 수준은 엉망이었습니다." 그가 내게 말했다. "독해에 익숙한 영문학 전공자라는 제가 이 본문 뜻이 뭔지 전혀 모르겠는 거예요. 말씀을 통해 정말 하나님의 음성을 듣고 싶었지만, 저와 구절 사이에 벽이 쳐져 있는 것 같았습니다."

스티브는 사도 바울이 본문에서 가르치려는 바를 계속 설명하려 했다. 그때 앤드류는 이런 생각이 들었다. '나도 기독교의 이런 것들을 해 봤지만 실패했다. 변화되고 새롭게 되라는 말이 무슨 뜻인지 모르겠다. 그게 무엇이든 간에 내 삶에 없는 것만은 분명하다.'

힘들어하는 앤드류의 표정을 본 스티브가 해법을 제안했다. "너도 산에 올라가야겠다."

스티브의 말인즉 해마다 그리스도인들이 킹스턴 외곽의 짙푸른 열대림인 블루 마운틴에서 수련회를 연다는 것이다. 그곳에서 며칠 동안 교제하고 기도하고 예배하고 성경을 배운다고 했다.

여행 후반 일정을 좀 변경해야 했지만 앤드류는 그 경험에 마음이 끌렸다. 그래서 속으로 기도했다. '주님, 제 마음을 엽니다. 부딪쳐 보겠습니다. 지금까지 저는 세상의 모든 쓰레기에 마음을 열었습니다. 주님이 주시려는 것이 무엇이든 그것에 마음을 열지 못할 이유가 무엇이겠습니까?'

앤드류는 스티브에게 함께 가겠다고 대답했다.

찰칵,
영혼에 불을 켜 주시다 ----------

이틀 동안의 모임에서 공부의 초점은 하나님의 위대하심과 능력, 그분의 권위, 거룩하심과 신적 속성, 성경 속에 나타난 우주의 창조주와 왕이신 하나님 등 웅대하고 거룩한 주제였다. 성령이 세상 속에 역사하여 사람들의 죄를 깨우치게 하시고 그들을 하나님 나라로 이끌어 속에서부터 변화시키신다는 내용도 토의했다.

시간이 갈수록 앤드류는 수련회에 함께 온 사람들처럼 자신도 그 엄위하신 하나님을 인격적으로 친밀하게 경험하고 싶었다. 그래서 계속 하나님께 여쭈었다. '어떻게 해야 합니까? 하나님이 진짜인지, 이 모든 게 사실인지 확실히 알고 싶습니다.'

그는 하나님께 초자연적인 만남을 간구했다. '주님, 이것 한 가지만 더 해 주십시오. 제게 주님을 나타내 보여 주십시오. 주님이 제 앞에 서시면 주님이 진짜임을 알겠습니다. 분명히 주님은 그렇게 하실 수 있습니다. 능력이 있으십니다. 그러면 제가 믿겠습니다. 영영 잊지 않겠습니다.'

그는 하나님께 나타나 달라고 자꾸만 매달렸다. 자기가 이렇게까지 진실한 태도로 마음을 다해 원하는데도 하나님이 응답하시지 않으면 그때는 완전히 포기해야 될지도 모른다는 생각이 들었다.

'주님, 그냥 제 앞에 나타나 주십시오. 이번 한 번만 부탁드립니다.' 그는 간절히 기도했다. 예수님이 십자가 위에서 "다 이루었다"고

선포하셨고 지금은 사람들의 믿음의 반응을 기다리시건만, 그는 그것을 망각했다. 앤드류의 간구에도 불구하고 아무 일도 없었다.

좌절과 낙심에 빠진 그는 거의 마지막 지푸라기라도 잡는 심정으로 갑자기 속으로 기도를 바꾸었다. 마치 답답해서 두 손을 드는 것 같았다. '하나님, 주님께 가지 못하게 저를 막는 게 무엇입니까?'

즉시 심령에 분명한 응답이 느껴져서 그는 깜짝 놀랐다. '앤드류, 정말 알고 싶으냐?' 그의 마음은 더욱 간절해졌다. 그토록 간구했던 하나님과의 만남이었다. 드디어 그분이 자신에게 나타나실지도 몰랐다. '예, 하나님. 물론입니다. 도대체 무엇입니까? 주님께 가지 못하게 저를 막는 게 무엇입니까?'

그다음에 벌어진 일을 나에게 설명하면서 마치 그 순간을 새롭게 다시 체험하기라도 하듯이 그의 눈썹이 올라갔다. 그의 말은 두서가 없었고 말투에는 놀람과 경이와 두려움이 섞여 있었다.

"즉시 눈 깜짝할 사이에, 말로 표현하기 어렵지만 하나님이 기적처럼 제 눈을 열어 그분과 저를 갈라놓은 것들을 보게 하셨습니다. 제 인생의 모든 쓰레기, 거짓말, 속임수, 도둑질, 못되게 굴었던 관계, 교만과 자존심, 중독, 제가 상처 입혔던 사람들, 모든 기만과 위선과 냉담함이 제 앞에 펼쳐졌습니다. 하늘 높이 쌓여 도저히 넘어설 수 없을 것만 같은 죄가 전부 보이는 겁니다.

괴롭고도 무섭더군요. 숨을 몰아쉬며 바닥에 엎어졌습니다. 부끄럽고 수치스럽고 가책이 느껴져 생전 처음인 양 고함을 질렀습니다. 몸을 들썩이며 흐느껴 울었습니다. '하나님, 제가 어찌 이렇게 바

보였을 수 있습니까? 용서해 주십시오! 다 없애 주십시오! 이제는 이대로 살 수 없습니다. 이 모든 쓰레기가 제 안에 있는데 제게 무슨 희망이 있겠습니까?' 그렇게 기도했지요.

그 순간 하나님은 성경으로 직접 응답하셨습니다. '앤드류야, 너의 죄를 자백하면 내가 능히 너의 불의를 사할 수 있다. 내가 깨끗하게 할 것이다. 동이 서에서 먼 것 같이 네 죄를 옮기고 다시는 기억하지 않을 것이다.'

그때부터 저는 하나님이 제 죄를 의식 속에 떠올려 주시는 대로 얼른 자백했습니다. 그분이 죄를 하나씩 차례로 보여 주시면 저는 용서해 달라고 부르짖었고, 그러면 그분은 죄를 사해 주셨습니다. 저를 박박 문지르고 닦아서 깨끗하게 하신 거죠. 그분의 거룩하심과 순결하심에 비추어 제 자신의 참 모습을 보면서, 저도 주의 보좌 앞에 선 이사야처럼 망하게 되었습니다.[14] 그러나 하나님은 은혜로 저를 다시 회복시켜 주셨습니다.

그렇게 바닥에 엎드려 있는데 남자들 몇이 다가와 제 어깨에 팔을 두르며 말했어요. '앤드류, 이번에 다 털어 내야 한다. 주님께 아무것도 숨기려 하지 마.' 그들은 저를 어느 방으로 데려가 자백 중 일부를 말로 표현할 수 있게 도와주었습니다.

두세 시간 후에 끝났습니다. 하나님이 제 영혼에 찰칵 불을 켜신 것 같더군요. 놀라운 안도감을 느꼈습니다. 저를 옭죄던 모든 것에서 완전히 해방된 느낌이었죠. 예수님이 우리를 자유롭게 하실 뿐 아니라 참으로 자유롭게 하리라고 말씀하신 의미를 처음으로 깨달았습니다. 마치 죄수가 교도소에서 석방될 뿐 아니라 자기 아버지의 품으로 달려가는 것과 같았죠. 눈을 드니 온 세상이 새롭고 싱그러워 보이더군요. 아름다웠어요. 그냥 아름다웠습니다.

하나님의 은혜에 거듭 감사드리다가 감사에 겨워 이렇게 속삭였습니다. '하나님이 하신 일을 모든 사람에게 말하겠습니다.' 그 말이 떨어지는 순간 하나님이 '그렇게 될 것이다'라고 응답하셨습니다. 의문문이 아니라 서술문이었죠. 마치 그분이 제 인생의 소명에 인을 치시는 것 같았습니다.

그렇게 하나님께 감사하며 즐거워하는데 제 심령 속에 차오르는 깊은 감화가 있었습니다. 그분의 말씀이 지금도 기억납니다. '앤드류야, 내가 너와 함께 있다. 네 기쁨의 원천은 나다. 그런데 지금까지 너를 위해 기도한 이들이 있다. 그 기도의 능력을 모르겠느냐?'

그래서 제가 그랬죠. '예, 물론입니다. 사실입니다.' 오랜 세월 부모님이 절 위해 주님께 올린 그 모든 기도가 생각났습니다. 제가 모르는 분들도 아버지의 부탁으로 전 세계에서 절 위해 기도해 주셨지요." 그는 씩 웃으며 나를 가리켰다. "리, 당신도 그랬고요."

우리의 회개를 기다리신다

이번에는 그의 말을 들은 아버지의 반응이 달랐다. "산에서 내려와서 곧바로 아버지에게 전화를 했습니다." 앤드류가 내게 말했다. "제가 그랬죠. '무슨 일이 있었는지 절대 모르실 걸요.' 그러면서 하나님이 하신 일을 쭉 얘기했더니 아버지는 '와, 그랬구나. 앤드류, 우리는 바로 그걸 기다리고 있었다'라고 하시더군요."

"회개를 기다리신 거죠." 내가 말했다.

"맞습니다. 회개는 반항아가 하나님께 가는 유일한 길입니다. 저는 제가 틀렸고 하나님이 옳으심을 고백해야 했습니다. 그분의 거룩하심과 타락한 제 실상을 봐야 했습니다. 그분이 저를 깨끗하게 하시고 제 삶의 주권자가 되셔야 했습니다. 변화와 새롭게 함은 바로 그렇게 시작되는 것이죠. 제게 은혜의 수문을 열어 준 것은 회개였고, 그 은혜가 제 삶과 영원을 바꾸어 놓았습니다."

그는 하나님께 영혼을 치유받은 뒤로 신학교에서 공부했다. 세월이 더 흐른 지금 앤드류는 전심으로 예수를 따르는 새로운 길에 들어서서 팔라우 사역 기관에 합류했다. 4년 동안은 아버지의 짐꾼 역할을 하다가 그 뒤로 6년 동안 여러 도시에 거주하며 지역 교회에서 봉사했다. 또 그가 기획한 대규모의 음악 축제와 스포츠 축제에서 루이스가 복음을 전하기도 했다.

그 뒤로 그는 직접 전도자가 되어 전 세계의 집회와 축제에서 하나님의 은혜를 전하고 있다. 수만 명의 군중을 상대할 때도 있고, 교도소의 재소자들에게 개인적으로 복음을 전할 때도 있다.[15]

참, 웬디는 어떻게 되었을까? 웬디와 앤드류는 결혼한 지 벌써 20년도 더 되었다.

앤드류의 이야기는 내 안에 생생한 기억을 불러일으켰다. 내 아내 레슬리는 일찍이 그리스도인이 되고 나서 삶이 긍정적으로 변했다. 그 모습에 끌려 나는 거의 2년 동안 내 법학 지식과 언론인으로서의 경험을 살려 기독교의 신빙성을 조사했다. 그때는 몰랐지만 내가 하나님을 구할 수 있었던 것조차도 이미 그분이 은혜로 내게 그런 능력을 주셨기 때문이다.[16]

만일 하나님이 희망적 사고의 산물이나 신기루고 예수님이 그저 약자들의 의지처나 전설이나 가짜라면 나는 기독교를 상대할 마음이 전혀 없었다. 그러나 증거가 점차 쌓였고, 예수님은 내 회의론의 펀치를 연타로 맞고도 계속 건재하셨다. 그럴수록 내 호기심은 자꾸만 더 커졌다. 앤드류 팔라우처럼 나도 결국 영적으로 활짝 열리는 시점에 이르렀다. 어쨌거나 하나님이 진짜라면 내가 그분을 시험해 보지 않을 이유가 없지 않은가?

1981년 11월 8일 일요일 오후에 나는 혼자 내 방에서 기독교에 대한 찬반 논쟁과 증거의 계산을 끝냈다. '그리스도 사건'에 대해 나 자신의 판결에 도달하는 순간이었다. 하지만 그것은 일련의 명제에 지적으로 동의하는 것 이상이었다. 하나님이 살아 계시고 거룩하시고 완전하시고 순결하신 분임을 깨닫는 순간, 나는 내 영혼의 타락한 실상 앞에 참담히 무너져 내렸다.

앤드류처럼 내 삶도 자존심과 자아 숭배, 술과 불법적 관계, 남을 무시하는 교만에 온통 사로잡혀 있었다. 고등학교 때 나와 제일 친했던 친구의 아버지가 나처럼 도덕관념이 없는 사람은 본 적이 없다고 말했을 정도다. 내 삶을 이끈 것은 나 자신의 냉소적 사리사욕뿐이었다.

하나님께 눈이 뜨이던 그 순간, 마치 하수구가 터진 듯 내 모든 죄가 마음속에 홍수처럼 밀려왔다. 그 역겨운 광경에 나는 기겁했다. 내 죄를 지적하시는 하나님의 밝은 빛을 피해 달아나고 싶었다. 그런데 딱 한 가지가 나를 막았다. 그전에 친구가 알려 준 성경 구절이었다. 그 순간 나는 거의 본능적으로 그 구절을 찾아냈다. "영접하는 자 곧 그 이름을 믿는 자들에게는 하나님의 자녀가 되는 권세를 주셨으니."[17]

'오, 하나님, 제 죄를 감당할 수가 없습니다. 주님의 은혜만이 저를 구원할 수 있습니다. 부디 저를 깨끗하게 하시고, 변화시켜 주시고, 이끌어 주시고, 써 주소서.'

하나님은 내 예상을 초월하여 응답하셨다. 고아 스테파니와 중독자 저드와 죄인 크레이그와 살인자 도이크와 전과자 코디와 간부(姦夫) 브래드처럼, 나도 그저 죄만 용서받은 게 아니라 하늘 아버지의 사랑의 집에 초대받았다. 하나님은 결코 우리를 실망시키지 않으실 분이다.

그 뒤로 30년 동안 내 삶은 모험과 충족의 새로운 길을 지나왔다. 상상도 못했던 방식으로 하나님이 내게 그분과 사람들을 섬길 문을 많이 열어 주셨다. 그러던 어느 날 아무런 예고도 없이 내 몸과 영혼의 건강에 고비가 찾아왔다.

9.

은 혜,
빈손이라도 주님만으로 족한 것

"비로소 내 모습 그대로 하나님 임재 안에 들어갈 수 있었다.
은혜처럼 우리를 자유롭게 하는 것은 없다."

다 잃은 것 같을 때 하나님의 은혜가 족하다.
하나님은 자신보다 못한 선물을 주지 않으신다.
- 어거스틴[1]

침실 바닥에 혼수상태로 쓰러져 있는 나를 아내 레슬리가 발견했다. 아내는 다급하게 구급차를 불렀다. 병원 응급실에서 깨어나니 의사가 나를 내려다보고 있었다.

"조금만 더 심해지면 다시 혼수상태에 빠져 결국 목숨을 잃을 수도 있습니다." 의사가 말했다.

나는 다시 정신을 잃었다.

건강 문제들이 뜻밖에 겹치면서 나이 예순을 바라보는 나를 죽음의 문턱으로 몰아갔다. 몇 주 전에 심장에 취했던 평범한 의료 조치가 합병증을 일으켜 신장 기능이 멎었고, 허파에는 폐렴이 도졌다. 목소리 문제 때문에 먹는 약은 흔치 않은 심각한 알레르기 반응을 일으켰다. 그런데도 의사들은 이런 사태를 하나도 알아채지 못했다.

내 목숨을 가장 위협한 것은 저나트륨혈증이었다. 생명을 유지할 수 없을 지경까지 혈중 나트륨 수치가 떨어진 것이다. 세포 속에 물이 들어가 뇌가 위험할 정도로 부어올랐다. 의료진이 나를 안정시키려면 그 수치를 다시 정상치로 올려야 했으나 천천히 신중을 기해야 했다. 수치가 너무 빨리 높아지면 뇌가 회복 불능으로 손상되어 목숨을 잃거나 중증 장애를 입을 수도 있었다.

혈중 나트륨 수치라니? 금시초문이었다. 내 가족들도 마찬가지였다. 수치가 떨어질수록 증상도 심해진다. 구역질, 두통, 피로감, 근육 무력증에 이어 방향 감각을 상실하고 정신 상태가 변하면서 환각 증세까지 나타난다. 결국 발작과 무의식과 혼수상태를 거쳐 죽음에 이르는 병이다.

내 뇌는 이미 그런 반응을 보이고 있었다. 집에서 혼수상태로 쓰러지기 며칠 전부터 생각이 점점 흐려지고 앞뒤가 맞지 않았던 것이다. 점점 이상해지는 내 행동에 아내가 어찌할 바를 몰랐으나, 나는 용케도 괴상한 생각 대부분을 (처음에는) 혼자만의 비밀로 숨겨 뒀다.

전형적인 편집증 증상이 나타나기 시작했다. 사람들이 내 대화를 엿듣거나 나를 해치려고 음모를 꾸미는 것만 같았다. '우리 집 앞에서 조깅하는 저 사람, 분명히 FBI의 비밀 요원일 거야.' 지금은 이상하게 들리지만, 그때는 철석같이 그렇게 믿었다. 그런 상태가 며칠씩 이어지자 두려움과 혼란이 점점 커졌다.

레슬리가 외출한 어느 오후, 나는 거실 소파에 앉아 있었다. 약을 먹고 얼마 지나지 않은 때였는데, 그 약의 부작용으로 상태가 악화되었다. 기운이 빠질 대로 빠져 팔을 들어 올릴 수조차 없었다. 실내가 점차 어두워졌다. 어떤 불길하고 사악한 존재가 집 안에 가득했고 내 심장 박동이 빨라졌다.

나는 지옥으로 떨어지고 있었다.

환상 중에 경험한 생생한 공포와 상실

실내는 춥고 축축했다. 나는 두려움과 절망과 낙담 때문에 숨이 막힐 것 같았다. 위협적인 존재가 거실의 가장자리에 모여 천천히 내 쪽으로 다가오기 시작했다. 그들은 시간을 끌며 두려움을 증폭시켰다. 온갖 뱀과 귀신이 바닥으로 주르르 미끄러져 왔다. 두 발을 들어 피하고 싶었으나 움직일 수가 없었다. 마치 내 의지가 다 빠져나간 것 같았다.

아는 사람들의 형상이 얼핏 나타나기 시작했다. 가족과 친구들은 목이 잘린 채 머리만 둥둥 떠서 하나씩 내 쪽으로 다가왔다. 염산을 끼얹은 듯 완전히 녹아내린 얼굴과 겁에 질린 듯 쩍 벌어진 입이 너무 공포스러웠다.

벽시계가 멈추더니 분침이 뒤로 가기 시작했다. 내면 깊숙한 곳에서부터 나는 이 악과 공포의 소굴에서 영원을 맞이한 것처럼 느껴졌다. 구조될 희망도 없고 탈출구도 없고 공포에서 벗어날 길도 없었다. 소름 끼치는 내일만이 끝없이 이어질 뿐이었다. 1분이 몇 시간처럼 느껴졌다.

그 경험이 얼마나 오래갔는지 모르지만 갑자기 뒷문이 닫히는 소리가 들렸다. 아내가 주방으로 들어서면서 어지럽던 형상도 사라졌다. 나는 여전히 소파에 앉은 채로 충격에 젖어 방금 벌어진 일을 되짚고 있었다. 아내가 찻잔을 들고 옆에 와 앉았을 때도 나는 너무 당혹스러워서 차마 말을 못하고 가만히 앉아 있었다.

아내는 차를 한 모금 마신 뒤 나를 보았다. 나는 창백한 낯빛으로 숨을 가쁘게 몰아쉬고 있었다. "당신 괜찮아요?" 아내가 물었다.

나는 가슴이 미어졌다. "여보, 지옥에 사람들이 많을까요?" 내가 낮은 목소리로 물었다.

"그야 모르죠." 아내가 말했다. "그런 말은 왜 하세요?" 아내는 팔을 뻗어 내 이마에 댔다. "이 땀 좀 봐요. 당신 안 좋아 보이네요. 잠시 눕는 게 어때요?"

침실에 혼자 있으니 아직 진단받기 전인 저나트륨혈증이 계속 악화되었다. 내 삶의 모든 것이 사라졌다는 절대적인 확신이 들었다. 아내는 나를 떠나고, 자녀들은 나를 비난하고, 친구들은 나를 버렸다. 은행 계좌가 바닥나서 집과 자동차도 압류당했다. 뭔지 모를 죄로 경찰이 나를 쫓고 있었다. 나는 결백한데도 불명예스럽게 교도소로 향하고 있었다. 상상 속의 나는 콜로라도의 추위에 떨며 더러운 벌판에서 혼자 살고 있었다. 갈 데도 없고 나를 도와줄 사람도 없었다.

내 관점에서 볼 때 그것은 약기운으로 생겨난 공상이 아니었고, 현실과 구분되지도 않았다. 모든 면에서 정서적 여파가 고스란히 느껴졌다. 나는 노숙인이 되어 본 적이 없지만, 머릿속으로 그것이 무엇인지 경험했다. 빈털터리가 되거나 버림받거나 배척당한 적도 없지만, 이제 그것이 어떤 기분인지 알았다. 옥에 갇힌 적도 없지만, 이제 인간성을 말살하는 감금의 위력을 이해할 수 있었다.

내 생각이 혼미해졌을 때 본능적으로 예수님을 구했더라면 좋았겠지만, 그렇지 못했다. 두개골의 내벽에 뇌가 압착되면서 나는 더욱 이성을 잃었다. 상상 속 경험에 따른 정서적 회오리에 완전히 파묻혀 버렸다.

걷잡을 수 없는 혼란 속에서 나는 예수님도 다른 모든 사람들처럼 나를 버리셨다는 생각이 들었다. 당연하지 않은가? 나는 집도 없고 가족이나 친구도 없고 재산도 없었다. 내 평판도 무너지고 업적도 무효로 돌아갈 것이었다.

하나님께 내보일 게 아무것도 없었다.

아버지,
우리 기도해요

그런 고통이 며칠 계속되다가 결국 나는 완전히 쓰러져 병원에 실려 갔다. 그 기간에 내 아들 카일이 나를 찾아와 간단한 제의를 했다. "아버지, 우리 기도해요."

내가 예수님을 처음 믿었을 때 카일은 아장아장 걷던 아기였기에, 그는 내가 영적 회의론자로 술에 찌들어 살던 시절을 모른다. 그가 자라날 때 나는 갓 신앙생활을 시작한 그리스도인으로서 예수님의 방식에 점점 더 내 삶을 열어 가면서 과거의 해로운 습관을 조금씩 버리는 중이었다. 분명히 나는 아버지로서 많은 실수를 했다.

그래도 카일은 예수님을 믿는 젊은이로 자랐다. 그 후 도미니카 공화국으로 선교 여행을 갔다가 그곳에 민간 소요 사태가 발생하는 바람에 극도로 두려운 상황에 처했다. 그는 그 경험 덕분에 극적으로 부르심을 깨닫고 사역의 길에 들어섰다.

카일은 학부에서 성경학을 공부하고 신약학과 종교철학으로 석사 학위를 받은 뒤 스코틀랜드의 애버딘대학교에서 신학 박사가 되었다. 전공 분야는 영성 계발, 즉 우리가 그리스도의 형상을 닮아가는 과정이었다. 그가 우리 집을 찾아온 이유도 그 분야의 전문 지식이 있었기 때문이었다. 또 아버지의 혼란이 깊어지는 것에 대한 우려 때문이었다.

솔직히 나는 그와 함께 기도할 마음이 없었다. 내 상상 속의 다른 모든 사람처럼 하나님도 나를 떠나신 것처럼 느껴졌다. 그분께 내드릴 게 아무것도 없었다. 하나님과 분리되어 지옥에 가 있는 듯한 느낌이 강펀치로 날아들었다. 어쩌면 내가 결국 가야 할 곳이 거기인지도 몰랐다.

카일과 나는 의자에 나란히 앉았다. "아버지, 제가 아버지의 사정을 다는 모르지만, 지금 아버지가 하나님께 소외감을 느끼시는 것 같아요." 그가 말했다.

"맞는 말이다."

"그래서 아버지가 그리스도 안에서 자신의 정체성을 다시 찾으시도록 제가 도와드리고 싶어요."

"무슨 뜻이냐?"

"하나님께 나아갈 때 우리는 본의 아니게 거짓 자아를 가지고 가잖아요. 우리의 자아가 자신의 행위나 성취에 매여 있기 때문이죠. 우리는 무의식중에 자신의 참모습을 숨기고 하나님께, 그리고 세상을 향해 자신이 잘 통제하고 있다는 이미지를 투사합니다. 저는 아버지가 그것을 벗도록 도와드리고 싶습니다."

나는 고개를 끄덕였다. "나도 원하는 바다."

정직한 기도, 믿음의 기도의 시간

이후 30분 동안 나는 카일이 이끄는 대로 기도했다. 카일이 특정한 부분에서 나를 부추기며 시간을 줄 때마다 나는 어구를 내 것으로 소화한 뒤 직접 하나님께 표현했다. 그는 자신의 교수였던 존 H. 코우가 여러 형태로 기록한 '잠심(潛心)의 기도'(Prayer of Recollection)의 틀을 따랐고 일부는 표현까지 그대로 따라 했다.²

우리의 기도는 한참씩 끊길 때가 많았다. 각 진술의 진리가 영혼에 스며들도록 숙고하고 수긍한 후에야 그것을 하나님께 소리 내어 기도했기 때문이다.

"주님, 제가 우상을 숭배하는 죄인이며 그 죄가 주님 앞에 나아오는 제 모습에까지 흘러들었음을 고백합니다." 카일은 그렇게 시작했다. "제가 유한한 존재임을 고백합니다. 저는 제가 무한하여 삶을 통제하고 세상을 다스릴 수 있다고 생각하기를 좋아하지만, 사실은 그렇지 못합니다. 주님만이 그렇게 하실 수 있습니다.

제 신체가 유한하며 지금 혼란과 피곤함과 약간의 두려움이 있음을 고백합니다. 병 때문에 생각이 흐려졌고 몸에도 한계가 왔습니다. 저는 모든 사람의 소원은 고사하고 저 자신의 야망과 갈망도 채울 수 없습니다. 제가 하나님이 아니어서 감사합니다. 주님만이 저의 모든 필요를 채우실 수 있습니다.

저를 규정하는 것이 제 능력이나 지위나 성취가 아님을 고백합니다. 내면 가장 깊은 곳에 있는 제 자아는 제 행동이나 감정이나 선택이나 고약한 성격이나 미덕이나 악덕이 아닙니다. 저를 규정하는 것은 제가 얼마나 성공했는지 또는 남들이 저를 어떻게 생각하는지가 아닙니다.

제 마음의 자아는 목사도, 저술가도, 강사도, 교사도, 변증가도 아닙니다. 수상 경력이나 명예나 학위나 이력서도 제 자아가 아닙니다. 기독교의 명사(名士)도, 은행 계좌도, 재산이나 관계도 제 자아가 아닙니다. 남편이나 아버지나 아들이나 이웃이나 친구도 제 자아가 아닙니다."

그렇게 기도하다 보니 내 자아의 껍데기가 벗겨져 나가면서 안도감이 느껴졌다. 이제 가식을 버릴 수 있었다. 내 세계를 혼자 힘으로 지탱하려던 노력도 그만둘 수 있었다. 모든 해답을 아는 것처럼 행동할 필요도 없었다. 내 참모습 그대로 하나님의 임재 안에 들어갈 수 있었다.

"주님." 나는 카일이 말하는 대로 계속 따라했다. "제 영혼의 진정한 자아를 있는 그대로 고백합니다. 저는 하나님의 것입니다. 주님과 연합하도록 지음받았습니다. 내면 깊은 곳에 있는 제 벌거벗은 심령은 그리스도의 의를 옷 입었습니다. 저는 주님이 보시기에 귀한 존재입니다. 주께서 제 죄를 온전히 용서하셨고 저를 온전히 받아 주셨습니다. 저는 주님의 영원한 품에 안겨 주님께 영원히 사랑받는 주님의 아들입니다. 그것이 저의 참자아입니다."

그 진리가 또렷이 살아나면서 내 눈이 젖어 들었다. 내가 실제로 집, 재산, 친구, 평판, 지위 등 모든 것을 잃는다 해도 결국 그것은 정말 중요하지 않다. 내게는 여전히 하나님의 은혜가 있기 때문이다. 나는 여전히 하늘 아버지의 양자로, 여전히 그분께 사랑받고 있다. 그것으로 족하다.

우리의 기도는 그런 식으로 한동안 계속되었다. 카일은 자신의 성경책을 펴서 사도 바울의 빌립보서 3장 8-9절 말씀으로 그 시간을 마무리했다. "또한 모든 것을 해로 여김은 내 주 그리스도 예수를 아는 지식이 가장 고상하기 때문이라 내가 그를 위하여 모든 것을 잃어버리고 배설물로 여김은 그리스도를 얻고 그 안에서 발견되려 함이니 내가 가진 의는 율법에서 난 것이 아니요 오직 그리스도를 믿음으로 말미암은 것이니."

어린 시절 내 꿈속에 나타났던 천사가 생각났다. 그는 "언젠가는 이해하게 될 거다"라고 말했었다. 그때는 몰랐지만, 시간이 지나고 하나님의 은혜라는 진리와 그 은혜의 깊이가 내 인생 속에 전개됨에 따라 천천히 이해할 수 있었다.

가장 고통스러웠던 이 사건을 통해서….

자유, 진정한 자유! ————

은혜처럼 우리를 자유롭게 하는 것은 없다. 카일과 함께 기도를 마치고 나니 마음이 홀가분해졌다.

우리 부부의 결혼식 날이 떠올랐다. 그때는 둘 다 그리스도인이 아니었는데, 나중에 알고 보니 우리가 연회장으로 들어갈 때 스코틀랜드 백파이프로 연주된 곡이 〈나 같은 죄인 살리신 주 은혜 놀라워〉였다. 가사도 모르면서 참 외우기 쉬운 곡조라고만 생각했다.

존 뉴턴의 이 찬송가가 훗날 내 인생의 주제가가 될 줄은 꿈에도 몰랐다. 나 같은 죄인 살리신 주 은혜 놀라워.

저나트륨혈증으로 병원에 입원한 지 며칠 만에 의료진이 정성을 들여 나트륨 수치를 정상으로 끌어올렸다. 뇌 검사를 비롯해 각종 검사가 진행되었다. 이 사건으로 한쪽 신장을 잘라 내는 바람에 영구적인 손상이 딱 하나 남았지만, 폐렴도 완치됐고 생각도 서서히 다시 명료해졌다.

어느 날 주치의가 병실로 뛰어 들어와 말했다. "모든 게 정상입니다. 수치가 좋아졌어요. 이제 자유로이 퇴원하셔도 됩니다."

나는 미소를 지으며 창밖으로 멀리 눈 덮인 로키산맥을 힐끗 내다보았다. '그렇지, 나는 자유롭지. 이 의사가 아는 것 이상으로 말이야.' 그런 생각이 들었다.

의료진은 이번 고생 전체가 우연한 불운이었다며 나를 안심시켰다. 여러 합병증이 특이하게 겹친 경우라며 다시는 그런 일이 없을 거라고 했다. 환각 증세 역시 중증 저나트륨혈증에 흔히 따라오는 현상이며 재발은 없을 거라고 이야기했다. 하지만 그것이 흔적을 남긴 것만은 분명하다. 로마서 8장 28절에 약속하신 대로 하나님은 이 괴상한 경험까지도 사용하여 내게 최고의 선을 이루실 것이다.

이제 노숙인이나 재소자나 배척당하고 버림받은 사람을 보는 내 눈이 달라질 것이다. 하나님을 떠나 살며 영원한 후회와 가책을 향해 위험한 길을 가는 사람들을 볼 때도 마찬가지다.

나 자신을 보는 눈도 달라질 것이다. 나의 참자아를 붙들기로 결단했기 때문이다. 나는 지극히 높으신 하나님의 아들이요 그분의 놀라운 은혜를 입은 사람이다.

에필로그

거저 받은 은혜,
거저 주는 인생으로

너희는 하나님의 은혜에
이르지 못하는 자가 없도록 하고.
- 히브리서 12장 15절

늘 궁금한 게 있었다.

'아버지가 돌아가실 때, 과연 나는 눈물을 흘릴까?'

아버지는 나한테 줄 사랑이 새끼손가락만큼도 없다고 단언하셨다. 그 일전을 끝으로 문을 쾅 닫고 집을 나온 나는 다시는 돌아가지 않겠다고 결심했다. 그 뒤로 두 달 동안 65킬로미터쯤 떨어진 작은 아파트에 살며 무명 일간지의 기자로 일했다. 발행인은 여름이 지난 후에도 나를 계속 고용하기로 결정했다. 미래가 확실해 보였다.

아버지는 계속 내게 연락이 없었으나 어머니는 늘 돌아오라고 성화였다. 항상 전화나 편지로 내게 아버지의 말이 진심이었을 리 없다고 말씀하셨다. 결국 나는 잠시 집에 갔으나 나를 가출하게 만든 그 사건에 대해서는 부자간에 일절 말이 없었다. 둘 중 어느 쪽도 끝내 그 얘기를 꺼내지 않았다.

그 뒤로 우리는 점잖게 먼 관계를 유지했다. 아버지가 대학 등록금을 대 주셨지만 나는 한 번도 감사한 적이 없다. 아버지는 내게 편지를 쓰신 적도, 내 집을 방문하신 적도 없다. 심지어 내 졸업식에도 오지 않으셨다. 내가 미주리대학교 2학년을 마치고 결혼할 때 부모님이 축하 연회를 여셨지만, 그때도 아버지와 나 사이에 흉금을 터놓는 대화는 없었다.

나는 언론 전공으로 대학을 졸업하자마자 〈시카고 트리뷴〉의 일반 기자로 채용되었고, 나중에 법 쪽에 관심이 생겨 휴직하고 예일대학교 로스쿨에 들어갔다. 같은 신문사에 법률부 부장으로 복귀할 계획이었다.

졸업을 며칠 앞둔 어느 날 아침에 나는 고딕 양식으로 지어진 로스쿨 도서관의 개인 열람석에 앉아 느긋하게 〈뉴욕 타임스〉를 펴서 읽고 있었다. 기말고사 준비는 이미 끝났고 곧 시카고로 돌아갈 생각에 들떠 있었다.

그때 친구 하워드가 다가왔다. 내가 신문을 접으며 인사를 하는

데도 그는 내 얼굴만 쳐다보고 있었다. 급히 할 말이 있는데 적당한 단어가 떠오르지 않는 것 같았다. "무슨 일이야?" 내 물음에 그는 답하지 않았으나 나는 왠지 불길한 느낌이 들었다.

"우리 아버지가 돌아가셨구나?"

그는 고개를 끄덕인 뒤 나를 아무도 없는 구석진 곳으로 데려갔다. 나는 거기서 하염없이 흐느꼈다.

아버지와의
마지막 만남 ————

아버지의 장례식장에서 밤샘이 시작되기 전에 나는 주위를 물려 달라고 부탁했다. 열린 관 앞에 오래오래 서 있었다. 평생의 생각이 주마등처럼 스치고 지나가면서 만감이 교차했다. 할 말이 전혀 없었다. 그러면서도 할 말이 정말로 많았다.

깨진 부자 관계에서 내 몫만큼은 내가 책임져야 했지만, 나는 평생 수없이 그것을 합리화했다. '아버지가 먼저 나한테 사과하셔야지.' 때론 자존심이 나를 막았다. '내가 왜 굽실거려야 해?' 어떤 때는 막연히 뒤로 미루기도 했다. '나중에 해결하면 되지 뭐.'

오랜 침묵 끝에 마침내 나는 아주 오래전에 했어야 할 말을, 아쉽게도 이제야 겨우 나지막이 속삭였다. "죄송합니다, 아버지."

지난 세월 아버지에게 반항하고 거짓말하고 아버지를 무시했던

게 죄송했다. 배은망덕한 내 행동에 정말로 죄송했다. 마음속에 독처럼 품었던 원한과 앙심 때문에 아버지께 죄송했다. 처음으로 나는 우리의 어긋난 관계에 대한 내 잘못을 시인했다.

이어 나는 아버지에게 마지막으로 이 말씀을 드렸다. "아버지를 용서합니다." 나는 최선을 다해 그에게 은혜를 베풀었다. 우리 관계를 회복하기에는 너무 늦었지만, 여러모로 내게는 해방감과 삶의 변화를 가져다주었다.

세월이 갈수록 더 깊이 깨닫는다.

은혜만큼 우리를 치유해 주는 것은 없다.

너희가 거저 받았으니
거저 주라 ----------

곧 아버지의 사업 동료, 이웃, 골프 친구 등 조문객들이 밤새 찾아와 어머니와 우리 유가족에게 위로를 표했다. 나는 저만치 떨어져 혼자 접의자에 앉아 있었다. 상반되는 깊은 감정을 수습하느라 아무도 상대하고 싶지 않았다.

아버지의 사업 동료 한 분이 다가와 내 옆에 앉으며 물으셨. "자네가 리인가?"

"예, 그렇습니다." 나는 그렇게 말했고 우리는 악수를 나누었다.

"음, 늘 말로만 듣다가 드디어 이렇게 만나니 좋구먼." 그분이 말씀하셨다. "저 친구는 입만 열었다 하면 자네 얘기였어. 자네와 자네가 하는 일을 끔찍이도 자랑스러워하면서 대단하게 여겼지. 자네의 글이 〈시카고 트리뷴〉에 실릴 때마다 그걸 오려서 모든 사람에게 보여 주곤 했다네. 자네가 예일대학교에 갔을 때는 그야말로 좋아서 어쩔 줄을 모르더군. 우리한테 늘 자네 아이들의 사진도 보여 줬다네. 아들 자랑이 끊이질 않았지. 이름만 듣다가 드디어 얼굴을 보니 좋구먼. 아버지한테서 자네 이름을 귀가 따갑게 들었거든. '이것도 리가 한 거야.' '저것도 리가 한 거야', '1면에 실린 리의 기사를 보았나?' 하긴 자네도 이미 다 알고 있는 얘기겠지만 말이야."

나는 충격을 감추느라 현기증이 났다. 이런 말을 아버지가 나에게 직접 해 주셨다면 우리 관계가 얼마나 달라졌을까 하는 의문을 떨칠 수 없었다.

몇 년 후에 예수님의 제자가 되고서 나는 극명한 대조를 보았다. 하늘 아버지는 나를 향한 마음을 숨기지 않으셨다. 성경에 그것이 거듭거듭 큰 소리로 직접 선포되어 있었다. '나를 향한 하나님의 사랑은 무제한이고 무조건이다. 하나님의 은혜는 아낌이 없고 다함이 없다. 나는 하나님이 만드신 작품이고 그분의 자랑거리다. 하나님은 가족안에 내가 없으면 차마 영원을 보내실 생각조차 하지 못하신다.'

하나님의 은혜는 내 삶을 송두리째 뒤흔들었다. 나를 용서하시고, 양자 삼으시고, 내 삶과 영원을 바꾸셨다. 그럴수록 분명해지는 사실이 또 있었다. 이 은혜의 소식을 다른 사람들에게 알리지 않는다면 얼마나 비극인가? 은혜가 없어 죽어가는 세상에 은혜를 전하지 않으면서 어떻게 나 혼자만 좋아할 수 있겠는가? 무신론자 펜 질

레트의 말마따나 "영생이 있다고 믿으면서 그것을 남에게 알려 주지 않으려면 도대체 상대를 얼마나 미워해야 하는가?"[1]

미셸이 코디 허프를 포옹해 주지 않았다면 어떻게 되었을까? 루이스 팔라우가 아들 앤드류에게 편지를 쓰지 않았다면 어떻게 되었을까? 난민촌의 여자가 크리스토퍼 라펠에게 십자가의 의미를 알려 주지 않았다면 어떻게 되었을까? 사도 바울이 물었듯이 사람들이 그리스도에 대해 들어 본 적이 없다면 어떻게 그분을 믿을 수 있겠는가?[2]

맥스 루케이도는 이렇게 말했다. "하나님은 점안기가 아니라 소화전으로 하나님의 선을 베푸신다. 당신의 마음은 종이컵이고 그분의 은혜는 지중해다. 결코 다 담을 수 없다. 그러니 부글부글 넘치게 하라. 넘쳐 흘러 주변을 온통 적시게 하라. '너희가 거저 받았으니 거저 주라.'"[3]

이 책에 내 은혜의 여정을 기록하면서 사도 바울을 본받으려는 나의 결심이 더욱 굳어졌다. 그는 이렇게 썼다. "나에게 가장 중요한 것은, 하나님께서 시작하신 일을 마치는 것입니다. 주 예수께서 내게 맡기신 사명은 믿을 수 없을 만큼 후히 베푸시는 하나님의 자비를 내가 만나는 모든 사람에게 알리는 것입니다."[4]

그것이 예수님을 따르는 모든 사람의 즐거운 사명이다. 훗날 내 묘비에 이렇게 기록되었으면 좋겠다. '여기 하나님의 은혜에 너무 놀라 그것을 혼자만 알고 있을 수 없었던 사람이 잠들다.'

부록 1.
개인과 소모임 나눔을 위한 질문

어떤 이야기에서 흥미나 감화나 도전을 받았을 때, 내가 제일 먼저 즐겨 하는 일은 누군가와 논하는 것이다. 내 경험으로는 친구들과 함께 서로 깨달음을 나눌 때 이야기의 교훈을 더 잘 적용할 수 있다. 대개 진리는 공동체 안에서 가장 깊이 파고든다.

그래서 내 친구 개리 풀에게 부탁해서 그의 도움으로 토의 질문을 만들었다. 그는 수상 경력을 지닌 수많은 토의 교재의 저자다. 이를 통해 당신은 이 책의 이야기 속으로 더 깊이 들어갈 수 있다. 물론 이 질문은 당신이 읽은 내용을 혼자 묵상하는 데도 도움이 된다. 하지만 바라기는, 당신이 몇몇 친구들과 모여 하나님의 은혜를 이해하고 적용하면서 함께 성장했으면 좋겠다.

이것은 성경 공부가 아니다. 이 질문들의 취지는 은혜에 대한 우리의 생각을 자극하여 은혜가 어떻게 우리의 삶과 영원을 변화시킬 수 있는지 탐색하는 데 있다. 곧 보겠지만 각 장의 질문은 공동체가 한 번에 다룰 수 있는 양보다 많다. 공동체에 가장 잘 맞는 질문을 인도자가 선택할 수 있도록 일부러 그렇게 했다.

당신의 신앙 여정이 어느 단계에 있든 이 질문을 통해 하나님의 은혜와 그것이 당신의 상황에 적용되는 방식을 더 확실히 이해하게 되기를 바란다. 안심하고 마음을 터놓을 수 있는 진정한 공동체 안에서 솔직하게 대화를 나누자. 그럴 때 우리는 경이로운 은혜를 통해 더욱 활기차게 변화될 수 있다.

프롤로그 / 1. 나는 누구보다 은혜에 고팠다 -----

1. 당신의 생각에 훌륭한 아버지의 요소는 무엇인가? 좋은 아버지의 특성 중에 가장 중요한 것 세 가지는 무엇인가?

2. '은혜'라는 단어를 들을 때 제일 먼저 떠오르는 이미지나 생각은 무엇인가? 당신에게 '은혜'란 어떤 의미인가?

> 유진 오닐은 인간이 깨어진 상태로 태어나며 하나님의 은혜가 접착제라고 했는데, 정말 맞는 말 같다. 은혜는 하나님의 접착제다. 나는 나를 회복시키시는 것으로 은혜를 경험했다. 엄청난 불안과 상실의 한복판에서 느껴지는 아주 신기한 평온함이다. 그럴 때 대개 나는 유머 감각을 되찾거나 그냥 하나님의 품 안에서 안전하다고 느낀다. -앤 라모트

3. 당신이 은혜를 받았거나 베풀었던 때를 말해 보라. 어떤 일이었는가? 그 경험을 통해 어떤 느낌이 들었는가? 결과는 어땠는가?

4. 당신은 은혜를 잘 받는 쪽인가, 잘 베푸는 쪽인가, 둘 중 어느 쪽도 아닌가? 당신이 왜 그렇다고 생각하는가?

> 은혜는 우리를 낮추되 비하하지 않고 우리를 높이되 자만하게 하지 않는다. -켄 보아

5. 다음은 은혜라는 퍼즐의 몇 가지 조각이다.

   • 하나님의 용서

- 사람들의 용서
- 사람들을 용서함
- 자신을 용서함
- 무조건적인 용납
- 하나님의 집에 입양됨
- 미래의 희망

이 중 당신이 가장 이해하기 힘든 것은 무엇인가? 가장 실천하기 쉬운 것은 무엇인가? 현재 당신의 삶 속에서 꼭 경험해야 할 것은 무엇인가? 왜 그런가?

6. 사도 바울은 하나님의 은혜를 받을 때 누리는 유익을 이렇게 묘사했다. "그러므로 우리가 믿음으로 의롭다 하심을 받았으니 우리 주 예수 그리스도로 말미암아 하나님과 화평을 누리자 또한 그로 말미암아 우리가 믿음으로 서 있는 이 은혜에 들어감을 얻었으며 하나님의 영광을 바라고 즐거워하느니라"(롬 5:1-2). 하나님의 은혜를 받아들인다고 상상해 보라. 그것은 어떤 모습으로 나타나겠는가? 이 경험이 당신에게 어떤 영향을 미치겠는가?

7. A. W. 토저는 "안타깝게도 많은 사람이 그분을 아주 오래, 부질없이 너무 오래 기다리시게 한다"고 했다. 사람들이 왜 하나님께 저항한다고 보는가? 과거 당신은 어떤 식으로 하나님께 저항했는가? 현재 하나님께 얼마나 저항하고 있는가?

> 은혜란 우리를 사랑하시는 하나님, 몸을 굽히시는 하나님, 우리를 구하러 오시는 하나님, 예수 그리스도를 통해 아낌없이 자신을 내

주시는 하나님이다. -존 스토트

8. 성장기의 아이들에게 인정과 칭찬과 애정의 말은 어느 정도 중요한가? 당신은 어렸을 때 그런 말을 얼마나 들었는가? 그런 말을 들었거나 듣지 못한 일이 당신에게 어떤 영향을 미쳤는가?

9. 아래의 기준으로 자신에게 몇 점을 주겠는가? 친구들은 당신에게 몇 점을 주는가? 두 점수가 서로 다른가? 당신이 그렇게 답한 이유를 설명해 보라.

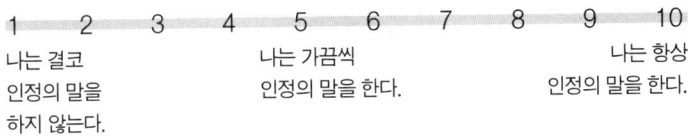

나는 결코
인정의 말을
하지 않는다.

나는 가끔씩
인정의 말을 한다.

나는 항상
인정의 말을 한다.

10. 리 스트로벨의 아버지는 무심코 그를 교회에 두고 간 적이 있다. 당시에는 리가 이 사건의 위력을 충분히 몰랐을 수 있지만 그것은 그에게 생생한 기억으로 남았다. 아버지와의 관계에서 당신에게 남아 있는 한 가지 생생한 기억은 무엇인가? 왜 그 일이 여태 잊히지 않는다고 보는가?

11. 성장기에 당신과 아버지의 관계를 말해 보라. 그 관계는 당신의 하나님 관에 얼마나 영향을 미쳤는가? 또, 하나님과 당신의 관계에 영향을 미친 그 밖의 요인은 무엇이 있는가?

12. 리는 자신이 집을 떠날 때 인생의 목표가 태동했고 그 원동력은 분노였다고 말했다. 그의 목표는 무엇이었는가? 당신의 인생 목표는 무엇인가? 그리고 당신이 보기에 그 원동력은 무엇인가?

13. 당신은 영적인 문제에 대한 리 스트로벨의 혼란에 어느 정도 공감하는가? 당신을 가장 난감하게 하는 영적인 문제는 무엇인가?

14. 당신의 삶에 결핍된 부분은 무엇인가?

15. 당신의 신앙 여정에서 지금 위치에 가장 적합한 점수를 아래의 기준에서 골라 보라. 그렇게 답한 이유를 설명해 보라.

```
1    2    3    4    5    6    7    8    9    10
```
나는 하나님의   내가 하나님의   내가 하나님의
은혜를 받아들인   은혜를 받아들였는지   은혜를 받아들였음을
적이 없다.   잘 모르겠다.   확신한다.

16. 요한복음 1장 18절을 헬라어 원어로 보면 성자 하나님과 성부 하나님의 친밀함을 '품속에'라는 말로 표현했다. 마이클 리브스의 책 *Delighting in the Trinity*(삼위일체를 즐거워함)에 따르면, 요한은 아버지의 품속에 영원히 안겨 계신 예수님의 모습을 그려 낸 셈이다. 리브스는 "우리로서는 감히 상상할 수 없지만, 예수님이 밝히셨듯이 그분의 소원은 신자들도 그곳에서 그분과 함께 있는 것이다"라고 말했다(요 17:24 참조). 감히 은혜로 우신 하늘 아버지의 품속에 아늑하게 안겨 있는 당신의 모습을 잠시 상상해 보라. 떠오르는 생각과 감정은 무엇인가? 이 경험은 당신에게 어떤 식으로 영향을 미치겠는가?

2. 은혜, 영원히 하나님의 아들딸이 되는 것 -----

1. 당신이 기억하는 일 중에 가장 어린 시절의 일을 말해 보라.

2. 스테파니 패스트의 이야기에서 당신의 머릿속에 두드러지게 남은 부분은 무엇인가? 당신에게 가장 큰 영향을 미친 부분은 무엇인가? 그 이유를 설명해 보라.

3. 스테파니가 어렸을 때 어머니는 딸을 기차에 태우면서 나중에 내려서 삼촌을 만나라고 일러 주었다. 딸은 시키는 대로 했으나 그곳에는 아무도 없었다. 당신은 이 부분을 읽으면서 어떻게 반응했는가? 스테파니(와 어머니)가 그때 느꼈을 수많은 감정을 말해 보라. 어머니의 의도가 무엇이었다고 보는가? 정말 삼촌이 있었다고 생각하는가? 어머니는 그 후에 한 번이라도 딸을 찾으려 했을까? 그렇게 답한 이유를 설명해 보라.

4. 스테파니는 버림받고 떠돌이가 되어 사람들에게 끊임없이 놀림을 당했고, 초라한 자아상을 품게 되었다. 그것을 그녀는 이렇게 표현했다. "전 쓸모없고 더럽고 부정했어요. 이름도 없고 정체성도 없고 가족도 없고 미래도 없고 희망도 없었지요. 시간이 갈수록 저 자신이 싫어졌어요." 낮은 자존감이 지속적으로 미치는 영향이나 결과는 어떻게 나타나는가? 당신은 스테파니의 부정적 자의식의 악순환에 어느 정도 공감하는가? 괜찮다면 현재 당신의 자존감의 수위가 어느 정도인지 말해 보라.

> 인간의 마음은 절대 법으로 바꿀 수 없다. 오직 사랑으로만 바꿀 수 있다. -릭 워렌

5. 이름은 우리에게 막대한 영향을 미칠 수 있다. 사람들이 스테파니를 "튀기"(쓰레기)라고 부르자 그녀도 점차 자신을 쓰레기로 생각했다. 괜찮다면 성장기에 당신의 정체성을 형성한 이름이나 별명이 무엇인지 나누어 보라.

6. 스테파니는 소속되고 싶은 갈망이 있었다. 당신의 갈망은 무엇인가? 당신은 어느 정도나 소속되어 있다고 느끼는가? 어디에, 누구에게 소속되어 있는가?

7. 스테파니는 어린 시절 자신을 괴롭혔던 두 가지 질문을 이야기했다. "나는 왜 사람들이 죽이고 싶을 만큼 못된 아이일까? 왜 다른 아이들과 달리 엄마 아빠가 없을까?" 스테파니가 이 물음을 당신에게 던졌다고 상상해 보라. 뭐라고 답해 주겠는가?

8. 당신이 기억하는 아버지나 어머니의 사랑 중에서 가장 오래된 일을 말해 보라. 그때 당신은 어떻게 반응했는가? 이 기억은 오늘의 당신에게 어떤 영향을 미치는가?

9. 리 스트로벨은 고아원의 한 장면을 이렇게 묘사했다. "아무것도 내보일 게 없는 한 아이를 열망에 찬 아버지가 아무런 조건 없이 감싸 안았다. 아이는 무언가를 성취하지도, 칭찬받을 만한 일을 하지도 않았다. 그저 상처투성이에 가녀리고 연약한 존재일 뿐이었다." 이 이미지가 보여 주는 하나님의 은혜는 무엇인가? 이 장면에서 어떤 부분이 당신의 마음에 가장 공명을 일으키는가?

10. 스테파니는 자신에게 다가온 사람의 얼굴에 침을 뱉어 은혜를 거부했다. 그녀가 그렇게 반응한 이유를 당신은 어떻게 설명하겠는가? 그녀에게 닥쳐온 내적 갈등은 무엇인가? 당신은 과거에 어떻게 은혜를 거부했는가? 혹시 지금도 은혜를 거부하고 있는가?

11. 스테파니 마음의 상처와 병약한 몸, 그녀를 돌보는 데 요구될 큰 희생

등을 감안할 때 데이비드와 주디 머윈이 굳이 그녀를 택해 입양한 이유를 당신은 어떻게 설명하겠는가?

12. 머윈 부부에게 입양되었을 때 스테파니는 그것을 서로 맞바꾸는 거래로 이해할 수밖에 없었다. 그래서 빚진 마음으로 열심히 일하려 했다. 그때 그녀의 첫 반응이 왜 그랬다고 보는가? 당신은 그런 사고방식에 어떤 식으로 공감하는가? 은혜의 개념은 어느 정도나 직감에 반하는가?

> 하나님이 고작 당신의 외모에만 신경을 쓰신다면 웃기지 않은가?
> -코미디언 앨버트 브룩스

13. 하나님이 베푸시는 은혜에 대한 당신의 반응을 아래의 기준으로 표시해 보라. 그렇게 답한 이유를 설명해 보라.

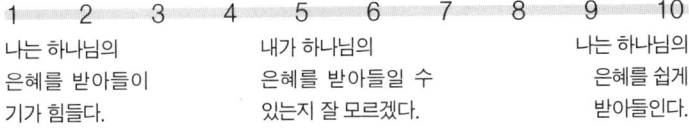

1 2 3 4 5 6 7 8 9 10
나는 하나님의   내가 하나님의   나는 하나님의
은혜를 받아들이   은혜를 받아들일 수   은혜를 쉽게
기가 힘들다.   있는지 잘 모르겠다.   받아들인다.

14. 스테파니는 걷잡을 수 없는 수치심과 죄책감과 열등감으로 힘들어했고, 그것 때문에 하나님이 자신을 무조건 사랑하고 수용하실 수 있음을 믿지 못했다. 하나님이 당신을 무조건 사랑하고 수용하신다는 사실을 믿지 못하게 막는 장벽은 무엇인가?

15. J. I. 패커는 "입양을 모르고는 기독교를 제대로 이해할 수 없다. … 하나님이 우리에게 주신 가장 큰 선물은 우리를 자녀로 삼아 주신 것이다"라고 썼다. 이 말이 무슨 뜻일지 설명해 보라. 당신도 거기에 동의하는가? 그 이유는 무엇인가?

16. 스테파니가 어머니와 재회한다고 상상해 보라. 서로에게 제일 처음 무슨 말부터 할 것 같은가? 스테파니는 어머니에게 은혜를 베풀 수 있을까? 그래야 하는가? 당신이라면 그럴 수 있겠는가? 그 이유는 무엇인가?

17. 스테파니의 이야기는 리 스트로벨의 삶에 통찰을 가져다주었다. 하나님은 리의 죄를 도말하셨을 뿐 아니라 그에게 사랑과 긍휼이 풍성한 아버지가 되셨고 육신의 아버지가 남긴 허전한 마음을 채워 주셨다. 스테파니의 이야기는 당신이 이해하는 하나님의 은혜에 어떤 영향을 주는가?

18. 요한복음 1장 12절에 보면 "영접하는 자 곧 그 이름을 믿는 자들에게는 하나님의 자녀가 되는 권세를 주셨으니"라고 했다. 이 구절에 따르면 하나님의 자녀가 되는 길은 무엇인가? 그것은 당신과 어떤 관계가 있는가? 당신은 현재 자신이 어느 정도 하나님의 자녀(아들이나 딸)라고 생각하는가? 자세히 설명해 보라.

3. 은혜, 모든 매임에서 풀려나는 것

1. 저드 윌하이트는 10대 시절 '자유를 찾으려는 도피'에 집중했다. 당신은 청소년 시절에 무엇에 집중했는가? 부모님이나 친구들은 그때의 당신을 어떤 식으로 묘사하는가? 그 뒤로 당신이 가장 크게 달라진 부분은 무엇인가?

2. 중독은 가끔의 가벼운 집착과 어떻게 다른가? 일상적인 행동은 어떻게 중독으로 변하는가? 중독에 약한 사람들도 있고 여간해서 중독되지 않는 사람들도 있다는 말에 동의하는가? 그 이유는 무엇인가? 당신은 중독에 얼마나 약한가?

3. 삶이 최악의 상태에 이르렀을 때 저드는 이렇게 체념했다. "이러다 죽을지도 모른다. 죽어도 좋다." 그는 왜 죽음보다 삶이 더 두려웠을까? 괜찮다면 당신이나 당신의 지인이 삶의 의지를 잃었던 때를 말해 보라. 그렇게 된 원인은 무엇이었는가?

4. 시편에 하나님을 향한 간절한 부르짖음이 자주 나온다. 시편 88편은 이렇게 시작된다. "여호와 내 구원의 하나님이여 내가 주야로 주 앞에서 부르짖었사오니 나의 기도가 주 앞에 이르게 하시며 나의 부르짖음에 주의 귀를 기울여 주소서"(1-2절). 시편 142편 6절에는 "나의 부르짖음을 들으소서 나는 심히 비천하니이다"라는 말씀이 있다. 저드도 가장 어두운 시간에 '내 힘으로는 안 된다'는 걸 깨닫고 하나님께 도와 달라고 부르짖었다. 혼자 힘으로 살아갈 수 없음을 인정하는 것은 당신에게 얼마나 어려운가? 하나님께 도와 달라고 부르짖은 적이 있는가? 어떻게 되었는가?

5. 저드는 간절히 기도한 뒤에 본연의 자리로 돌아온 기분이 들었다. 그 자리가 어디인지 설명해 보라. 현재 당신은 제자리에 있는가? 그 자리는 어디인가?

> 나는 교회에 은혜가 너무 적어 한동안 교회를 등졌다. 그러다 다른 데는 은혜가 없어 다시 교회로 돌아왔다. -필립 얀시

6. 저드는 그리스도인들의 작은 공동체에 들어갔고 그곳은 금세 그에게 '안식처'가 되었다. 당신에게 '안식처'란 어떤 곳인가? 당신은 공동체 안에서 그런 소통과 수용과 사랑과 안전을 어떤 식으로 경험했는가? 교회는 당신에게 안식처가 되어 주었는가? 그 이유는 무엇인가?

7. '종교'와 '신앙'의 차이는 무엇인가? 종교는 영적 성장과 깨달음에 어떤 식으로 걸림돌이 되는가?

8. 저드는 '행위의 쳇바퀴'에 올라갔다. 자신이 하나님께 계속 사랑받을 자격이 충분히 있음을 입증하려는 강박관념 때문이었다. 이 행위의 덫은 정확히 무엇인가? 그런 삶에는 어떤 위험이 따르는가? 당신을 행위 지향으로 몰아가는 요인은 무엇인가? 건강한 동기와 해로운 동기는 어떻게 다른가?

9. 당신에게 가장 해당되는 숫자에 표시해 보라.

   1　2　3　4　5　6　7　8　9　10

1~3	4~6	8~10
항상 내 노력으로 하나님의 수용을 얻어 내야 할 것처럼 느껴진다.	가끔 내 노력으로 하나님의 수용을 얻어 내야 할 것처럼 느껴진다.	내 노력으로 하나님의 수용을 얻어 내야 할 것처럼 느껴질 때가 없다.

10. 당신은 다음 말에 얼마나 공감하는가? "오직 하나님의 은혜로 구원받은 줄을 알면서도 그것을 제 공로로 유지하려 한 겁니다. 예수님이 제 빚을 다 갚아 주셨는데, 저는 왠지 그분께 도로 갚아야 할 것 같았어요."

11. 저드는 "은혜의 아름다움을 되찾은 뒤부터 믿음 안에서 안식할 수 있었습니다. 하나님께 뭔가 입증해야 한다는 부담감 대신 다시 그분을 즐거워하게 된 거지요."라고 말했다. 믿음 안에서 안식한다는 말은 무슨 뜻인가? 당신은 당신에게 믿음 안의 안식이 얼마나 더 필요하다고 느끼는가? 그것이 당신의 삶에 어떤 모습으로 나타나겠는가?

12. 자신과 타인들을 향해 당신이 품고 있는 기대치는 무엇인가? 하나님이

당신에게 기대하시는 바는 무엇인가? 하나님의 기대치, 타인들의 기대치, 당신의 기대치 중 가장 부담이 되는 것은 무엇인가? 이런 기대치 때문에 어떤 느낌이 드는가?

13. 종교적 율법주의란 무엇인가? 켄 블루는 *The Gospel Uncensored*(거침없는 복음)에 그것을 "그리스도가 이루신 일에 인간의 노력을 더할 수 있다는, 또는 더해야 한다는 신념"이라 표현했다. 율법주의의 위험과 증상은 무엇인가? 당신이 경험한 율법주의는 어떤 것인가? 어떻게 하면 해로운 율법주의를 버리고 건강한 목표와 기대치로 건강하게 균형을 이룰 수 있겠는가?

> 우리는 예수님이 "잘하였도다, 일을 잘하는 종아"라고 말씀하셨다고 생각하기를 좋아한다. -케니 럭

14. 당신은 죄책감과 수치심과 상한 마음으로 가득한 사람들이 하나님의 은혜를 마음 깊이 받아들이기 어렵다는 말에 동의하는가? 왜 그렇게 생각하는가? 죄책감과 수치심과 상한 마음이 없는 사람들은 하나님의 은혜를 받아들이기가 얼마큼 어려운가? 당신은 어떤가? 죄책감과 수치심과 상한 마음을 어느 정도 품고 있는가? 당신은 하나님의 은혜를 온전히 수용하기가 얼마나 어려운가?

15. 당신은 사람들을 좋은 쪽으로 보는 편인가? 그 이유는 무엇인가? 사람들을 좋은 쪽으로 볼 때 그 유익은 무엇인가? 단점도 있는가?

16. 당신이 보기에도 대부분의 그리스도인들이 죄도 미워하고 죄인도 미워하는가? 그렇게 답한 이유를 설명해 보라. 당신은 어떤가? 죄는 미워하

된 죄인은 사랑하기를 어느 정도나 하고 있는가? 그것을 막는 걸림돌은 무엇인가?

> 기독교는 종교가 아니라 종교가 끝났다는 선언이다.
> -로버트 케이폰

17. 저드는 은혜와 진리를 동전의 양면으로 보았다. 그 의미가 무엇이라고 생각하는가? 당신은 거기에 동의하는가? 그 이유는 무엇인가?

18. "죄가 더한 곳에 은혜가 더욱 넘쳤나니"(롬 5:20). 당신은 이 구절을 어떻게 해석하는가? 이 구절은 당신의 경험과 어떤 관계가 있는가? 자신의 실패와 하나님의 용서 중 당신이 더 의식하는 쪽은 무엇인가? 그 이유는 무엇인가?

4. 은혜, 착한 사람, 잘나가는 사람에게도 필요한 것

1. 크레이그 헤이즌은 학창 시절부터 공부하기를 좋아했다. 당신은 얼마나 공부하는 사람인가? 당신이 좋아하는 공부 방법은 읽기, 듣기, 관찰, 실습 중 무엇인가? 그 이유는 무엇인가?

2. 헤이즌은 어느 날 교회에 갔다가 하나님을 시험하려고 그리스도인이 되기로 결심했다. 그의 '큰 실험'에 대해 당신은 어떻게 반응했는가? 그가 잃을 것과 얻을 것은 각각 무엇이었겠는가? 당신도 비슷한 일을 해 본 적이 있는가?

3. 비교적 착하고 도덕적인 사람과 악한 사람 중 어느 쪽이 하나님의 은혜

를 받아들이기가 더 어려울까? 당신의 논리를 설명해 보라. 이들 두 부류의 사람에게 그 길은 각각 어떤 길이겠는가? 비슷한 점과 다른 점은 무엇인가? 당신은 법대로 사는 착하고 호의적인 보통 사람을 상대할 때, 어떻게 그를 도와 은혜의 필요성을 깨닫게 하겠는가?

> 죄란 안타까운 과실이나 간헐적인 실족이 아니다. 죄란 하나님의 통치에 대항하는 쿠데타다. -맥스 루케이도

4. 세상에 종교가 왜 그렇게 많다고 생각하는가? 모든 종교가 기본적으로 똑같다고 생각하는가? 이유는 무엇인가? 이번 장은 이 주제에 대한 당신의 사고에 어떤 영향을 미쳤는가?

5. 헤이즌은 자비와 은혜의 차이를 이런 식으로 예시했다. 자녀가 나쁜 짓을 하다가 부모에게 들켰을 때 자비는 자녀를 벌하지 않는 것이지만 은혜는 자녀에게 선물을 주는 것이다. 기독교의 하나님은 예수를 따르는 사람들을 벌하지 않으실 뿐 아니라 완전한 용서와 영생을 상과 선물로 주신다. 당신은 헤이즌의 이 비유를 어떻게 생각하는가? 하나님이 베푸시는 자비와 은혜를 정확히 담아냈다고 보는가? 이유는 무엇인가?

6. 헤이즌은 이렇게 말했다. "그게 은혜입니다. 우리로서는 받을 자격도 없고, 노력으로 얻어 낼 수도 없고, 뭔가 기여할 수도 없는 놀라운 선물이지요. 하나님은 자격이 없는 우리에게 아낌없이 넘치도록 은혜를 주십니다. 값없이 베푸시는 이 과분한 은총을, 누구나 원하면 받을 수 있습니다. 우리가 노력으로 얻어 낼 수 없고, 뭔가 기여할 수도 없고, 도로 갚을 수도 없고, 조금도 공로를 취할 수 없는 것이지만, 그래도 하나님은 주십니다. 우리를 그분의 형상대로 지으셨고 우리와 영원히 관계를

누리길 원하시기 때문이지요. 이것이 복음의 기쁜 소식입니다." 헤이즌이 말한, 이 하나님의 은혜에 당신은 어떻게 반응하는가? 그중 당신이 좋아하는 면과 싫어하는 면은 무엇인가? 이해하기에, 또는 받아들이기에 가장 어려운 면은 무엇인가?

7. 당신은 '죄'를 어떻게 정의하겠는가? 사회가 '죄라는 개념을 상실'했다는 헤이즌의 말은 무슨 뜻인가? 당신은 그 말에 동의하는가? 그 이유는 무엇인가? 앞 장에서 저드 윌하이트는 라스베이거스에서는 "사람들에게 죄의 존재를 설득시킬 필요가 거의 없다"라고 했는데, 당신은 사회에 대해 이런 두 관점이 공존하는 현상을 어떻게 설명하겠는가?

8. 정말 착한 사람은 아무도 없다는 성경의 가르침(롬 3:23 참조)에 당신은 동의하는가 동의하지 않는가? 그 이유는 무엇인가? 당신의 친구들과 가족들은 자신을 어느 정도의 죄인으로 보는 것 같은가? 당신은 어떤가?

9. 헤이즌은 자존감 운동의 영향으로 우리가 하나님의 거룩하심과 우리 죄의 깊이에 대한 이해를 잃었다고 말했다. 자신의 죄에 대한 건강한 자각과 건강한 자존감은 서로 공존할 수 있는가, 아니면 상호 배타적인가? 왜 그렇게 생각하는가?

> 말하기 부끄럽지만 세상에 필요한 것은 기독교의 사랑이다.
> -무신론자 버트런드 러셀

10. 헤이즌은 은혜를 명확히 이해하려면 우선 죄를 명확히 이해해야 한다고 역설한다. 자신의 죄를 인식하는 것은 은혜를 더 온전하고 확실하게 깨닫는 데 어떻게 도움이 되는가?

11. 무조건적 사랑은 어느 정도나 가능한가? 당신의 삶에서 그것을 경험한 적이 있는가? 예를 들어 보라.

12. 기독교에 따르면 하나님 앞에서 자신의 실상을 정확히 이해하면 두 가지 강렬한 반응이 야기될 수 있다. 죄 때문에 하나님과 완전히 분리된 것에 대해 절대적인 공포에 빠질 수도 있고, 하나님이 은혜로 베푸신 용서와 영생의 선물 덕분에 감사와 기쁨이 넘칠 수도 있다. 당신은 이 두 가지 상태에 얼마나 공감하는가?

13. 할당량을 채우지 못하면 해고되는데 할당량이 얼마큼인지 알 수 없는 영업 사원을 상상해 보라. 심정이 어떻겠는가? 이와 비슷하게 자신의 힘으로 하나님께 도달해야 하는 시스템은 어떻게 사람을 비참한 불안 감에 빠뜨리겠는가?

14. 신학자 러셀 D. 무어는 "자신이 너무 착해서 복음이 필요 없다고 기만 하는 사람들도 있고, 자신이 너무 악해서 복음으로도 안 된다고 정죄당하는 사람들도 있다"고 했다. 당신은 둘 중 어느 쪽에 더 빠지기 쉬우며 그 이유는 무엇인가? 당신이 아는 사람들은 어떤가?

15. 과거에 당신이 기독교 이외의 타 종교 사람들과 대면했던 일을 말해 보라. 그 종교의 어떤 면이 마음에 와 닿는가? 어떤 면이 싫은가? 그 종교의 가르침 중 당신이 동의하지 않는 부분은 무엇인가? 타 종교에서 선행이 갖는 의미는 무엇이며, 선행은 종교에 어떻게 영향을 미치는가?

16. 린 K. 와일더의 *Unveiling Grace*(은혜의 제막)에는 모르몬교도였던 그녀가 선한 행위로 "점수를 따서" 하나님의 은총을 얻어 내려 했던 시절의 좌

절이 적혀 있다. "내 행위가 옳은지 온종일 염려했다. 의식적으로는 아닐지 몰라도 무의식중에는 늘 그랬다. 하루 동안 내리는 내 모든 결정이 나를 하늘 아버지께 받아들여질 만큼 더 착하게 해 줄지 염려했다. … 나 자신의 의를 끊임없이 평가하는 게 자기중심적인 일임을 몰랐다. … 항상 나만 생각하며 살았다. 게다가 죄를 용케 물리치면 그 공로를 나에게 돌렸다. 이런 근거 없는 신념이 내 영혼에 독이 되어 정작 내게 있던 많은 죄를 보지 못하게 했다." 결국 와일더는 모르몬교를 떠났다. 행위에 기초한 신앙에 대한 그녀의 비판을 당신은 어떻게 생각하는가? 은혜는 우리 자신에 대한, 그리고 하나님에 대한 우리의 태도를 어떻게 변화시키는가?

17. 헤이즌은 세계의 여러 종교 중에서 기독교가 은혜의 선물, 인격적 하나님의 거룩하심, 죄의 실재, 탄탄한 역사적 근거 등에서 독특하다고 말했다. 당신은 아직 믿음의 선을 넘지 못한 사람에게 기독교의 독특성을 어떻게 설명하겠는가? 무엇을 강조하겠으며 그 이유는 무엇인가?

> 하나님이 은혜를 베푸시는 이유는 우리가 선을 행해서가 아니라 능히 선을 행하게 하기 위해서다. -어거스틴

18. 경험, 감정, 역사적 사실, 논리, 진리는 모두 우리의 믿음에 영향을 미칠 수 있다. 지금까지 이들 각 요인은 당신의 영적 여정에 어떤 역할을 했는가? 그중 당신이 '시험해' 본 것은 무엇인가? 설명해 보라.

19. 요한일서 5장 13절에 보면 "내가 하나님의 아들의 이름을 믿는 너희에게 이것을 쓰는 것은 너희로 하여금 너희에게 영생이 있음을 알게 하려 함이라"라고 했다. 1부터 10까지 중에서 당신은 자신에게 영생이 있음

을 얼마나 확신하는가? 10에 더 가까워지려면 무엇이 필요하겠는가?

5. 은혜, 한계선이 없는 것 -----

1. 크리스토퍼 라펠은 어렸을 때 작은 상아 십자가를 귀히 여기며 목에 걸고 다녔다. 당신이 성장기에 귀히 여겼던 종교적 물건이나 상징물이 있다면 무엇인가? 그것이 당신에게 큰 의미가 있었던 이유는 무엇이며, 그 후로 그 물건은 어떻게 되었는가?

2. 라펠의 아버지는 아들의 십자가를 버리게 하려고 그가 원하면 어떤 불상이든 만들어 주겠다고 했다. 하지만 그는 십자가를 계속 차고 싶었다. 당신도 진리를 찾으려는 영적 추구를 저지당한 적이 있다면 어떤 식으로 그랬는가? 그런 방해에도 불구하고 어떻게 결심을 지켰는가?

3. C. S. 루이스는 "그리스도인이 된다는 것은 용서할 수 없는 일을 용서한다는 뜻이다. 하나님이 당신의 용서할 수 없는 죄를 모두 용서하셨기 때문이다"라고 썼다. 당신은 하나님이 우리를 용서하신 만큼 우리도 남을 용서해야 한다는 기독교의 개념에 동의하는가? 왜 그렇게 생각하는가?

4. 당신은 얼마나 남을 용서할 마음이 있는지 표시해 보라.

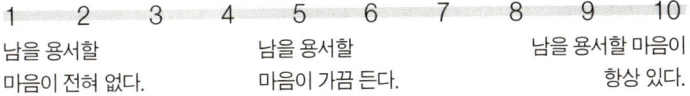

| 1 2 3 | 4 5 6 | 7 8 9 10 |
| 남을 용서할 마음이 전혀 없다. | 남을 용서할 마음이 가끔 든다. | 남을 용서할 마음이 항상 있다. |

5. 하나님의 은혜에 한계가 있다고 믿는가? 만일 그렇다면 그분이 선을 그으시는 곳은 어디인가? 만일 그렇지 않다면 그 이유는 무엇인가?

> 용서란 불공평할 수 있고 본질상 불공평한 것이지만, 그래도 복수의 악순환을 중단할 수 있는 방도가 그 속에 있다. -필립 얀시

6. 당신이나 당신의 지인이 죽음이나 비참한 일을 가까스로 면했던 때를 말해 보라. 그 경험은 하나님을 대하는 당신의 태도나 지인의 태도에 어떤 영향을 미쳤는가? 그때 했던 약속은 무엇인가? 그 약속을 혹시 어겼는가? 자세히 설명해 보라.

7. 라펠은 구사일생으로 목숨을 건진 결과로 하나님께 자신의 인생을 바치기로 했다. 당신은 '임종의 회심'을 어떻게 보는가? 그것은 진짜인가? 진심인가? 오래가는가? 왜 그렇게 생각하는가?

8. 다급할 때 하나님을 찾는 일이 일종의 현실 도피나 (본회퍼의 표현으로) '값싼 은혜'일 때는 언제인가? 천국에 들어갈 '입장권'을 얻으려고 예수께 그저 입에 발린 말을 할 수도 있는가? 예수 그리스도를 존경하는 것과 헌신적으로 그분을 따르는 것은 어떻게 다른가?

9. 라펠은 자신의 삶을 하나님께 온전히 드리기로 했고 무슨 일이 있어도 헌신적으로 그분을 섬기기로 서원했다. 당신은 자신의 삶을 하나님께 어느 정도나 드렸는가? 혹은 드리지 않았는가? 현재 당신이 하나님께 헌신한 수준에 당신은 얼마나 만족하는가? 그분께 100퍼센트를 다 드리려면 어떻게 해야 되겠는가?

10. 도이크는 자신이 체포되어 투옥될 것에 대해 이렇게 말했다. "괜찮습니다. 제 육신은 그들에게 넘겨져도 제 영혼은 예수님의 것입니다." 이 말은 무슨 뜻인가? 이런 확신은 어디에서 왔는가? 당신도 똑같이 말할 수

있기를 바라는가?

11. 당신이 S-21 교도소의 몇 안 되는 생존자 중 하나라면 도이크를 용서하기가 얼마나 어렵겠는가? 결국 그를 용서할 수 있겠는가? 그를 용서하는 게 어떻게 '공평한' 일인가?

12. 마태복음 18장 21-35절에 나오는 무자비한 종의 비유를 읽으라. 당신의 반응은 무엇인가? 이 비유는 남을 용서함에 대해 무엇을 가르쳐 주는가? 하나님께 참으로 용서받고도 남을 용서하지 않는 것이 성경적으로 말해서 가능한 일인가? 그렇게 생각한 이유는 무엇인가?

13. 당신이 라펠의 입장이 되어 교도소에서 처음으로 도이크를 대면한다면 그에게 뭐라고 말하겠는가? 그를 어떻게 대하겠는가?

14. 도이크는 감방 안에서 "나는 죄수가 아니라 자유인입니다"라고 고백했는데 당신은 이 말을 어떻게 설명하겠는가? 예수는 요한복음 8장 36절에 "그러므로 아들이 너희를 자유롭게 하면 너희가 참으로 자유로우리라"라고 말씀하셨다. 당신의 생각에 이 말씀은 어떤 의미인가?

15. 당신은 도이크가 진정으로 회심했다고 보는가? 왜 그렇게 생각하는가? 그리스도를 진정으로 믿는 사람에게 나타나는 몇 가지 단서는 무엇인가? 그중 다른 사람들이 당신의 삶 속에서 보는 단서는 몇 가지나 되겠는가?

> 서로 친절하게 하며 불쌍히 여기며 서로 용서하기를 하나님이 그리스도 안에서 너희를 용서하심과 같이 하라. -엡 4:32

16. 허버트 마르쿠는 "제멋대로 살인과 고문을 일삼은 사람이 나중에 가서 단순히 용서를 구하거나 받을 수는 없으며 그래서도 안 된다"라고 했는데, 당신은 이 말을 어떻게 생각하는가? '캄보디아의 히틀러'라는 폴 포트처럼 가증스러운 범죄를 저지른 사람에게도 하나님이 용서와 영생을 베푸실 수 있는가? 용서를 구한다면 흉악한 이에게도 은혜를 베푸는 게 가능한 일인가? 그럴 때 은혜는 싸구려로 전락하는가, 아니면 오히려 더 놀라운 일이 되는가? 당신의 생각을 설명해 보라.

17. "예수가 구원의 유일한 길이라면 도이크의 피해자인 불교도들은 지옥에 가는데 도이크는 영원히 천국에서 지내게 된다." 당신은 이 말에 동의하는가? 왜 그렇게 생각하는가? 이 말을 어떻게 이해할 것인가?

18. "용서할 수 없는 죄가 있다면 예수의 사명은 이루어지다 만 것이다." 당신은 이 말에 동의하는가 동의하지 않는가? 왜 그렇게 생각하는가?

19. 하나님께 온전히 용서받은 사람도 여전히 자신의 죄를 후회한다. 당신의 경우 어느 정도나 그렇다고 보는가? 당신의 삶에도 후회가 있는가? 그 이유는 무엇인가?

6. 은혜, 누군가의 삶을 실제로 살리는 것 -----

1. 코디 허프의 이야기에서 당신에게 가장 크게 감명을 준 부분은 무엇인가? 그 이유는 무엇인가?

2. 필립 얀시는 "은혜란 하나님의 사랑을 더 받기 위해 할 수 있는 일이 아무것도 없다는 뜻이다. 또 무엇으로도 하나님의 사랑을 약화시킬 수 없

다는 뜻이다"라고 썼다. 그게 사실이라면 이것이 하나님의 사랑에 대해 말해 주는 바는 무엇인가? 당신은 정말 무엇으로도 당신을 향한 하나님의 사랑을 약화시킬 수 없다고 믿는가? 설명해 보라.

3. 당신이 "하나님, 저한테 왜 그러십니까?"라고 기도했던 때를 말해 보라.

4. 코디는 자존감이 손톱만큼도 남아 있지 않은 지경에 이르렀다. 자존감을 잃는다는 것은 무슨 뜻인가? 그는 "저 자신이 싫었고 제 인생도 싫었고 하나님도 싫었습니다"라고 말했다. 자신과 하나님을 향한 이런 반감을 부추긴 요인은 무엇인가? 당신은 코디의 자기혐오에 얼마나 공감할 수 있는가?

> 이웃 사랑은 작은 몸짓이지만 가장 큰 영향을 남긴다.
> -에드 스테처

5. 인생의 밑바닥까지 떨어졌던 때, 삶이 곤두박질치고 있다고 느끼던 때는 언제인가? 그때 어떻게 반응했는가? 분노, 기도, 눈물, 자가 치료, 불신, 부정(否定), 우울 등 무엇인가? 그 경험에서 무엇을 배웠는가?

6. 솔직히 당신은 정체감이나 자존감을 어디서 얻는가? 가족이나 친구, 직장, 외모, 재능과 실력, 재정 이런 것에서 자존감을 얻는가? 당신의 대답을 자세히 설명해 보라. 자존감의 기초는 내 인생에 가장 중요한 사람이 나를 어떻게 생각하느냐에 있다고 한다. 당신의 인생에 가장 중요한 사람은 누구이며 그 사람은 당신을 어떻게 생각하는가?

7. 코디는 "제겐 아무것도 없었고, 저는 아무것도 아니었습니다"라고 말했

다. 당신이 정체성과 자존감을 다 잃었다고 상상해 보라. 또 집이나 잠잘 곳도 없다고 상상해 보라. 심정이 어떤가? 어떻게 반응하겠는가? 당신이 코디의 처지에 있었다면 어떻게 행동했겠는가?

8. 코디는 자기를 보호하다가 자멸로 치닫고, 모든 것을 얻었다가 전부 잃고, 마약을 끊었다가 다시 중독되고, 정식 직장을 잡았다가 다시 범죄에 빠지기를 되풀이했다. 그는 왜 이 악순환을 끊을 수 없었을까? 사람들이 이런 습성에 빠지는 원인이 무엇이라고 보는가? 비생산적인 악순환에서 헤어나지 못하는 상태에 대해 당신은 어느 정도 공감하는가?

9. 당신은 파괴적 습성을 하나님 없이 끊는 게 가능하다고 보는가? 왜 그렇게 생각하는가?

10. 지금까지 노숙인들에 대한 당신의 경험은 무엇인가? 길에서 걸인을 볼 때 당신의 꾸미지 않은 첫 반응은 무엇인가? 당신이나 당신의 지인이 노숙인 보호소에서 자원봉사를 한 적이 있는가? 그 경험은 어떤 것이었으며 그때 표면에 떠오른 감정은 무엇이었는가?

11. 당신은 노숙인이 접근하여 돈을 달라고 할 때 나름대로 대처하는 방법이 있는가? 당신의 생각에는 돈을 주어야 하는가, 음식 상품권을 주어야 하는가, 아니면 아무것도 주지 말아야 하는가? 그렇게 생각하는 이유는 무엇인가? 당신의 지역사회에서 노숙은 얼마나 큰 문제인가? 당신 교회의 목사가 교회에 노숙인들의 잠자리를 제공하기로 결정한다면 교회는 어떻게 반응하겠는가?

12. 미셸이 더럽고 냄새나는 노숙인인 코디를 안아 준 이유가 무엇이었다

고 보는가? 당신이 미셸의 입장에 있었다면 코디와 악수를 하거나 그를 덥석 끌어안거나 하다못해 등이라도 두드려 주었겠는가? 그렇게 생각한 이유는 무엇인가? 당신은 작은 친절한 몸짓 하나가 평생의 자멸의 악순환을 끊을 수 있다고 믿는가? 당신이 누군가에게 하나님의 사랑을 몸소 실천할 수 있는 두세 가지 방법은 무엇인가?

13. "당신의 너그러움 때문에 누군가가 깜짝 놀랐던 적이 언제인가?" 맥스 루케이도의 이 물음에 당신은 뭐라고 답하겠는가?

14. 게리 채프먼의 책 《5가지 사랑의 언어》(*The Five Love Languages*, 생명의말씀사 역간)에 보면 사랑을 표현하는 방법이 선물, 함께하는 시간, 인정하는 말, 봉사, 스킨십 등 여러 종류로 나와 있다. 이런 방법으로 표현되는 은혜의 모습은 어떠한가? 당신은 대개 은혜를 어떻게 표현하는가?

15. 미셸이 안아 주는 순간 코디의 내면에 뭔가 영적인 불꽃이 튀었다. 그런데 오늘까지도 그는 정확히 무슨 일이 있었는지 말로 표현하지 못한다. 당신은 그 순간에 벌어진 일을 어떻게 설명하겠는가? 당신도 그와 비슷한 일을 경험한 적이 있는가?

16. 미셸의 몸짓을 코디는 예수님을 직접 만난 것에 견주면서 마치 예수님이 친히 자기 앞에 서 계신 것 같았다고 말했다. 당신은 하나님이 사람들을 예수님의 '대역'으로 쓰신다고 믿는가? 당신도 그렇게 쓰임받은 적이 있는가? 당신에게 '예수가 되어 준' 사람이 있는가? 어떻게 그랬는가?

> 은혜로 새로워진 후에 자신의 옛 자아와 마주친다면 당신은 어서 그의 곁을 떠나고 싶을 것이다. -찰스 스펄전

17. 하나님께 부르짖고 나서 즉각 변화를 경험하는 사람들도 있는가 하면 어떤 사람들은 하나님께 나아가도 조금도 변화되지 않는 듯 보인다. 경험의 폭이 이렇게 넓은 이유가 무엇이라고 보는가?

18. 코디가 말했듯이 모든 것은 그의 집인 공원에서 절정에 이르렀다. "저는 정말 성경 지식이 없었습니다. 하나님이 저를 사랑하시고, 예수님이 저를 위해 죽으셨고, 제가 죄인이지만 예수님 덕분에 용서받을 길이 있다는 정도만 알았지요. 정말 용서받고 싶었습니다." 이 말에 복음이 얼마나 잘 요약되어 있는가? 당신은 코디가 믿은 것을 어느 정도나 믿으며, 코디가 원한 것을 어느 정도나 원하는가?

19. 코디가 기도로 하나님의 용서와 은혜를 받아들이자 그에게 놀라운 평안이 밀려왔다. 그는 "바다에서 서핑할 때 쏴 하고 덮쳐 오는 파도처럼 말이지요. 처음으로 제 자신이 깨끗하게 느껴졌습니다"라고 말했다. 코디가 받아들인 그것이 당신에게도 필요한가? 코디가 경험한 깨끗해진 느낌을 당신은 얼마나 맛보고 싶은가? 당신이 마지막으로 마음에서 우러나오는 기도를 했던 때를 말해 보라.

20. 이 책을 읽기 시작한 뒤로 은혜에 대한 당신의 이해에 어떤 진전이 있었는가? 하나님의 은혜를 받아들이기가 더 쉬워졌는가, 아니면 그 반대인가? 하나님의 은혜를 남에게 더 잘 베풀 것 같은가, 아니면 그 반대인가? 설명해 보라.

7. 은혜, 용서 못할 누군가를 용서하게 하는 것 -----

1. 우리 사회에서 부부간의 부정(不貞)이 혼한 일이 된 이유가 무엇이라고 생각하는가? 이 현상의 가장 두드러진 결과는 무엇인가?

2. 브레넌 매닝은 "은혜로 살려면 내 인생 이야기의 밝은 면과 어두운 면을 전부 인정해야 한다. 그늘진 면을 인정할 때 내가 누구이며 하나님의 은혜가 어떤 의미인지 알게 된다"라고 했다. 당신은 자신의 어두운 면을 얼마나 알고 있는지 숫자 1에서 10으로 표시해 보라. 또 그 어두운 면을 가족이나 믿을 만한 친구에게 인정할 마음이 얼마나 있는지 숫자로 표시해 보라. 그리고 그 이유를 자세히 설명해 보라.

3. 배신당한 피해자 쪽의 괴로움과 배신한 가해자 쪽의 가책과 후회와 죄책감 중 어느 쪽이 더 속이 뒤틀리는 아픔인가? 그 이유는 무엇인가? 바람을 피운 배우자에게 은혜와 용서를 베푸는 일과 바람을 피운 배우자가 은혜를 받아들여 자신을 용서하는 일 중 어느 쪽이 더 힘든가? 설명해 보라.

> 자비를 베풀지 않으면서 어찌 자비를 바랄 것인가?
> -셰익스피어,《베니스의 상인》

4. 하이디는 화평하게 하는 쪽(peacemaker)이고 브래드는 평화를 유지하는 쪽(peacekeeper)이다. 이 둘은 어떻게 다른가? 당신은 둘 중 어느 쪽이며 어느 정도나 그러한가?

5. 브래드는 자신이 사람들의 호감에 민감하다고 했다. 이 말은 무슨 뜻인가? 이것은 부정적인 특성인가, 긍정적인 특성인가? 그 이유는 무엇인

가? 평소에 당신은 사람들의 호감을 사는 것에 어느 정도 민감한가?

6. C. S. 루이스는 "교만이라는 어미 닭 밑에서 다른 모든 죄가 부화한다"라고 썼다. 당신도 그 말에 동의하는가? 그렇게 생각하는 이유는 무엇인가? 잠언 16장 18절에 "교만은 패망의 선봉이요 거만한 마음은 넘어짐의 앞잡이니라"라고 했다. 이 말씀은 어떤 면에서 진리인가?

7. 브래드는 권리 의식의 문제로 힘들어했다. 여기에는 어떤 의미가 함축되어 있으며, 이런 태도에 뒤따르는 위험은 무엇인가? 당신도 같은 문제로 힘들었던 적이 있는가? 괜찮다면 사례를 나누어 보라.

8. 브래드는 "처음 그 사람을 만나러 갈 때부터" 자신이 발길을 돌려야 함을 알았다고 했다. 왜 발길을 돌리지 않았다고 보는가? 당신도 잘못된 일인 줄 마음속으로 뻔히 알면서도 그대로 밀고 나간 적이 있는가?

9. 사람은 타인을 어느 정도 믿어야 하는가? 당신은 사람들을 어느 정도 믿는가? 자신을 어느 정도 믿는가? 신뢰가 깨졌을 때 그것을 다시 회복하려면 어떤 과정이 필요하다고 보는가?

> 내가 느끼기에 내 문제는 죄책감이 아니었다. 가장 강하게 느껴진 것은 내가 무가치한 존재라는 뭉뚱그려진 감정이었으며, 그것은 내가 지은 어떤 구체적인 죄와도 딱히 연결되지 않았다. 용서 이상으로 내게 필요한 것은 하나님이 나를 받으셨고 소유하셨고 붙드셨고 긍정하셨다는 느낌이었다. 내가 아무리 형편없을지라도 그분이 그분의 손안에 놓인 나를 결코 버리지 않으시리라는 확신이었다. -루이스 스미디즈

10. "스스로 속이지 말라 하나님은 업신여김을 받지 아니하시나니"(갈 6:7). 이 구절에 대해 당신은 어떻게 생각하는가? 이 말씀을 당신의 삶에 어떻게 적용할 수 있겠는가?

11. 건강하지 못한 사고(권리 의식, 하나님을 신뢰하지 못함, 교만, 방어적인 태도), 상한 감정(충분히 존중받거나 인정받지 못함, 일터에서 겪는 좌절, 원한, 더 나은 대우를 바람), 환경 요인(부부가 떨어져 지냄, 아내와 솔직하게 소통하지 못함, 성경 공부에 도움을 청해 온 여자), 이 모두가 한데 어우러져 브래드를 몰락시켰다. 브래드의 경험을 통해 배울 수 있는, 당신이나 다른 사람들이 주의해야 할 위험 신호는 무엇인가?

12. 브래드는 '위선의 삶'에 대해 말했다. 당신이 표리부동하게 사느라 느꼈던 내적 긴장은 어떤 것인가? 그 '무게'는 당신에게 어느 정도였는가? 설명해 보라.

13. 브래드와 하이디가 상처에서 치유로 옮겨간 것을 당신은 어떻게 설명하겠는가? 그 길은 비슷한 고통을 겪고 있는 사람들에게도 가능한 일인가? 그렇게 되려면 어떤 태도가 필요한가? 설명해 보라.

14. 하이디는 용서의 감정이 들기 전에 먼저 브래드를 용서하기로 결단했다. 당신은 이것을 어떻게 설명하겠는가? 의지적으로 용서하는 하이디의 성품에 대해 당신은 어떤 결론을 도출할 수 있는가? 당신도 똑같이 할 수 있겠는가? 그 이유는 무엇인가?

15. 자신의 잘못을 인정하거나 사과할 마음이 없는 사람을 용서하는 것이 가능한가? 그리고 그런 용서가 필요하다고 생각하는가? 내게 해를 끼

치고도 미안해하지 않는 사람을 용서해야 하는가? 설명해 보라. 성경은 우리에게 하나님이 용서하시는 것처럼 용서하라고 명하는데, 그분은 회개를 요구하신다(행 3:19 참조). 이것은 서로를 향한 우리의 태도에 어떤 지침이 되어야 하는가? 회개하지 않는 사람을 용서할 때 우리의 삶 속에 벌어지는 일은 무엇인가?

16. 브래드는 상한 심령으로 회개했다. 회중 앞에 서서 자신의 죄를 시인해야 한다고 느꼈다. 하나님의 온전한 용서를 느끼려면 자신이 저지른 일을 철저히 책임져야 했기 때문이다. 당신도 철저히 책임지는 것과 하나님의 온전한 용서를 느끼는 것이 서로 맞물려 있다고 보는가? 그렇게 생각한 이유는 무엇인가? 책임지는 과정에 공개적인 자백이 항상 필요한가? 설명해 보라.

17. 수치를 정의해 보라. 당신은 수치가 하나님에게서 오는 게 아니라는 브래드의 말에 동의하는가? 왜 그렇게 생각하는가? 수치를 통해 얻을 수 있는 유익이 있는가? 있다면 무엇인가?

18. 브래드는 하나님과 하이디에게 용서받았음을 알면서도 수치심과 자책에서 벗어나기가 힘들었다. 당신은 이것을 어떻게 설명하겠는가? 죄에 파묻혀 수치로 가득한 사람에게 은혜가 막연하게 느껴지는 이유는 무엇인가? "그러므로 이제 그리스도 예수 안에 있는 자에게는 결코 정죄함이 없나니"라고 한 로마서 8장 1절 말씀을 우리 자신에게 적용하기 어려운 이유는 무엇인가?

19. 당신이 용서할 수 있는 한도는 어디까지인가? 혹시 상대가 '너무 멀리' 선을 넘어 버려 상대를 용서할 수 없는 경우도 있는가? 설명해 보라.

20. "자진해서 선택할 일은 아니지만 하나님은 그 경험을 통해 나를 이전 어느 때보다도 그분께로 더 가까이 이끌어 주셨습니다." 하이디의 이 말에 대한 당신의 반응은 무엇인가? 당신이 겪은 부정적인 경험을 통해 하나님이 선을 이루신 적이 있는가? 어떻게 그렇게 하셨는가?

8. 은혜, 회개를 통해 영혼에 불이 켜지는 것 -----

1. 당신은 평소에 기도하는가? 당신의 기도 생활은 어떠한가? 당신의 기도는 어느 정도 응답되는가? 응답되지 않는 것 같은 기도는 어떻게 처리하는가?

2. 앤드류 팔라우는 겉으로는 그리스도인인 척하면서 속에는 모든 영적인 것에 대한 냉담함을 감추어 두었다. 당신은 자칭 그리스도인들 사이에 그런 일이 흔하다고 보는가? 그 이유는 무엇인가? 사람들을 겉과 속이 다른 삶으로 몰아가는 요인은 무엇인가? 당신의 삶에도 이렇게 가면을 지어낸 부분이 있는가?

3. "자아의 제단에서 숭배한다"는 말은 무슨 뜻인가? 이 표현에 비추어 볼 때 그동안 당신의 삶은 어떠했는가?

4. 잠언에 '미련한 자'가 어떻게 묘사되어 있는가? 그중 어떤 행동이든 당신에게도 그런 성향이 보이는가? 어떤 면에서 그러한가?

> 그분의 필요성을 알기 전에는 그분을 찾을 수 없다. -토머스 머튼

5. 지금까지 인생을 살아오면서 당신이 무모했거나 경솔했거나 이기적이

었거나 영적인 문제에 냉담했거나 제멋대로 딴 길로 치달았던 시절이 있었는가? 그때의 삶은 어땠는가? 그 길에서 돌아선 계기는 무엇인가?

6. 앤드류는 집안의 기독교적 유산을 등졌다. 자녀들이 부모의 가치관을 저버리는 이유는 무엇인가? 영적인 문제에서 자녀는 어느 정도까지 부모의 책임인가?

7. 앤드류는 기독교가 진리라고 믿으며 자랐지만 관심이 없었다. 자신이 너무 죄에 빠져 있었다고 했다. 당신은 그가 정말 기독교를 진리라고 생각했다고 보는가? 기독교의 교리에 지적으로 동의하면서도 신앙에는 냉담할 수 있는가? 당신이 앤드류의 태도에 공감할 수 있다면 어떤 면에서 그런가?

8. 앤드류의 아버지는 그에게 사랑이 가득하면서도 그의 영혼에 도전을 주는 편지를 썼다. 이 편지의 기본 메시지는 무엇인가? 당신이 앤드류였다면 어떻게 반응했겠는가? 당신도 혹시 비슷한 편지를 써야 할 대상이 있는가? 설명해 보라.

> 하나님 나라에 들어가려면 인간의 훌륭한 '선'이 회개와 충돌하는 갑작스럽고 격한 고통을 통과해야 한다. -오스왈드 챔버스

9. 루이스 팔라우는 "아들아, 너는 하나님의 사람이 되려고 태어났다"라고 썼다. 당신은 모든 남녀의 인생의 목적이 하나님의 사람이 되는 것이라고 믿는가? 왜 그렇게 생각하는가? 스스로 보기에 당신은 어느 정도 하나님의 사람인가? 이것은 당신 인생의 사명에 어떤 영향을 미치는가?

10. 누군가가 당신에게 삶의 방향을 바꾸라고 지적하거나 도전한 적이 있는가? 어떤 상황이었는가? 당신은 그것을 어떻게 받아들였는가? 결과는 어땠는가?

11. 사람들을 이용하거나 속이거나 상처를 입힌 기억들이 앤드류를 괴롭혔는데 당신은 여기에 어느 정도 공감하는가? 괜찮다면 아직도 당신을 괴롭히는 기억을 한 가지 나누어 보라.

12. 누군가가 앤드류에게 사탄의 추종자냐고 물은 사건을 당신은 어떻게 해석하겠는가? 그 사람이 앤드류의 어떤 모습 때문에 그를 사탄에게 헌신한 자로 여겼다고 보는가? 당신이 보기에 이것은 일종의 초자연적인 대면인가, 아니면 다른 무엇인가? 당신의 대답을 설명해 보라.

13. 자메이카의 친구들을 방문했을 때 앤드류는 풍성한 삶을 '멋있고 철저하게' 살아가는 사람들에게 마음이 끌렸다. 당신이 생각하기에 그런 믿음은 어떤 모습이었겠는가? 당신도 비슷한 감동을 받았던 적을 말해 보라. 그런 그리스도인들을 돋보이게 한 남다른 자질과 특성은 무엇이었는가?

14. 사람들은 자신이 원하지 않는 일은 하면서 정작 원하는 일은 하지 않는 경향이 있는데 그 이유는 무엇인가? 당신도 이런 습성에 공감할 수 있는가? 어떻게 그런가?

15. 자신의 삶이 다시 곤두박질치기 시작했을 때 앤드류는 몇 가지 심각한 의문에 빠졌다. '정말 진심이었는데 어떻게 이리도 처참하게 무너질 수 있지? 이제 나는 어찌해야 하나?' 그때 당신이 그와 함께 있었다면 이 두

가지 질문에 어떻게 반응했겠는가?

> 아버지, 저는 늘 먼 나라로 갔다가 늘 탕자가 되어 집에 돌아옵니다. 그때마다 늘 용서를 구하면 아버지는 늘 가장 좋은 옷을 꺼내 주십니다. -청교도의 기도

16. 앤드류는 진정으로 죄에서 돌아서서 하나님께 삶의 주권을 내드리지 않는 한 영접 기도는 별 의미가 없다고 결론지었다. 이 말이 무슨 뜻인지 당신의 생각을 간략히 말해 보라. 당신은 그의 결론에 동의하는가? 설명해 보라.

17. 앤드류는 성경을 읽다가 이해가 되지 않아 좌절에 빠진 적이 있다. 당신은 성경을 꾸준히 읽고 있는가? 앤드류의 경험에 공감할 수 있는가? 특히 당신을 혼란에 빠뜨리는 본문은 무엇인가? 그런 의문에 대해 답을 얻을 수 있는 방법은 무엇인가?

18. 어떻게 하면 삶 속에서 하나님을 인격적으로 경험할 수 있겠는가? 하나님과의 친밀한 관계에 대한 당신의 관심은 어느 수준인가? 당신의 대답을 설명해 보라.

19. 앤드류의 기도는 '하나님, 저에게 주님을 나타내 보여 주십시오'에서 '하나님, 주님께 가지 못하게 저를 막는 게 무엇입니까?'로 초점이 바뀌었다. 이 둘의 중요한 차이는 무엇인가? 하나님께 가지 못하게 그를 막았던 것은 무엇인가? 그분께 가지 못하게 당신을 막고 있는 게 있다면 무엇인가?

> 하나님은 기뻐하신다. 세상의 문제들이 해결되었기 때문도 아니고, 인간의 모든 고통과 고난이 끝났기 때문도 아니고, 수많은 사람이 이미 회심하여 그분의 선하심을 찬양하기 때문도 아니다. 하나님이 기뻐하시는 이유는 잃었던 자녀 하나를 찾으셨기 때문이다. -헨리 나우웬

20. 앤드류는 "회개는 반항아가 하나님께 가는 유일한 길입니다"라고 말했다. 사도행전 3장 19절에 보면 "그러므로 너희가 회개하고 돌이켜 너희 죄 없이함을 받으라 이같이 하면 새롭게 되는 날이 주 앞으로부터 이를 것이요"라고 했다. 당신이 정의하는 회개란 무엇인가? 그것은 자신이 행한 일을 미안하게 느끼는 것과 어떻게 다른가?

21. 결국 앤드류는 자신이 틀렸고 하나님이 옳으심을 진심으로 인정하고 그분의 거룩하심에 대비하여 자신의 타락한 실상을 똑똑히 본 후에, 그분의 깨끗하게 하심과 삶의 주권자 되심을 받아들일 수 있었다. 이 표현에 비추어 볼 때 당신의 영적 여정은 어디쯤에 와 있는가? 하나님께로 한 걸음 더 내딛지 못하게 당신을 가로막는 벽은 무엇인가?

9. 은혜, 빈손이라도 주님만으로 족한 것/ 에필로그 -----

1. 당신이나 지인이 정신적 혼란이나 망상이나 환각 증세를 경험한 적이 있는가? 그때의 상황을 간략히 설명해 보라. 당신과 친구들과 가족들은 어떻게 반응했는가? 그 과정을 통해 당신이 배운 것은 무엇인가?

2. 리는 마치 자신이 지옥으로 떨어지고 있는 것처럼 느낀 적이 있었다. 당신이 지옥에 대해 믿는 내용과 믿지 않는 내용은 무엇인가? 지옥에 대

한 성경의 가르침은 무엇이라고 생각하는가?

3. 리가 환상 중에 노숙과 파산과 유기(遺棄)와 거부를 경험한 것은 어떤 긍정적 결과를 낳았는가?

4. 혼란 중에 리는 예수님이 자기를 버리셨다는 생각이 들었다. 예수님이 당신을 버리셨다고 느낀 적이 있는가? 어떤 상황에서 그랬는가?

5. 리의 아들 카일은 "아버지, 우리 기도해요"라며 간단한 제의를 했다. 누군가가 당신에게 함께 기도하자고 제의했던 적을 말해 보라. 당신이 누군가에게 똑같이 제안했던 적은 마지막으로 언제인가? 설명해 보라.

6. 우리는 하나님께 나아갈 때 무의식중에 자신의 참모습을 숨기고, 자신이 잘 통제하고 있다는 이미지를 투사하는 경향이 있다. 당신은 이 말에 동의하는가? 왜 그렇거나 그렇지 않은가? 이런 거짓 자아를 벗으려면 어떻게 해야 하는가?

7. 당신도 리의 기도와 비슷하게 진심으로 하나님께 굴복하는 기도를 드린다면 그것이 당신의 삶에 어떤 영향을 미치겠는가? 시도해 볼 마음이 있는가?

8. 사람의 정체성에서 "자아를 비운다"는 말은 무슨 뜻인가? 당신 영혼의 참자아는 무엇인가?

> 당신을 하나님께 사랑받는 자로 철저히 규정하라. 그것이 참자아이며 다른 것은 모두 환영(illusion)이다. -브레넌 매닝

9. 하나님의 은혜에서 당신에게 가장 놀라운 점은 무엇인가?

10. 당신에게 인생의 주제가가 있다면 무엇이며 그 이유는 무엇인가?

11. 리를 가출하게 만든 사건에 대해 부자간에 일절 말이 없었던 이유가 무엇이라고 보는가? 흉금을 터놓는 대화를 피하려고 리가 둘러댄 구실은 무엇인가? 당신도 공감할 수 있는 부분이 있는가?

12. 리는 깨어진 부자 관계에서 자기 몫을 책임지지 못한 것을 후회했다. 누군가와의 관계에서 당신이 애써 외면하고 있는 해결되지 않은 문제는 무엇인가? 무엇이 당신을 가로막고 있는가?

> 상대를 용서할 때 당신은 잘못한 사람과 그 잘못을 갈라내는 것이다. 사람과 그의 가해 행위를 분리하여 그를 재창조하는 것이다. 지금까지 당신에게 그의 정체성은 불변의 가해자였으나, 이제 당신은 그것을 완전히 바꾼다. 당신의 기억 속에서 그는 새사람이 된다. -루이스 스미디즈

13. 당신은 당신을 포함해서 사람들을 향한 하나님의 마음이 성경에 직접 선포되어 있다는 말에 동의하는가? 왜 그렇게 생각하는가? 하나님이 선포하신 내용 중 당신에게 가장 깊이 와 닿는 것은 무엇인가?

> 은혜가 그토록 놀라운 것이라면 그리스도인들이 은혜를 더 베풀지 않는 이유는 무엇인가? -필립 얀시

14. 하나님의 은혜에 너무 놀라 그것을 혼자만 알고 있을 수 없는 사람, 그

것이 스트로벨의 인생 비전이다. 당신은 여기에 얼마나 공감하는가? 당신이 사람들에게 하나님 은혜의 기쁜 소식을 알릴 수 있는 몇 가지 실제적 방법은 무엇인가?

15. 당신의 묘비에는 어떤 말이 기록되었으면 좋겠는가? 그것을 한두 문장으로 표현해 보라.

16. 이 책에 소개된 은혜의 이야기들은 당신에게 구체적으로 어떤 감화를 끼치고 어떤 자극을 주었는가?

17. 이 책에 두세 번 인용된 성경 구절을 기억하는가? "영접하는 자 곧 그 이름을 믿는 자들에게는 하나님의 자녀가 되는 권세를 주셨으니." 핵심 단어들을 조합하면 하나님의 자녀가 되는 방정식이 나온다. '믿다+영접하다(받아들이다)=되다.' 당신은 예수님이 하나님의 유일하신 아들로서 당신 대신 죽으심으로 당신 죄의 마땅한 형벌을 치르셨음을 믿는가? 만일 그렇다면 당신은 그분의 값없는 선물인 용서와 영생을 받아들였는가? 만일 아니라면 지금 회개와 믿음의 기도를 통해 그분의 은혜를 받아들이지 못하도록 당신을 막는 것은 무엇인가? "만일 우리가 우리 죄를 자백하면 그는 미쁘시고 의로우사 우리 죄를 사하시며 우리를 모든 불의에서 깨끗하게 하실 것이요"(요일 1:9).

부록 2.
성경, 은혜를 말하다

내가 다윗의 집과 예루살렘 주민에게 은총과 간구하는 심령을 부어 주리니 그들이 그 찌른 바 그를 바라보고 그를 위하여 애통하기를 독자를 위하여 애통하듯 하며 그를 위하여 통곡하기를 장자를 위하여 통곡하듯 하리로다.- 슥 12:10

아기가 자라며 강하여지고 지혜가 충만하며 하나님의 은혜가 그의 위에 있더라.- 눅 2:40

말씀이 육신이 되어 우리 가운데 거하시매 우리가 그의 영광을 보니 아버지의 독생자의 영광이요 은혜와 진리가 충만하더라.- 요 1:14

우리가 다 그의 충만한 데서 받으니 은혜 위에 은혜러라.- 요 1:16

율법은 모세로 말미암아 주어진 것이요 은혜와 진리는 예수 그리스도로 말미암아 온 것이라.- 요 1:17

스데반이 은혜와 권능이 충만하여 큰 기사와 표적을 민간에 행하니.- 행 6:8

그가 이르러 하나님의 은혜를 보고 기뻐하여 모든 사람에게 굳건한 마음으로 주와 함께 머물러 있으라 권하니. - 행 11:23

회당의 모임이 끝난 후에 유대인과 유대교에 입교한 경건한 사람들이 많이 바울과 바나바를 따르니 두 사도가 더불어 말하고 항상 하나님의 은혜 가운데 있으라 권하니라. - 행 13:43

두 사도가 오래 있어 주를 힘입어 담대히 말하니 주께서 그들의 손으로 표적과 기사를 행하게 하여 주사 자기 은혜의 말씀을 증언하시니. - 행 14:3

그러나 우리는 그들이 우리와 동일하게 주 예수의 은혜로 구원 받는 줄을 믿노라 하니라. - 행 15:11

아볼로가 아가야로 건너가고자 함으로 형제들이 그를 격려하며 제자들에게 편지를 써 영접하라 하였더니 그가 가매 은혜로 말미암아 믿은 자들에게 많은 유익을 주니. - 행 18:27

내가 달려갈 길과 주 예수께 받은 사명 곧 하나님의 은혜의 복음을 증언하는 일을 마치려 함에는 나의 생명조차 조금도 귀한 것으로 여기지 아니하노라. - 행 20:24

지금 내가 여러분을 주와 및 그 은혜의 말씀에 부탁하노니 그 말씀이 여러분을 능히 든든히 세우사 거룩하게 하심을 입은 모든 자 가운데 기업이 있게 하시리라. - 행 20:32

그로 말미암아 우리가 은혜와 사도의 직분을 받아 그의 이름을 위하여 모든

이방인 중에서 믿어 순종하게 하나니. - 롬 1:5

로마에서 하나님의 사랑하심을 받고 성도로 부르심을 받은 모든 자에게 하나님 우리 아버지와 주 예수 그리스도로부터 은혜와 평강이 있기를 원하노라. - 롬 1:7

그리스도 예수 안에 있는 속량으로 말미암아 하나님의 은혜로 값 없이 의롭다 하심을 얻은 자 되었느니라. - 롬 3:24

그러므로 상속자가 되는 그것이 은혜에 속하기 위하여 믿음으로 되나니 이는 그 약속을 그 모든 후손에게 굳게 하려 하심이라 율법에 속한 자에게뿐만 아니라 아브라함의 믿음에 속한 자에게도 그러하니 아브라함은 우리 모든 사람의 조상이라. - 롬 4:16

그러나 이 은사는 그 범죄와 같지 아니하니 곧 한 사람의 범죄를 인하여 많은 사람이 죽었은즉 더욱 하나님의 은혜와 또한 한 사람 예수 그리스도의 은혜로 말미암은 선물은 많은 사람에게 넘쳤느니라 또 이 선물은 범죄한 한 사람으로 말미암은 것과 같지 아니하니 심판은 한 사람으로 말미암아 정죄에 이르렀으나 은사는 많은 범죄로 말미암아 의롭다 하심에 이름이니라 한 사람의 범죄로 말미암아 사망이 그 한 사람을 통하여 왕 노릇 하였은즉 더욱 은혜와 의의 선물을 넘치게 받는 자들은 한 분 예수 그리스도를 통하여 생명 안에서 왕 노릇 하리로다. - 롬 5:15-17

율법이 들어온 것은 범죄를 더하게 하려 함이라 그러나 죄가 더한 곳에 은혜가 더욱 넘쳤나니 이는 죄가 사망 안에서 왕 노릇 한 것 같이 은혜도 또한 의로 말미암아 왕 노릇 하여 우리 주 예수 그리스도로 말미암아 영생에 이

르게 하려 함이라. - 롬 5:20-21

그런즉 우리가 무슨 말을 하리요 은혜를 더하게 하려고 죄에 거하겠느냐 그럴 수 없느니라 죄에 대하여 죽은 우리가 어찌 그 가운데 더 살리요 무릇 그리스도 예수와 합하여 세례를 받은 우리는 그의 죽으심과 합하여 세례를 받은 줄을 알지 못하느냐. - 롬 6:1-3

죄가 너희를 주장하지 못하리니 이는 너희가 법 아래에 있지 아니하고 은혜 아래에 있음이라 그런즉 어찌하리요 우리가 법 아래에 있지 아니하고 은혜 아래에 있으니 죄를 지으리요 그럴 수 없느니라. - 롬 6:14-15

그런즉 이와 같이 지금도 은혜로 택하심을 따라 남은 자가 있느니라 만일 은혜로 된 것이면 행위로 말미암지 않음이니 그렇지 않으면 은혜가 은혜 되지 못하느니라. - 롬 11:5-6

내게 주신 은혜로 말미암아 너희 각 사람에게 말하노니 마땅히 생각할 그 이상의 생각을 품지 말고 오직 하나님께서 각 사람에게 나누어 주신 믿음의 분량대로 지혜롭게 생각하라. - 롬 12:3

우리에게 주신 은혜대로 받은 은사가 각각 다르니 혹 예언이면 믿음의 분수대로. - 롬 12:6

평강의 하나님께서 속히 사탄을 너희 발 아래에서 상하게 하시리라 우리 주 예수의 은혜가 너희에게 있을지어다. - 롬 16:20

그리스도 예수 안에서 너희에게 주신 하나님의 은혜로 말미암아 내가 너희

를 위하여 항상 하나님께 감사하노니. - 고전 1:4

내게 주신 하나님의 은혜를 따라 내가 지혜로운 건축자와 같이 터를 닦아 두매 다른 이가 그 위에 세우나 그러나 각각 어떻게 그 위에 세울까를 조심할지니라. - 고전 3:10

그러나 내가 나 된 것은 하나님의 은혜로 된 것이니 내게 주신 그의 은혜가 헛되지 아니하여 내가 모든 사도보다 더 많이 수고하였으나 내가 한 것이 아니요 오직 나와 함께하신 하나님의 은혜로라. - 고전 15:10

우리가 세상에서 특별히 너희에 대하여 하나님의 거룩함과 진실함으로 행하되 육체의 지혜로 하지 아니하고 하나님의 은혜로 행함은 우리 양심이 증언하는 바니 이것이 우리의 자랑이라. - 고후 1:12

이는 모든 것이 너희를 위함이니 많은 사람의 감사로 말미암아 은혜가 더하여 넘쳐서 하나님께 영광을 돌리게 하려 함이라. - 고후 4:15

우리가 하나님과 함께 일하는 자로서 너희를 권하노니 하나님의 은혜를 헛되이 받지 말라. - 고후 6:1

오직 너희는 믿음과 말과 지식과 모든 간절함과 우리를 사랑하는 이 모든 일에 풍성한 것같이 이 은혜에도 풍성하게 할지니라. - 고후 8:7

우리 주 예수 그리스도의 은혜를 너희가 알거니와 부요하신 이로서 너희를 위하여 가난하게 되심은 그의 가난함으로 말미암아 너희를 부요하게 하려 하심이라. - 고후 8:9

또 그들이 너희를 위하여 간구하며 하나님이 너희에게 주신 지극한 은혜로 말미암아 너희를 사모하느니라. - 고후 9:14

나에게 이르시기를 내 은혜가 네게 족하도다 이는 내 능력이 약한 데서 온전하여짐이라 하신지라 그러므로 도리어 크게 기뻐함으로 나의 여러 약한 것들에 대하여 자랑하리니 이는 그리스도의 능력이 내게 머물게 하려 함이라. - 고후 12:9

그리스도의 은혜로 너희를 부르신 이를 이같이 속히 떠나 다른 복음을 따르는 것을 내가 이상하게 여기노라 다른 복음은 없나니 다만 어떤 사람들이 너희를 교란하여 그리스도의 복음을 변하게 하려 함이라. - 갈 1:6-7

또 기둥 같이 여기는 야고보와 게바와 요한도 내게 주신 은혜를 알므로 나와 바나바에게 친교의 악수를 하였으니 우리는 이방인에게로, 그들은 할례자에게로 가게 하려 함이라. - 갈 2:9

내가 하나님의 은혜를 폐하지 아니하노니 만일 의롭게 되는 것이 율법으로 말미암으면 그리스도께서 헛되이 죽으셨느니라. - 갈 2:21

율법 안에서 의롭다 함을 얻으려 하는 너희는 그리스도에게서 끊어지고 은혜에서 떨어진 자로다. - 갈 5:4

곧 창세 전에 그리스도 안에서 우리를 택하사 우리로 사랑 안에서 그 앞에 거룩하고 흠이 없게 하시려고 그 기쁘신 뜻대로 우리를 예정하사 예수 그리스도로 말미암아 자기의 아들들이 되게 하셨으니 이는 그가 사랑하시는 자 안에서 우리에게 거저 주시는 바 그의 은혜의 영광을 찬송하게 하려는 것이라 우리는 그리스도 안에서 그의 은혜의 풍성함을 따라 그의 피로 말미암아 속량 곧 죄 사함을 받았느니라 이는 그가 모든 지혜와 총명을 우리에게 넘치게 하사. - 엡 1:4-8

긍휼이 풍성하신 하나님이 우리를 사랑하신 그 큰 사랑을 인하여 허물로 죽은 우리를 그리스도와 함께 살리셨고 (너희는 은혜로 구원을 받은 것이라) 또 함께 일으키사 그리스도 예수 안에서 함께 하늘에 앉히시니 이는 그리스도 예수 안에서 우리에게 자비하심으로써 그 은혜의 지극히 풍성함을 오는 여러 세대에 나타내려 하심이라 너희는 그 은혜에 의하여 믿음으로 말미암아 구원을 받았으니 이것은 너희에게서 난 것이 아니요 하나님의 선물이라 행위에서 난 것이 아니니 이는 누구든지 자랑하지 못하게 함이라. - 엡 2:4-9

이 복음을 위하여 그의 능력이 역사하시는 대로 내게 주신 하나님의 은혜의 선물을 따라 내가 일꾼이 되었노라 모든 성도 중에 지극히 작은 자보다 더 작은 나에게 이 은혜를 주신 것은 측량할 수 없는 그리스도의 풍성함을 이방인에게 전하게 하시고 영원부터 만물을 창조하신 하나님 속에 감추어졌던 비밀의 경륜이 어떠한 것을 드러내게 하려 하심이라. - 엡 3:7-9

우리 각 사람에게 그리스도의 선물의 분량대로 은혜를 주셨나니. - 엡 4:7

우리 주 예수 그리스도를 변함 없이 사랑하는 모든 자에게 은혜가 있을지어다. - 엡 6:24

내가 너희 무리를 위하여 이와 같이 생각하는 것이 마땅하니 이는 너희가 내 마음에 있음이며 나의 매임과 복음을 변명함과 확정함에 너희가 다 나와 함께 은혜에 참여한 자가 됨이라. - 빌 1:7

이 복음이 이미 너희에게 이르매 너희가 듣고 참으로 하나님의 은혜를 깨달은 날부터 너희 중에서와 같이 또한 온 천하에서도 열매를 맺어 자라는도다. - 골 1:6

너희 말을 항상 은혜 가운데서 소금으로 맛을 냄과 같이 하라 그리하면 각 사람에게 마땅히 대답할 것을 알리라. - 골 4:6

나 바울은 친필로 문안하노니 내가 매인 것을 생각하라 은혜가 너희에게 있을지어다. - 골 4:18

우리 하나님과 주 예수 그리스도의 은혜대로 우리 주 예수의 이름이 너희 가운데서 영광을 받으시고 너희도 그 안에서 영광을 받게 하려 함이라. - 살후 1:12

우리 주 예수 그리스도와 우리를 사랑하시고 영원한 위로와 좋은 소망을 은혜로 주신 하나님 우리 아버지께서 너희 마음을 위로하시고 모든 선한 일과 말에 굳건하게 하시기를 원하노라. - 살후 2:16-17

우리 주 예수 그리스도의 은혜가 너희 무리에게 있을지어다. - 살후 3:18

우리 주의 은혜가 그리스도 예수 안에 있는 믿음과 사랑과 함께 넘치도록 풍성하였도다. - 딤전 1:14

사랑하는 아들 디모데에게 편지하노니 하나님 아버지와 그리스도 예수 우리 주께로부터 은혜와 긍휼과 평강이 네게 있을지어다. - 딤후 1:2

하나님이 우리를 구원하사 거룩하신 소명으로 부르심은 우리의 행위대로 하심이 아니요 오직 자기의 뜻과 영원 전부터 그리스도 예수 안에서 우리에게 주신 은혜대로 하심이라 이제는 우리 구주 그리스도 예수의 나타나심으로 말미암아 나타났으니 그는 사망을 폐하시고 복음으로써 생명과 썩지 아니할 것을 드러내신지라.- 딤후 1:9-10

내 아들아 그러므로 너는 그리스도 예수 안에 있는 은혜 가운데서 강하고. - 딤후 2:1

나는 주께서 네 심령에 함께 계시기를 바라노니 은혜가 너희와 함께 있을지어다.- 딤후 4:22

모든 사람에게 구원을 주시는 하나님의 은혜가 나타나.- 딛 2:11

우리 구주 하나님의 자비와 사람 사랑하심이 나타날 때에 우리를 구원하시되 우리가 행한 바 의로운 행위로 말미암지 아니하고 오직 그의 긍휼하심을 따라 중생의 씻음과 성령의 새롭게 하심으로 하셨나니 우리 구주 예수 그리스도로 말미암아 우리에게 그 성령을 풍성히 부어 주사 우리로 그의 은혜를 힘입어 의롭다 하심을 얻어 영생의 소망을 따라 상속자가 되게 하려 하심이라.- 딛 3:4-7

오직 우리가 천사들보다 잠시 동안 못하게 하심을 입은 자 곧 죽음의 고난 받으심으로 말미암아 영광과 존귀로 관을 쓰신 예수를 보니 이를 행하심은 하나님의 은혜로 말미암아 모든 사람을 위하여 죽음을 맛보려 하심이라. - 히 2:9

그러므로 우리는 긍휼하심을 받고 때를 따라 돕는 은혜를 얻기 위하여 은혜의 보좌 앞에 담대히 나아갈 것이니라. - 히 4:16

하물며 하나님의 아들을 짓밟고 자기를 거룩하게 한 언약의 피를 부정한 것으로 여기고 은혜의 성령을 욕되게 하는 자가 당연히 받을 형벌은 얼마나 더 무겁겠느냐 너희는 생각하라. - 히 10:29

너희는 하나님의 은혜에 이르지 못하는 자가 없도록 하고 또 쓴 뿌리가 나서 괴롭게 하여 많은 사람이 이로 말미암아 더럽게 되지 않게 하며.
- 히 12:15

여러 가지 다른 교훈에 끌리지 말라 마음은 은혜로써 굳게 함이 아름답고 음식으로써 할 것이 아니니 음식으로 말미암아 행한 자는 유익을 얻지 못하였느니라. - 히 13:9

그러나 더욱 큰 은혜를 주시나니 그러므로 일렀으되 하나님이 교만한 자를 물리치시고 겸손한 자에게 은혜를 주신다 하였느니라. - 약 4:6

이 구원에 대하여는 너희에게 임할 은혜를 예언하던 선지자들이 연구하고 부지런히 살펴서 자기 속에 계신 그리스도의 영이 그 받으실 고난과 후에 받으실 영광을 미리 증언하여 누구를 또는 어떠한 때를 지시하시는지 상고하니라. - 벧전 1:10-11

그러므로 너희 마음의 허리를 동이고 근신하여 예수 그리스도께서 나타나실 때에 너희에게 가져다 주실 은혜를 온전히 바랄지어다. - 벧전 1:13

각각 은사를 받은 대로 하나님의 여러 가지 은혜를 맡은 선한 청지기 같이 서로 봉사하라. - 벧전 4:10

모든 은혜의 하나님 곧 그리스도 안에서 너희를 부르사 자기의 영원한 영광에 들어가게 하신 이가 잠깐 고난을 당한 너희를 친히 온전하게 하시며 굳건하게 하시며 강하게 하시며 터를 견고하게 하시리라. - 벧전 5:10

내가 신실한 형제로 아는 실루아노로 말미암아 너희에게 간단히 써서 권하고 이것이 하나님의 참된 은혜임을 증언하노니 너희는 이 은혜에 굳게 서라. - 벧전 5:12

하나님과 우리 주 예수를 앎으로 은혜와 평강이 너희에게 더욱 많을지어다. - 벧후 1:2

오직 우리 주 곧 구주 예수 그리스도의 은혜와 그를 아는 지식에서 자라 가라 영광이 이제와 영원한 날까지 그에게 있을지어다. - 벧후 3:18

감사의 말

이 책은 사랑의 수고이다 못해 진통이었다. 지금까지 썼던 책 중 단연 가장 힘든 책이었다. 이전에 공적으로 밝힌 바 없던 내 사생활, 가정, 건강 등 사사로운 문제를 털어놓아야 했기 때문일 것이다.

아내 레슬리와 두 자녀 앨리슨과 카일, 사위인 댄과 며느리 켈리에게 진심으로 깊은 감사를 보낸다. 내가 이 작업에 매달려 끙끙대는 동안 나를 견뎌야 했던 사람들이다. 그들은 항상 나를 격려해 주었는데 분명 그게 늘 쉽지만은 않았을 것이다.

지난 25년 동안 내 사역의 동역자이자 늘 충실한 친구가 되어 준 마크 미텔버그에게 감사한다. 그는 아이디어와 인정(認定)과 정보 제공의 끊임없는 원천이다. 늘 그렇듯이 그가 초고를 읽고 (부끄럽게도 엉성한 부분이 많았다) 건설적이고 통찰력 있는 피드백을 들려주었다.

존더반(Zondervan)의 편집팀은 내가 마감 날짜를 자꾸 넘기는데도 끝없이 인내하며 내게 가장 필요한 은혜를 베풀어 주었다. 이처럼 성숙하고 비전을 품은 출판사와 함께할 수 있어 얼마나 귀한 관계인지 모른다.

편집자 존 슬로운에게 특히 감사한다. 나의 모든 '사건' 시리즈에서와 같이 이번에도 그가 지혜와 천부적인 창의력으로 나를 이끌어 주었다. 그가 처음에 요긴한 궤도를 정해 준 덕분에 곁길로 빠지지 않을 수 있었다. 그는 인내심과 친절과 최고의 전문성을 갖추고 있어 함께 일하기가 즐겁다.

무엇보다 이 책을 위해 인터뷰에 응해 준 사람들에게 가장 깊은 존경과 감사를 표하고 싶다. 자신의 치부를 숨김없이 내보이며 내게 하나님의 은혜를 더욱 깊이 가르쳐 준 그들에게 깊이 감사드린다.

주

프롤로그

1. A. W. Tozer, *The Pursuit of God* (Camp Hill, PA: Wingspread, 2007), 17. 《하나님을 추구함》(생명의 말씀사 역간).
2. Thomas C. Oden, *The Transforming Power of Grace* (Nashville: Abingdon), 33.
3. 같은 책, 95.
4. 같은 책.
5. "Quotes from Chuck Colson (1931-2012)," *The Poached Egg*, http://www.thepoachedegg.net/the-poached-egg/2012/04/quotes-from-chuck-colson-1931-2012.html.
6. Philip Yancey, "Grace," *Philip Yancey.com*, http://www.philipyancey.com/q-and-a-topics/grace.
7. 같은 기사.

1. 나는 누구보다 은혜에 고팠다

1. Sigmund Freud, *Leonardo da Vinci* (New York: Vintage/Random House, 1947), 98. 《레오나르도 다빈치》(왓북 역간).
2. 다음 책을 참조하라. Paul C. Vitz, *Faith of the Fatherless: The Psychology of Atheism* (Dallas: Spence, 1999) 《무신론의 심리학: 아버지 부재와 무신론 신앙》(새물결플러스 역간). 비츠는 16쪽에서 이렇게 말한다. "프로이트의 단순하고도 쉽게 이해할 만한 주장에 따르면, 어린이나 청소년이 일단 육신의 아버지에게 실망하거나 아버지에 대한 존경심을 잃으면 하늘 아버지를 믿는 것도 불가능해진다. 프로이트는 자녀의 심리적 아버지상이 하나님에 대한 이해와 밀접하게 연관되어 있다고 가정했고, 많은 심리학자와 정신분석자가 그 개념을 아주 잘 발전시켰다. 다시 말해서 하나님을 거부하는 무신론자는 무의식중에 그것을 자기 아버지에 대한 실망과 원한으로 정당화한다." 많은 심리학자가 강조했듯이 아버지와의 관계는 자녀의 하나님관에 영향을 미칠 수 있는 여러 요인 중 하나다. 흥미롭게도 서던캘리포니아대학교 사회학과의 번 L. 뱅스턴의 연구에 따르면, 세대 간의 신앙 전수에서 유대교를 제외하고는 "아버지와의 친밀한 유대가 어머니와의 친밀한 관계보다 더 중요한 것"으로 나타났다. 그는 "아버지의 정서적 부재는 독실한 신앙으로도 보상될 수 없다"라고 말했다. 연구 결과에 따르면 "아버지가 아무리 교회의 모범이고 기둥이어도 자녀에게 따뜻한 애정을 베풀지 않으면 자녀는 아버지의 신앙을 본받지 않는다." 다음 두 자료를 참조하라. Mark Oppenheimer, "Book Explores Ways Faith is Kept,

or Lost, Over Generations," *New York Times*, 2014년 1월 31일. Vern L. Bengtson with Norella M. Putney & Susan Harris, *Families and Faith: How Religion Is Passed Down across Generations* (New York: Oxford University Press, 2014).

3. 다음 기사를 참조하라. Charles Chandler, "From Disbelief to Devotion," *Decision*, 2014년 3월.

2. 은혜, 영원히 하나님의 아들딸이 되는 것

1. J. I. Packer, *Knowing God* (Downers Grove, IL: InterVarsity, 1973), 182, 194. 《하나님을 아는 지식》(IVP 역간).

2. 이 책의 모든 인터뷰는 취지에 맞게 간단명료하게 편집했다. 스테파니 패스트의 웹사이트는 http://www.stephaniefast.org/이며 그녀의 이야기는 다음 저서에 나와 있다. *She Is Mine* (Aloha, OR.: D&S Publishing, 2014).

3. 시편 10편 14절의 일부를 풀어 쓴 말이다.

4. Packer, *Knowing God*, 182. 《하나님을 아는 지식》(IVP 역간).

5. 같은 책, 187-88.

6. 같은 책, 196.

3. 은혜, 모든 매임에서 풀려나는 것

1. Douglas Wilson, "Bones and Silicon," Blog & Mablog, http://dougwils.com/s7-engaging-the-culture/bones-and-silicon.html.

2. 그가 부분 부분 소개한 자신의 이야기를 다음 여러 책에서 볼 수 있다. Jud Wilhite with Bill Taaffe, *Uncensored Grace* (Colorado Springs: Multnomah, 2008). Jud Wilhite, *Uncensored Truth* (Corona, CA: Ethur, 2010). Jud Wilhite, *Pursued: God's Divine Obsession with You* (New York: Faith Words, 2013). Jud Wilhite, *Throw It Down: Leaving Behind Behaviors and Dependencies That Hold You Back* (Grand Rapids, MI: Zondervan, 2011). Jud Wilhite, *The God of Yes* (New York: Faith Words, 2014).

3. 다음 책을 참조하라. Tullian Tchividjian, *One Way Love: Inexhaustible Grace for an Exhausted World* (Colorado Springs: Cook, 2013). 《은혜의 순간》(터치북스 역간).

4. Jerry Bridges, *Transforming Grace: Living Confidently in God's Unfailing Love* (Colorado Springs: NavPress, 1991), 9-10. 《넘치는 은혜 변화되는 삶》(네비게이토 역간).

5. Walter Marshall & Bruce H. McRae, *The Gospel Mystery of Sanctification* (Eugene, OR: Wipf and Stock, 2004), 117. 《성화의 신비》(복있는사람 역간).

6. 다음 책을 참조하라. Ken Blue & Alden Swan, *The Gospel Uncensored* (Bloomington, IN: WestBow, 2010), 8-9. 블루는 하나님이 어떻게 갈라디아서 공부를 통해 자신의 신앙을 소생시켜 주셨는지 기술했다.
7. "내가 율법으로 말미암아 율법에 대하여 죽었나니 이는 하나님에 대하여 살려 함이라 내가 그리스도와 함께 십자가에 못 박혔나니 그런즉 이제는 내가 사는 것이 아니요 오직 내 안에 그리스도께서 사시는 것이라 이제 내가 육체 가운데 사는 것은 나를 사랑하사 나를 위하여 자기 자신을 버리신 하나님의 아들을 믿는 믿음 안에서 사는 것이라"(갈 2:19-20).
8. 갈 4:15.
9. 갈 3:3 참조.
10. 갈 5:1 참조.
11. 갈 1:3; 6:18 참조.
12. 마 11:28.
13. 다음 기사를 참조하라. Stephanie Kishi, "Home of Sin City's Original Sin," *The Las Vegas Sun*, 2008년 5월 15일.
14. "바리새인과 서기관들이 수군거려 이르되 이 사람이 죄인을 영접하고 음식을 같이 먹는다 하더라"(눅 15:2).
15. 요 4:1-42 참조.
16. C. S. Lewis, *Mere Christianity* (New York: Macmillan, 1960), 105-6. 《순전한 기독교》(홍성사 역간).
17. 요 1:17 참조.
18. 다음 책을 참조하라. J. Murphy-O'Connor, "Corinth," *The Anchor Bible Dictionary*, 제1권 (New York: Doubleday, 1992), 1135-36. 고린도와 라스베이거스의 비교에 대해서는 다음 책을 참조하라. Jud Wilhite with Bill Taaffe, *Uncensored Grace*, 68.
19. *Korinthiazesthai*.
20. 고전 1:3,4 참조.
21. "그리스도께서 다시 살아나신 일이 없으면 너희의 믿음도 헛되고 너희가 여전히 죄 가운데 있을 것이요"(고전 15:17).
22. H. Richard Niebuhr, *The Kingdom of God in America* (New York: Harper & Row, 1959), 193.

4. 은혜, 착한 사람, 잘나가는 사람에게도 필요한 것

1. Michka Assayas, *Bono: In Conversation with Michka Assayas* (New York: Riverhead, 2005), 204.
2. Ricky Gervais, "An (Atheist) Easter Message from Ricky Gervais," *The Wall Street Journal*,

2011년 4월 14일.

3. "시몬 베드로가… 예수의 무릎 아래에 엎드려 이르되 '주여, 나를 떠나소서. 나는 죄인이로소이다' 하니"(눅 5:8). 여기 "주여"라는 말은 깊은 존경심을 암시할 뿐 문맥상 예수의 신성을 인정하는 말은 아니다. 이 구절에 대한 다음 책의 역주를 참조하라. *The NET Bible*, https://net.bible.org/#!bible/Luke+5.

4. 눅 15:11-22 참조.

5. 다음 책을 참조하라. Gene Reeves 번역, *The Lotus Sutra: A Contemporary Translation of a Buddhist Classic* (Somerville, MA: Wisdom Publications, 2008), 142-45. 《법화경》(민족사 역간).

6. 요 4:1-26 참조.

7. 다음 책을 참조하라. Philip Yancey, *What's So Amazing About Grace?* (Grand Rapids, MI: Zondervan, 1997). 《놀라운 하나님의 은혜》(IVP 역간).

8. "다음 세상을 위하여 이 세상의 생명을 버리는 자들은 알라의 목적을 위해 싸우라, 누구든지 알라의 목적을 위해 싸우다가 전사하거나 승리하면 그에게 큰 상을 주리라"(코란 4:74).

9. "…짐을 짊어진 자가 다른 사람의 짐을 대신 지지 아니하며"(코란 53:38).

10. 강조 추가.

11. 전체 구절은 다음과 같다. "이는 우리가 우리의 자손과 또한 우리의 형제들을 설득하여, 그리스도를 믿게 하고 하나님과 화목하게 하려 부지런히 수고하여 기록함이니, 이는 우리가 할 수 있는 모든 것 후에 우리가 구원받는 것이 은혜에 의한 것임을 우리가 앎이라"(니파이후서 25:23).

12. "이제 보라, 나의 형제들아, 우리가 할 수 있었던 일이 (우리가 모든 인류 가운데 가장 잃은바 된 자들이었으므로) 우리의 모든 죄와 우리가 범한 많은 살인을 회개하고, 하나님으로 하여금 그것들을 우리 마음에서 제하시게 하는 것이 전부였은즉, 또 이는 우리가 할 수 있었던 일이 하나님 앞에 충분히 회개하여 그로 우리의 오점을 제하시게 하는 것이 전부였음인즉"(앨마서 24:11).

13. 다음 기사를 참조하라. Lucinda Dillon Kinkead & Dennis Romboy, "Deadly Taboo: Youth Suicide an Epidemic That Many in Utah Prefer to Ignore," *Deseret News*, 2006년 4월 24일.

14. 다음 책을 참조하라. Lee Strobel, *The Case for Faith* (Grand Rapids, MI: Zondervan, 2000), 25-55. 《특종! 믿음 사건》(두란노 역간).

15. 요 1:17.

16. 다음 책을 참조하라. Mark Mittelberg, *Confident Faith: Building a Firm Foundation for Your Beliefs* (Carol Stream, IL: Tyndale, 2013).

5. 은혜, 한계선이 없는 것

1. C. S. Lewis, *The Weight of Glory and Other Addresses* (New York: Collier/Macmillan, 1980), 125. 《영광의 무게》(홍성사 역간).
2. Nic Dunlop, *The Lost Executioner* (New York: Walker, 2006), 189.
3. David Chandler, *Voices from S-21* (Berkeley: University of California Press, 1999), vii.
4. Dunlop, *Lost Executioner*, 189.
5. Chandler, *Voices from S-21*, 3.
6. Dunlop, *Lost Executioner*, 19.
7. Chandler, *Voices from S-21*, 6.
8. 같은 책, 77.
9. Dunlop, *Lost Executioner*, 23.
10. 도이크의 본명은 여러 기사와 서적에 다양하게 소개되었다. 그러나 크리스토퍼 라펠이 내게 도이크의 친필 서류의 사본을 주었는데, 거기에 자신의 이름을 Kaing Guek Eav라고 똑똑히 써 놓았다.
11. Seth Mydans, "'70's Torturer in Cambodia Now Doing God's Work," *New York Times*, 1999년 5월 2일.
12. Mary Murphy, "Is There Anything God Can't Forgive?" *Purpose-Driven Magazine*, 2012년 2월 21일.
13. 같은 기사.
14. 다음 책을 참조하라. Dunlop, *Lost Executioner*, 254-62.
15. 같은 책, 279, 254.
16. 같은 책, 262.
17. 던롭은 자신들과 도이크의 만남을 Dunlop, *Lost Executioner*, 267-78쪽에 기술했고, 테이어는 그 경험을 "Nate Thayer Profile," *Nate Thayer*, http://natethayer.typepad.com에 상술했다.
18. Adrienne S. Gaines, "Notorious Cambodian Killer Seeks Forgiveness," *Charisma*, 1999년 4월 2일.
19. Francois Bizot, "My Savior, Their Killer," *The New York Times*, 2009년 2월 17일.
20. "Cambodia," *U.S. Department of State*, http://www.state.gov/j/drl/rls/irf/2010/148861.htm.
21. Murphy, "Is There Anything God Can't Forgive?"
22. Strobel, *Case for Faith*, 159. 《특종! 믿음 사건》(두란노 역간).
23. "세상을 심판하시는 이가 정의를 행하실 것이 아니니이까"(창 18:25).

6. 은혜, 누군가의 삶을 실제로 살리는 것

1. Yancey, *What's So Amazing About Grace?*, 70. 《놀라운 하나님의 은혜》(IVP 역간).
2. 다음 웹사이트를 참조하라. http://brokenchainsoutreach.com/.

7. 은혜, 용서 못할 누군가를 용서하게 하는 것

1. Brennan Manning, *The Ragamuffin Gospel* (Colorado Springs: Multnomah, 2000), 26. 《부랑아 복음》(진흥 역간).
2. "Infidelity Statistics," *Statistics Brain*, http://www.statisticbrain.com/infidelity-statistics.
3. 여자 쪽의 정체가 드러나지 않도록 둘의 관계에서 일부 자세한 내용은 뺐다.
4. "누가 누구에게 불만이 있거든 서로 용납하여 피차 용서하되 주께서 너희를 용서하신 것 같이 너희도 그리하고"(골 3:13).
5. 요일 1:9.
6. "또 우리 육신의 아버지가 우리를 징계하여도 공경하였거든 하물며 모든 영의 아버지께 더욱 복종하며 살려 하지 않겠느냐 그들은 잠시 자기의 뜻대로 우리를 징계하였거니와 오직 하나님은 우리의 유익을 위하여 그의 거룩하심에 참여하게 하시느니라 무릇 징계가 당시에는 즐거워 보이지 않고 슬퍼 보이나 후에 그로 말미암아 연단 받은 자들은 의와 평강의 열매를 맺느니라 그러므로 피곤한 손과 연약한 무릎을 일으켜 세우고 너희 발을 위하여 곧은길을 만들어 저는 다리로 하여금 어그러지지 않고 고침을 받게 하라"(히 12:9-13).
7. 다음 웹사이트를 참조하라. http://www.buildyourmarriage.org/.

8. 은혜, 회개를 통해 영혼에 불이 켜지는 것

1. Drew Dyck, *Yawning at Tigers* (Nashville: Nelson, 2014), 3.
2. 다음 기관의 웹사이트를 참조하라. Luis Palau Association, http://www.palau.org/about/leadership/luispalau.
3. 잠 1:7, 1:32, 10:18, 10:21, 10:23, 12:23, 14:3, 14:8, 14:9, 15:5, 17:21, 23:9, 30:32.
4. Andrew Palau, *The Secret Life of a Fool* (Brentwood, TN: Worthy, 2012).
5. "대저 그 마음의 생각이 어떠하면 그 위인도 그러한즉"(잠 23:7).
6. 마 4:19.
7. 다음 책을 참조하라. Andrew Palau, *Secret Life of a Fool*, 85-88. 루이스 팔라우가 회심한 이야기는 다음 책을 참조하라. Luis Palau, *Say Yes!* (Portland, OR: Multnomah, 1991), 31-34.

《부흥》(죠이선교회출판부 역간).

8. "도둑이 오는 것은 도둑질하고 죽이고 멸망시키려는 것뿐이요 내가 온 것은 양으로 생명을 얻게 하고 더 풍성히 얻게 하려는 것이라"(예수, 요 10:10).

9. 눅 18:18-29 참조.

10. "너희 안에서 착한 일을 시작하신 이가 그리스도 예수의 날까지 이루실 줄을 우리는 확신하노라"(빌 1:6).

11. Dietrich Bonhoeffer, *The Cost of Discipleship* (New York: Touchstone, 1995), 44-45. 《나를 따르라》(대한기독교서회 역간).

12. 같은 책, 45.

13. 롬 12:1-2. 스티브는 이어 3절도 읽었다. "내게 주신 은혜로 말미암아 너희 각 사람에게 말하노니 마땅히 생각할 그 이상의 생각을 품지 말고 오직 하나님께서 각 사람에게 나누어 주신 믿음의 분량대로 지혜롭게 생각하라."

14. 사 6장 참조.

15. 다음 웹사이트를 참조하라. http://www.palau.org/.

16. "나를 보내신 아버지께서 이끌지 아니하시면 아무도 내게 올 수 없으니"(요 6:44). "또 이르시되 그러므로 전에 너희에게 말하기를 내 아버지께서 오게 하여 주지 아니하시면 누구든지 내게 올 수 없다 하였노라 하시니라"(요 6:65). 신학자 토머스 C. 오든은 이렇게 말했다. "이런 이끄심과 능하게 하심이 곧 선행적(先行的) 은총의 의미다. … 선행적 은총이 있어야만 믿음 자체가 생겨날 수 있다." 그의 책 *The Transforming Power of Grace*, 120쪽을 참조하라. AD 529년에 열린 제2차 오렌지 종교회의는 이런 진술을 남겼다. "첫 인간의 죄는 자유 의지를 철저히 손상시키고 약화시켜 그 뒤로는 하나님의 은혜와 자비가 선행하지 않고는 누구도 마땅히 하나님을 사랑하거나 그분을 믿거나 그분을 위해 선을 행할 수 없게 됐다." John Leith 편집, *Creeds of the Churches* (Richmond, VA: John Knox, 1979), 48쪽을 참조하라.

17. 요 1:12.

9. 은혜, 빈손이라도 주님만으로 족한 것

1. William Jurgens, *The Faith of the Early Fathers, Volume 3* (Collegeville, MN: Liturgical Press, 1979), 44. 이번 장의 부제도 어거스틴의 이 말에서 인용했다.

2. 존 H. 코우는 탈봇신학교의 영성계발연구소 소장이다. 카일의 인도로 내가 드린 기도의 핵심 내용과 일부 표현은 코우의 여러 기록물에서 다듬은 것이다. 예컨대 다음 두 글을 참조하라. John H. Coe, "Prayer of Recollection in Colossians," http://www.redeemerlm.org/uploads/1/2/0/7/12077040/prayer_of_recollection.pdf. "Prayer of Recollection," *Wheat and Chaff*, http://wheat-chaff.org/spiritual-development/spiritual-

formation/prayer-of-recollection.

에필로그

1. "Atheist-Illusionist Penn Jillette on Christians Who Don't Evangelize," *Preaching Today*, http://www.preachingtoday.com/illustrations/2009/may/2051109.html.
2. "누구든지 주의 이름을 부르는 자는 구원을 받으리라 그런즉 그들이 믿지 아니하는 이를 어찌 부르리요 듣지도 못한 이를 어찌 믿으리요 전파하는 자가 없이 어찌 들으리요 보내심을 받지 아니하였으면 어찌 전파하리요 기록된바 '아름답도다, 좋은 소식을 전하는 자들의 발이여' 함과 같으니라"(롬 10:13-15).
3. Max Lucado, *Grace* (Nashville: Nelson, 2012), 192. 인용한 성경구절은 마태복음 10장 8절이다. 《하나님의 가장 완벽한 선물, 은혜》(아드폰테스 역간).
4. 행 20:24, *The Message*. 《메시지 신약》(복있는사람 역간).